U & S Psychologie

Wölpert · Sexualität Sexualtherapie Beziehungsanalyse

Sexualität
Sexualtherapie
Beziehungsanalyse

Frieder Wölpert

Urban & Schwarzenberg
München-Wien-Baltimore 1983

Anschrift des Autors

Dr. Frieder Wölpert
Lützowstraße 27
8000 München 60

Lektorat: Dr. H. Jürgen Kagelmann

CIP-Kurztitelaufnahme der Deutschen Bibliothek

Wölpert, Frieder:
Sexualität, Sexualtherapie, Beziehungsanalyse /
Frieder Wölpert. – München ; Wien ; Baltimore :
Urban und Schwarzenberg, 1983.
(U-&-S-Psychologie)
ISBN 3-541-10791-X

Umschlagentwurf: Dieter Vollendorf; Satz, Druck + Bindung, C. H. Beck'schen Buchdruckerei Nördlingen.

ISBN · 3-541-10791-X

Vorwort

Dieses Buch wird den vielen Veröffentlichungen zur Sexualität und Sexualtherapie keine weitere Aufzählung und Beschreibung „effektiverer" Liebes- und Therapietechniken hinzufügen. Vielmehr will ich mit ihm für ein anderes Verständnis der Sexualität werben; für ein Verständnis, das alternativ ist zu der bisher in unserer Gesellschaft üblichen Art und Weise mit der Sexualität umzugehen. Ausgehend vom subjektiven Erleben und dem Versuch, dieses in Begriffe zu fassen, werde ich den üblichen objektivistischen Zugang zur Sexualität mit seinen repressiven Konsequenzen in Gesellschaft, Zweierbeziehung, Sexualwissenschaft und Sexualtherapie untersuchen und kritisieren.

Mein Hauptanliegen in dieser Arbeit ist es zu zeigen, daß jedes Umgehen mit der Sexualität, auch die Formulierung von therapeutischer Theorie und das Handeln in der therapeutischen Praxis seine Wurzeln im subjektiven Erleben des jeweils Einzelnen hat, also ein Ausdruck seiner individuellen psychischen Konflikte ist und seiner Art, mit ihnen umzugehen. Wenn ich im folgenden von Sexualtherapie und von Psychotherapie im allgemeinen sprechen werde, dann meine ich damit primär die verschiedenen *Haltungen* des Therapeuten seinen Patienten, deren Sexualität und damit auch sich selbst gegenüber. In diesem Sinn verstehe ich therapeutische Theorie und Praxis als institutionalisierte und rationalisierte, aber letztlich im Subjektiven begründete Haltungen des sie formulierenden und praktizierenden Einzelnen.

In ähnlicher Weise werde ich hier Zusammenhänge darzustellen versuchen, die üblicherweise nicht gesehen werden, die aber, wie ich meine, eine große Bedeutung für die psychotherapeutische Tätigkeit und darüber hinaus haben. Ich werde eine Verbindung herstellen von den Ängsten der einzelnen Therapeuten zu ihrer Haltung den Patienten gegenüber, zur Wahl von Theorie und Technik der psychotherapeutischen Behandlung, zur Gestaltung der therapeutischen Beziehung und zu den sich daraus ergebenden Wirkungen auf den Patienten und auf das Kollektiv. Meine Sichtweise wird schließlich dazu führen, eine direkte Auswirkung der individuellen Angstverarbeitung des Einzelnen auf die Art und Weise zu beschreiben, wie er als politisches Individuum in Erscheinung tritt.

Mit der vorliegenden Arbeit möchte ich keinen Beweis für irgendetwas liefern, sondern vielmehr eine Sichtweise anbieten, die der sich immer weiter ausbreitenden Resignation in Theorie und Praxis von Psychotherapie (ähnlich wie in der Politik) etwas entgegenzusetzen hat. Diese Resignation liegt darin, in der Konfrontation mit Problemen nur noch strategisch zu denken oder sich verwirrt und deprimiert zurückzuziehen. Ich sehe dabei die Resignation nicht nur im Rückzug, sondern auch im strategischen Vorgehen, weil es die Lebendigkeit in jedem Einzelnen übergeht und verschüttet. Im strategischen Denken ist das Vertrauen in die Selbstheilungskraft des Lebendigen verlorengegangen. Ich glaube, daß das Wuchern strategischer Denkansätze u.a. in Psychotherapie und Politik auch eine

Reaktion auf die uns in unserer Zeit bedrohenden existentiellen Gefahren darstellt. Ich sehe die Alternative nicht zwischen Strategie und Rückzug, sondern zwischen Resignation und Vertrauen auf die eigene Lebendigkeit: wenn man erlebt, wo man steht, und dies deutlich werden läßt, d. h. wenn man das Risiko eingeht, die eigene Lebendigkeit als Arzt, Psychologe usw. auch als Politiker wiederzuentdecken, wenn man sich also in die anstehenden Konflikte hineinbegibt, anstatt sich und die Umwelt strategisch zu vergewaltigen oder sich zurückzuziehen, dann kann man die Erfahrung machen, daß man ,,ansteckend" wirkt. Dies ist ein Ziel der vorliegenden Arbeit: mit ihrer Sichtweise ,,anzustecken".

Daß ich diese Alternative am Thema Sexualität abhandle, ist kein Zufall. Ich glaube, daß sich die Alternative zwischen Resignation und Vertrauen auf die eigene Lebendigkeit und die des Anderen (des Partners, des Patienten, des politischen Gegners) für die Sexualität und den Umgang mit ihr besonders ausgeprägt hat und sich an ihr besonders deutlich machen läßt. Dies liegt am revolutionären, weil anarchistischen (im Wortsinn), d. h. herrschaftslosen Potential der Sexualtität, das große Angst auslösen kann, weil es jede unserer Strategien zur Angstbewältigung ad absurdum führen würde, wenn wir es nur riskieren würden, uns auf unsere Sexualität einzulassen. Aus diesem Grund wohl wurden besonders für die Sexualität und für die mit ihr verbundenen Probleme so perfekt ausgeklügelte Strategien entwickelt; letztlich um vergessen zu machen, daß wir mit unserer Sexualität die Möglichkeit zu einer anderen Welt als der Welt der ,,objektiven Fakten" in uns tragen.

So wendet sich dieses Buch an alle Fachleute (Ärzte, Psychologen, Sozialpädagogen, Lehrer usw.) und Laien, die mit der eigenen Sexualität oder der der anderen befaßt sind und die darunter leiden, daß die Sexualität reduziert, manipuliert, funktionalisiert und vergewaltigt wird. Es wendet sich an alle, die für die Auseinandersetzung mit dieser Vergewaltigung der Sexualität eine Hilfestellung suchen.

Inhalt

1. Jede Beziehung hat **ihre** Form der Verständigung

Wie man sich verständigt

Die Sexualität stellt in der Einheit von Körper und Psyche eine der zentralen Möglichkeiten zwischenmenschlicher Kommunikation und Interaktion dar. Eine grundsätzliche Untersuchung der sexuellen Kommunikations- und Interaktionsformen kann aus diesem Grund nicht auf die Klärung der Grundlagen der allgemeinen zwischenmenschlichen Verständigung verzichten. Ferner wird diese Untersuchung auch für die im folgenden unternommene Neudefinition der Begriffe „Gesundheit“ und „Krankheit“ notwendig, und zwar weil das, was mit diesen beiden Begriffen gemeint ist, durch Konventionen festgelegt wird, die wiederum ihre Quelle in den zwischenmenschlichen Beziehungen haben. Für die vorliegende Arbeit ist eine solche Klärung außerdem auch noch für die Untersuchung der Kommunikation zwischen dem Sexualtherapeuten und seinem Patienten unbedingt erforderlich.

Als soziale Wesen sind wir darauf angewiesen, uns verständigen zu können. Jede zwischenmenschliche Verständigung hat zwei Voraussetzungen: einer muß sich ausdrücken können, ein anderer muß verstehen können. Ohne Ausdruck und ohne Verständnis wäre Verständigung unmöglich. Für jeden einzelnen ist es lebensnotwendig, daß er seinen Mitmenschen mitteilen kann, wie es ihm geht und was er will. Nicht nur jede absichtliche Äußerung, sondern auch die unabsichtlichen Äußerungen sind Versuche, etwas über den eigenen Zustand mitzuteilen. Ich möchte sogar behaupten, daß in allem, was in nichtsprachlicher oder sprachlicher Form „außen“ erscheint, auch „innere“ Befindlichkeit zum Ausdruck kommt.

Wie genau entspricht nun der Ausdruck der Befindlichkeit? Ist aus dem „Äußeren“ das „Innere“ direkt ablesbar? Inwieweit hat jeder Einzelne überhaupt die Möglichkeit, sein Befinden auszudrücken? Auf der anderen Seite der Kommunikation, auf der Seite des Verstehenden stellen sich ähnliche Fragen: wie genau kann aus dem Ausdruck das verstanden werden, was mitgeteilt wird? Wie wird überhaupt verstanden? Welche Mechanismen sind dafür verantwortlich, daß entsprechend der Befindlichkeit ausgedrückt und verstanden werden kann oder daß andererseits Verständigung nicht zustande kommt? Eine Antwort fällt nicht schwer: nur wenn derjenige, der sich ausdrückt, und derjenige, der verstehen soll, über ein Mindestmaß von gemeinsamer Sprache verfügen (in Worten, Gestik, Mimik usw.), wird überhaupt Verständigung zwischen den beiden möglich.

Die in diesem Zusammenhang wichtigste Frage ist, ob diese Ausdrucks- und Verständnismöglichkeiten nur durch bewußt kontrollierte Konventionen geregelt werden oder ob in den zwischenmenschlichen Beziehungen auch Mechanismen wirksam sind, durch die die eben beschriebenen Kommunikationsvorgänge unbewußt geregelt und damit beschränkt oder gar unterdrückt werden. Zur Untersuchung dieser Frage und damit als Grundlage meiner Ausführungen scheint mir die

Beziehungstheorie von Thea Bauriedl (1980) am geeignetsten. In ihrem beziehungsanalytischen Ansatz erweitert sie, die psychoanalytische Theorie insofern, als es ihr nicht mehr nur um die psychoanalytische Betrachtung des Individuums, sondern auch um die Untersuchung von Beziehungen geht; z.B. zwischen den Mitgliedern einer Familie und auch besonders um die Beziehung zwischen Patient und Therapeut: Indem *alle* Beziehungspartner in die Betrachtung einbezogen werden, kann auch die Beteiligung aller an der Beziehung, an deren Störung und an ihrer Veränderung gesehen werden. In dieser Arbeit soll Bauriedls Ansatz auf die speziellen Beziehungen zwischen Sexualpartnern, zwischen Versuchsperson und Sexualwissenschaftler und zwischen Patient und Sexualtherapeut angewendet werden; damit kann zugleich eine Analyse des Umgehens von Gesellschaft, Wissenschaft und Therapie mit der Sexualität geleistet werden. Meine Untersuchung stellt damit eine ,,Beziehungsanalyse" (Bauriedl 1980) der Interaktionen dar, in denen Sexualität gelebt, untersucht und behandelt wird. Aus diesem Grund folgt hier ein kurzer Abriß dieser Theorie.

In jeder gestörten Beziehung können die Beziehungspartner Anteile ihrer Person, also bestimmte Wünsche, Ängste, Bedürfnisse, Schwierigkeiten usw. an sich nicht oder nur teilweise akzeptieren. Diese nicht zugelassenen Anteile bewußt wahrzunehmen und zu erleben, würde sie verunsichern und beunruhigen; sie haben es nicht gelernt, mit ihnen umzugehen. Für das Individuum verhindert die psychische Abwehr, daß diese angstauslösenden Reize ins Bewußtsein gelangen; die Abwehr sorgt also dafür, daß die bewußte Wahrnehmung möglichst frei von Angstmachendem bleibt. Ich möchte an dieser Stelle ausdrücklich darauf hinweisen, daß ich in dieser Arbeit den Begriff ,,Abwehr" nicht ausschließlich in einem pathologischen Sinn verstehe, sondern ähnlich wie Thea Bauriedl (1982, S. 61) im Sinn einer psychisch bedingten Selektion bei Wahrnehmung und Äußerung. Ich erweitere diesen Begriff also auf den Bereich der nicht-pathologischen Phänomene.

Tritt nun ein Individuum (A), für das die Notwendigkeit zur Abwehr besteht, in Beziehung zu einem anderen (B), dann wird A große Anstrengungen unternehmen, daß von B seine eigene (A's) Abwehr nicht in Frage gestellt wird, sondern daß B sie möglichst mitaufrechterhält. Von B's Seite aus sieht der Vorgang genauso aus: B wird versuchen, A dazu zu veranlassen, dasselbe wie er selbst abzuwehren. Diese gegenseitige ,,Manipulation" (Bauriedl 1980, S. 34) von A durch B und von B durch A führt, falls sich A und B nicht inzwischen wegen zu großer und zu ängstigender Abwehrungleichheit wieder getrennt haben, mit der Zeit zu einer gemeinsamen Abwehr. Die sich entsprechenden Abwehrstrukturen von A und B haben wohl auch schon bei der Partnerwahl eine entscheidende Rolle gespielt. Mit der Entwicklung der Beziehung hat sich dann eine gemeinsame ,,Norm" (Bauriedl 1980, S. 36) über die zu akzeptierenden und über die abzulehnenden, abzuwehrenden Anteile der Beziehungspartner gebildet. Mit der gemeinsamen Abwehr wurde ein ,,Bündnis" (Bauriedl 1980, S. 37) geschaffen, das sich gegen alles richtet, was die gemeinsame Abwehr und die gemeinsame Stabilität stören könnte.

Jede Verunsicherung, jedes Auftauchen der abgewehrten Angst wird in diesem Bündnis mit allen sich bietenden Mitteln bekämpft; das Abgewehrte wird zum Feind erklärt und als solcher behandelt. Dieser Begriff des ,,Bündnisses", also der gemeinsamen Abwehr von Beziehungspartnern, wird weiter unten in meinen Überlegungen noch eine zentrale Rolle spielen.

Diese Abwehrnotwendigkeit erwirbt der einzelne im Kontakt mit seinen primären Bezugspersonen, in der Regel also im Kontakt mit seinen Eltern. Diese haben alle Äußerungen des kleinen Kindes entsprechend ihrer eigenen (Ängste und) Abwehrnotwendigkeiten behandelt. So stieß z.B. eine Äußerung der kindlichen Sexualität auf die Ablehnung durch die Mutter, bei der dadurch zuviel, d.h. mehr als für sie erträglich, Angst ausgelöst worden wäre. Sie erzwang dann eine ihrer eigenen Abwehr entsprechende Ablehnung der Sexualität auch beim Kind, indem sie diese Handlung als ,,Pfui" bezeichnete und damit im Kind das Gefühl provozierte, solche Erlebnis- und Verhaltensweisen dürften nicht sein. Dasselbe trifft auch für mit Verleugnung und ähnlichem belegte Verhaltensweisen zu. In seinem Bestreben, eine positive Identität in der Beziehung zur Mutter aufzubauen, hat das Kind die von der Mutter nicht akzeptierten Anteile seiner Person bald ähnlich abzuwehren gelernt wie bisher die Mutter. Der Verlust der mütterlichen Zuwendung, die Ausstoßung in die Isolation des ,,Bösen" durch die Mutter ist für das auf Gedeih und Verderb ausgelieferte Kind zu bedrohlich und zu (lebens-)gefährlich, als daß es sich erlauben könnte, die Abwehr der Mutter nicht mitzumachen und die angebotenen Bündnisse gegen die verpönten Regungen zu verweigern. Die drohende Isolation und damit der Liebesentzug konnte so zwar vermieden werden, jedoch um den Preis der Integration der ganzen Person. Derart sozialisiert, also intolerant geworden gegenüber bestimmten Anteilen seiner eigenen Person, wird sich das Individuum ähnlich ablehnend gegenüber entsprechenden Äußerungen seiner späteren Beziehungspartner verhalten und wird, falls sich seine Frustrationstoleranz bezüglich emotionaler Isolation nicht vergrößert hat, seine Beziehungen ähnlich gestalten, wie es dies mit seinen Eltern erlebt hat. Der Mechanismus, der das Ausbrechen aus dem Bündnis verhindert, ist derselbe geblieben: wer das Bündnis gegen die abgewehrten, von den Personen abgespaltenen Anteile verläßt und Gefährliches äußert, der wird mit Isolation oder wenigstens mit der Drohung verlassen zu werden bestraft (vgl. Richter 1976).

Bestehen die späteren Beziehungen über längere Zeit, und konnten sich die Abwehrbedürfnisse der Beziehungspartner nicht verringern oder auflösen, dann wird der eine für den anderen immer wichtiger, weil jeder für den anderen zum Garanten für die Aufrechterhaltung der eigenen Abwehr, der eigenen und auch der gemeinsamen (Schein-)Stabilität geworden ist. James L. Framo, der amerikanische Familientherapeut, formuliert dieses Phänomen so: ,,Wenn immer zwei oder mehrere Personen in naher Beziehung zueinander stehen, übernehmen sie insgeheim verabredete psychische Funktionen füreinander" (Framo 1973, S. 350). Das Abwehrbündnis verspricht, beiden die Auseinandersetzung mit den individuellen und inzwischen auch gemeinsamen Ängsten zu ersparen; die durch die gemeinsame Abwehr erreichte psychische (Schein-)Stabilität wird so lange wie möglich aufrechterhalten. So bleiben beide Beziehungspartner zwar relativ angstfrei, jedoch solange auch eingeengt und in ihrer Abwehr gefangen, bis von beiden mehr Angst toleriert werden kann.

Wenn sich nun einer der beiden verändert (z. B. durch Psychotherapie), wenn er mehr Angst ertragen kann und es deshalb weniger nötig hat, den anderen zu manipulieren und sich von ihm manipulieren zu lassen, dann kann es geschehen, daß sein Partner von dieser Veränderung ,,angesteckt" wird, d. h. daß sich die Beziehung zwischen beiden um die neu zugelassenen Inhalte erweitert. Wenn dem Partner eine solche Veränderung nicht in ähnlichem Ausmaß möglich ist, kann es zum Auseinanderbrechen der Beziehung kommen.

Drei weitere Gedanken der Beziehungstheorie (Bauriedl 1980) sind für die folgenden Überlegungen noch wichtig. Erstens sind die beschriebenen Phänomene (gemeinsame Normbildung, gegenseitige Manipulation, gemeinsames Abwehrbündnis), bei Bauriedl als ,,Beziehungsstörungen" definiert, nicht auf Partnerbeziehungen beschränkt, sondern finden sich in *jeder* Beziehung in mehr oder weniger großem Ausmaß, also auch in therapeutischen Beziehungen. Ebenfalls kann man diese Phänomene, was für meine spätere Argumentation sehr wichtig ist, auch in kleinen und großen Gruppen beobachten, wo sie z. B. für den Gruppenzusammenhalt, für die Identifikation des Einzelnen mit der Gruppe usw. große Bedeutung haben. Zweitens bleibt jede Beziehung in ihrer Entwicklung genau an der Stelle stecken, wo die gemeinsame Abwehrbildung nicht mehr problematisiert und aufgehoben werden kann; aus dem bisher Ausgeführten versteht es sich dann von selbst, daß mit diesem Steckenbleiben der Beziehung die Fixierung der beteiligten Beziehungspartner in ihrer psychischen Entwicklung gemeint ist. Der dritte Gedanke, der mir auch sehr wichtig ist, ist die Antwort auf die Frage, wie es denn kommen kann, daß sich Beziehungen mit eingefahrenen Abwehrstrukturen ändern können; (wie gesagt, all dies soll für jede Art von Beziehung, also auch für therapeutische Beziehungen gelten). Ihre Antwort auf diese Frage lautet: festgefahrene Beziehungen kommen dann wieder in Bewegung, wenn Anteile, die bisher durch die gemeinsame Abwehr aus der Beziehung ausgeschlossen waren, wieder in sie integriert werden können. Dies kann durch Reifungsschritte eines Beziehungspartners oder auch beider Beziehungspartner oder auch durch psychotherapeutische Veränderung der Beziehungsstrukturen geschehen.

Die eben angeführte Beziehungstheorie verdeutlicht, wie das, was zwischen Individuen erlebt oder abgewehrt wird, von den Abwehrbedürfnissen der Einzelnen abhängig ist und wie umgekehrt die Eigenart der Beziehung die Ängste und Abwehrbedürfnisse der Einzelnen bedingt. So scheint es nun möglich, ,,Beziehung" zu definieren; und zwar als das Insgesamt der Lebens- und Entwicklungsmöglichkeiten, der Ängste und der Abwehrbedürfnisse, das sich aus dem Zusammenwirken der individuellen Ängste und der individuellen Abwehrnotwendigkeiten ergibt.

Ich habe weiter oben die Frage gestellt, welche Mechanismen Ausdruck und dessen Verstehen verhindern und damit Verständigung unmöglich machen. Nachdem alles „außen" Erscheinende als Ausdruck „innerer" Befindlichkeit angesehen werden kann und die aufgrund interpersonaler Normbildungen errichteten Kommunikationsschranken auch ein Abbild der Angst und dem Versuch ihrer Abwehr enthalten, kann das „außen" Erscheinende über die „innere" Befindlichkeit hinaus auch etwas über die Flexibilität innerhalb der Beziehung aussagen, d. h. über das, was gerade noch möglich und geduldet ist.

Zur Verdeutlichung ein Beispiel: beobachtet man jemanden in seiner Reaktion auf ein einschneidendes Ereignis, z.B. auf den Tod eines ihm nahestehenden Menschen, dann kann man an seiner Reaktion nicht nur sehen, ob er traurig ist, sondern auch etwas darüber erfahren, *wie* er den Verlust erlebt, *wie* er seine Reaktion äußert, *wie* er mit dem Verlust fertig wird. Seine Reaktion ist nicht unabhängig von der Art, wie in seiner Ursprungsfamilie mit Gefühlen, mit Schmerzen umgegangen wurde. Die Art seines Ausdrucks ist Teil der „Beziehungssprache" seiner Primärgruppe. Die Normen über den Umgang mit solchen Gefühlen hießen dort vielleicht: „das ist doch nicht so schlimm; reiß' dich doch zusammen"; oder: „da läßt man sich doch nichts anmerken"; oder: „da macht man einfach weiter wie wenn nichts geschehen wäre"; oder: „damit kommt man alleine zurecht" usw. Er wird versuchen, diese Form der Abwehr in seinen derzeitigen und zukünftigen Beziehungen als sicherste – weil bekannteste – Kommunikations-, Lebens- und Beziehungsform aufrechtzuerhalten.

Ich möchte zusammenfassend feststellen: die Art der Beziehung, d. h. die Art der gemeinsamen Abwehrbedürfnisse bzw. der Bündnisse gegen den Feind „Angst" entscheidet darüber, was wie ausgedrückt werden kann, was wie verstanden werden kann und damit auch darüber, in welchem Umfang und auf welche Weise Verständigung in dieser speziellen Beziehung möglich wird. Umgekehrt könnte man dann auch sagen: an der Art der Verständigung zwischen Beziehungspartnern, daran, was zwischen ihnen an Kommunikation und Interaktion stattfindet, d. h. was möglich wird und auch, was nicht möglich wird, daran läßt sich die Eigenart ihrer Beziehung mehr oder weniger genau ablesen. Oder noch kürzer formuliert: jede Beziehung hat die für sie spezifische Verständigungsform; und: jede Verständigungsform gehört zu einer bestimmten Beziehung.

Umwege der Verständigung

Jeder Konflikt findet *seine* Lösung: die Kompromißbildung

Wir haben gesehen, daß die Verständigung zwischen Beziehungspartnern durch die in der Beziehung wirksamen Ängste und deren Abwehr mehr oder weniger eingeschränkt wird. Solange jedoch psychische Lebendigkeit auch nur minimal gegeben ist, besteht gleichzeitig neben der Einschränkung von Ausdruck und Verständnis durch die Abwehr immer auch noch das Bedürfnis, die eigene Befindlichkeit trotz der drohenden Verunsicherung umfassend mitzuteilen, d. h. Kontakt aufzunehmen. So entsteht für das Individuum ein Konflikt. Solche Konflikte sehen allgemein formuliert ungefähr folgendermaßen aus: ,,Ich möchte mich dem anderen gerne verständlich machen, aber ich habe auch Angst davor, mich auszudrükken"; und: ,,ich möchte den anderen gerne verstehen, aber dieses Verstehen würde mir auch Angst machen". Diese Konflikte bestehen in jedem Augenblick. Wir haben uns allerdings daran gewöhnt, sie nicht mehr bewußt wahrzunehmen, sondern nur noch die Lösungen, die wir für diese Konflikte einmal gefunden haben und immer wieder neu finden.

Für die Integration der im Konflikt wirksamen Kräfte findet die Psyche eine Lösung: der direkte Ausdruck wird dabei nicht mehr auf die ursprünglich angestrebte Art geäußert, sondern quasi auf einem Umweg, entsprechend den Anforderungen der Abwehr. Er ist dann nicht mehr so deutlich zu erkennen, macht also weniger Angst, kann aber trotzdem noch nach außen treten. Dieser Umweg, in der psychoanalytischen Literatur als ,,Kompromißbildung" bezeichnet, berücksichtigt beide: das bisher nicht zugelassene Bedürfnis einerseits, das nun entstellt sichtbar wird, und andererseits die Forderungen der Abwehr. Ähnlich, wie ,,der Traum in allen Fällen das Ergebnis eines Konflikts, eine Art Kompromißbildung ist" (Freud 1940a, S. 29), und der Traum jedesmal ein Versuch ,,die Schlafstörung durch Wunscherfüllung zu beseitigen, er sei also der Hüter des Schlafes" (Freud 1940a, S. 29), kann man den Umweg des Ausdrucks in der Kompromißbildung, in der schließlich gefundenen Konfliktlösung als den Hüter der psychischen Stabilität und Sicherheit vor Beunruhigung und Angst betrachten.

Durch die Abwehr wird der Ausdruck jedoch nicht nur reduziert, sondern auch erweitert: in der Kompromißbildung äußert sich nicht nur das ursprüngliche Bedürfnis in veränderter Form, sondern auch die Abwehr, die zur Angstvermeidung eingesetzt wird. An der Art, wie in einer Beziehung Verständigung stattfindet, kann also auch erkennbar werden, mit welchen Mitteln die Beziehungspartner ihre Angst abzuwehren versuchen. Daneben ist es auch möglich, an jeder schließlich geäußerten Kompromißbildung das Leiden des Individuums zu erkennen, das durch den Konflikt und seine Lösung entstanden ist. So stellt jede Kompromißbildung ein ganzes Bündel von mehr oder weniger verschlüsselten Botschaften dar.

Ich gehe davon aus, daß *jede* Äußerung, jedes Sichtbarwerden des Lebendigen in Beziehungen und damit jede Form von Verständigung als das Ergebnis von solchen Konflikten, als Kompromißbildung angesehen werden kann. Aus diesem Grund ist die Kompromißbildung auch die Stelle, an der das Verdrängte, die Angst vor ihm, das Bündnis zur Abwehr dieser Angst und das augenblickliche Leiden unter dem Bündnis erkannt und verstanden werden kann.

Indem in der fertigen Konfliktlösung die individuelle und gemeinsame Abwehr zum Tragen kommt, stellt sie nicht nur das Ergebnis eines Bündnisses dar, sondern gleichzeitig auch den Versuch, das Bündnis weiter zu festigen; sie beinhaltet also gleichsam die Mitteilung: ,,Ich mache noch mit beim Bündnis gegen unsere gemeinsame Angst", und die Anfrage: ,,Machst Du auch noch mit oder bist Du schon ausgestiegen?“ Diesem Versuch, einen im Bündnis zu halten, könnte man nur dann entkommen, wenn man es sich von seiner eigenen psychischen Flexibilität und Angsttoleranz her leisten kann, mit der eigenen Angst und der Angst des anderen konfrontiert zu werden. So dienen starre Konfliktlösungen auch dazu, gestörte Beziehungen am „Leben“ zu erhalten. Daß mit diesem „Leben“ aber nur die Scheinstabilität der gestörten Beziehung gemeint sein kann, versteht sich aus dem oben Gesagten von selbst.

Der Körper ist immer beteiligt – Gedanken zur Psychosomatik

Befindlichkeit kann nur erlebt werden. Wir wüßten aber nichts von ihr, sie wäre auch nicht, wenn wir keinen Körper hätten, der uns mittels seiner Sinne die Erfahrung dessen ermöglicht, was sich in der Einheit von Körper und Psyche tut. Die Rolle des Körpers wird noch viel deutlicher, wenn wir uns vergegenwärtigen, daß auch eine Mitteilung über die Befindlichkeit immer auch körperlich ist: „Ausdruck“ im üblichen Sprachgebrauch, also Bewegung, Mimik, Gestik, Physiognomik, Haltung, Klang der Stimme usw. sind undenkbar ohne das ausdrückende Medium Körper mit seinen Muskeln, seiner Oberfläche Haut, seiner im Lauf der Zeit gewordenen Gestalt, seinen Organen usw. Aber auch der Ausdruck in dem hier verwendeten erweiterten Sinn als das Insgesamt an Mitteilungen über die Befindlichkeit ist nicht denkbar ohne den Körper: Sprache, Schrift, Arbeit, Handeln, Denken, Sein, Theorie und Praxis; immer ist das Körperliche Ursprung und Medium für den Ausdruck des Befindlichen. Ohne das Sichtbarwerden auf der äußeren Ebene der Erscheinung kann inneres Sich-Befinden nicht gezeigt, nicht erkannt und nicht verstanden werden.

Meine Fragen nach dem „Was“ und dem „Wie“ des Ausdrucks, sowie nach dem „Was“ und dem „Wie“ der Wahrnehmung und des Verständnisses werden damit nun aus dem allgemeinen theoretischen in einen konkreteren Bereich verlagert: *wer* äußert *was* durch *welche Art,* das Medium Körper einzusetzen und: *wer* versteht *welchen Anteil* körperlicher Erscheinung als Ausdruck *welcher* Befindlichkeit? Oder noch konkreter gefragt: wer drückt was durch einen Schrei, durch einen Vorwurf, durch einen rationalen Satz, durch Blutdruckerhöhung, durch die Dysfunktion eines Körperorgans, durch seine Art Wissenschaft zu betreiben, durch seine Art Politik zu machen usw. aus? Wer nimmt welche dieser angeführten oder andere „Erscheinungen“ als Ausdruck für welcher Befindlichkeit? Noch ein Beispiel um diese zentrale Problematik noch deutlicher herauszuarbeiten: wird „Angst“ weitgehend auf die Änderungen physiologischer Größen wie des elektrischen Hautwiderstands, der Pulsfrequenz oder ähnliches reduziert, wird Vermeidungsverhalten und dessen Verschwinden als Indikator für das Vorhandensein oder Nicht-mehr-Vorhandensein von Angst verstanden, wird eine subjektive Aussage oder objektive Übereinstimmung bei den Beobachtungen „verschiedener“ Beobachter als der Beweis für das Vorliegen von Angst gewertet oder genügt dem

Beobachter des ängstlichen Individuums das eigene (d. h. des Beobachters) empathische Erleben als ausreichender Beleg?

Solche und ähnliche Fragen können nur durch die Einbeziehung der beteiligten Personen beantwortet werden. Dann könnte geklärt werden, wieweit sie im Ausdruck und in der (auch wissenschaftlichen) Wahrnehmung subjektives Erleben wagen und ob es als wichtiges Element vom Ausdrückenden und vom Wahrnehmenden akzeptiert wird oder nicht. Aus dieser Sicht wird die Auswahl aus der Vielfalt der Ausdrucks- und Wahrnehmungsmedien bei der Wahrnehmung und beim Verstehen selbst als die Lösung eines Konflikts erkennbar: so kann nicht nur der Inhalt des Geäußerten und des Wahrgenommenen, sondern auch dessen Form als Ausdruck individueller und kollektiver Abwehrnotwendigkeiten verstanden werden. Die Auswahl des Mediums bei Ausdruck und Wahrnehmung wird selbst zur Ausdrucksmöglichkeit von Bedürfnissen, von Angst, Abwehr und Leiden, also auch zur Ausdrucksmöglichkeit von Bündnissen in gestörten Beziehungen.

Wenden wir uns noch einmal der Seite des Ausdrückenden zu und seiner Auswahl aus den Möglichkeiten des Mediums Körper. Die verschiedenen Arten, den Körper als Medium für Ausdruck zu verwenden, lassen sich einem Kontinuum anordnen, auf dem nach der Nähe des Erlebens zum Bewußtsein unterschieden wird. Mit ,,Nähe des Erlebens zum Bewußtsein" meine ich die Durchlässigkeit der Abwehr, die das Empfinden von Bedürfnissen, von Angst, Schmerz und Leiden mehr oder weniger möglich macht oder verhindert. So reicht dieses Kontinuum vom direkten Erleben von Angst, Leiden usw. mit dem entsprechenden Ausdruck über die verschiedenen Arten der Abwehr, die ihren Ausdruck in Beziehungen, in Worten und in Kompromißbildungen auf psychischer Ebene finden und bei denen vorwiegend unter Erlebnisqualitäten gelitten wird, über die sog. ,,psychovegetativen" Formen der Abwehr (vgl. Jores 1976, S. 23), bei denen sich das Leiden überwiegend in Störungen der Körperfunktionen zeigt (wobei jedoch die einzelnen Organe noch keinerlei Veränderungen im Sinne einer Pathologie zeigen), bis hin zur Form der Abwehr, die überwiegend in den Körper verlagert ist, den sog. ,,psychosomatischen Erkrankungen", bei denen schwerwiegende Veränderungen auch von Organen zu finden sind. Ich betone, daß es sich dabei um ein Kontinuum ohne klare Grenzen handelt; bei jedem Individuum finden sich verschiedene dieser Abwehrformen. So ist ein ,,Neurotiker" nicht denkbar ohne Veränderung physiologischer Werte im Zustand der Angst, ebenso wie ein ,,Psychosomatiker" noch Angst verspürt und leidet, wenn auch meist nur im Zusammenhang mit seinem körperlichen Leiden. – Das eben beschriebene Kontinuum soll hier vor allem dazu dienen, die fließenden Übergänge von einer Abwehrform zur anderen hervorzuheben. Immer, wenn sich Abwehr in Kompromißbildungen auswirkt, handelt es sich um ,,Somatisierungen" im allerweitesten Sinn, bei denen sich das Leiden und die Angst in jeweils unterschiedlichem Ausmaß und auf jeweils unterschiedliche Art und Weise körperlich manifestieren.

Innerhalb der Theorie der psychoanalytisch orientierten psychosomatischen Medizin hat Alexander Mitscherlich zum Verständnis der Dynamik des Übergangs zwischen den Formen psychischer und somatischer Abwehr das sog. Modell von der „zweiphasigen Verdrängung“ entwickelt (vgl. z.B. Mitscherlich 1967, S. 76f.). Er beschreibt den Vorgang, der eintritt, wenn die Angstabwehr mit psychischen Mitteln (Verdrängung und neurotische Symptombildung) zur Bewältigung des Konflikts und zur Bindung der Angst nicht mehr ausreicht (1. Phase der Verdrängung) und deshalb eine Verschiebung des Konflikts in die Dynamik körperlicher Abwehrvorgänge erfolgt (2. Phase der Verdrängung). Dadurch wird der Konflikt aus dem Bereich psychischen Erlebens quasi verbannt und darf nur noch im Körper fern jeder psychischen Problematik existieren. Mitscherlichs Bild der zweiphasigen Verdrängung ist auf der Ebene der Phänomene anschaulich, doch enthält es nicht den Aspekt der Beziehung, in der die Verdrängung des Individuums in ihrem Ausmaß und in ihrer Eigenart eine Bedeutung für die gemeinsame Abwehr in den Beziehungen dieses Individuums bekommt. – Mit Mitscherlichs Theorie stimmen Beobachtungen aus der Arbeit mit psychosomatischen Patienten überein, die im Vergleich zu Patienten mit neurotischer Abwehr eine eingeschränkte „Symbolisierungsfähigkeit“ (Bräutigam & Christian 1973, S. 43) besitzen, womit die Autoren die Möglichkeit meinen, Anteile der eigenen Person in symbolischer Form darzustellen. Da ich auch den Konfliktausdruck in der psychosomatischen Erkrankung als Symbolisierung verstehe, liegt mir näher, was Arthur Jores von psychosomatischen Patienten berichtet, nämlich „daß die bei ihnen zugrundeliegende neurotische Störung für sie selbst viel weniger einsichtig, das heißt also bewußtseinsferner ist“ (Jores 1976, S. 33).

So scheint die Psychosomatik eine für mein Thema wichtige Beobachtung gemacht zu haben, nämlich daß dort, wo aus psychischen Gründen die Abwehr starrer und undurchlässiger sein muß, das Leiden auch in größerem Abstand vom psychischen Erleben gehalten werden muß. Das Verbindende zwischen der psychischen Befindlichkeit und dem organisch-körperlichen Zustand scheint bei diesen Patienten weitgehend verlorengegangen zu sein. So entspricht die Verschiebung des Leidens ins Körperliche genau den (Abwehr-)Bedürfnissen des psychosomatischen Patienten: einerseits fördert, ja fordert der Leidensausdruck im körperlichen Symptom geradezu die Wahrnehmung und Würdigung des Leidens, verhindert aber andererseits gleichzeitig die Wahrnehmung des Leidenserlebnisses am Ort seiner Entstehung auf der Ebene psychischen Erlebens, indem er den Blick davon ablenkt. Der psychosomatisch erkrankte Patient sagt quasi zum Arzt: „Sieh mein körperliches Leiden, laß mich krank sein, aber störe mich nicht mit Fragen nach meinem psychischen Befinden, und vor allem, ich will nicht, daß ein Zusammenhang zwischen meinem psychischen Befinden und meinem körperlichen Leiden gesucht oder gar gefunden wird“. Die Abwehr hat dabei den psychosomatischen Zusammenhang zerrissen. Die traditionelle Schulmedizin bemüht sich in der Regel nicht, diesen Zusammenhang wiederherzustellen, ja sie bestätigt die Trennung durch ihre ausschließlich auf die Organe und die Physiologie gerichtete Aufmerksamkeit. Dagegen versucht ein Teil der psychosomatisch orientierten Ärzte dem Patienten dabei zu helfen, den Zusammenhang zwischen dem körperlichen Ausdruck im Symptom und dem Erleben des primären Leidens wieder herzustellen.

Der Begriff der ,,Organsprache“ (z.B. bei Jores 1976, S. 36) bezeichnet die in der Psychosomatik erkannte Möglichkeit, aus der Art der körperlichen Störung die Eigenart des zugrundeliegenden Konflikts zu verstehen. So hat als Pionier Franz Alexander (Alexander 1951) umfangreiche Untersuchungen unternommen, in denen er seine Theorie von den ,,krankheitsspezifischen psychodynamischen Konflikten“ bestätigen konnte. Er fand heraus, daß sich bestimmte psychodynamische Konflikte regelmäßig in entsprechenden somatischen Erkrankungen manifestieren, so daß sich z.B. Abhängigkeitsprobleme eher im Bereich des Verdauungsapparates (Magen, Darm) oder Aggressionsprobleme eher im Bereich des Kreislaufs (Blutdruck, Herz) zeigen. Diese Ergebnisse legen die Feststellung nahe, daß sich nicht nur die Abwehr aus der Psyche in den Körper formal verschiebt, sondern daß auch inhaltlich zwischen den einzelnen Konfliktbereichen und den Bereichen des Ausdrucks Entsprechungen vorliegen. Noch in der Wahl des ausdrückenden Organs und der Art der Störung wird das ursprünglich abgewehrte Bedürfnis und die damit zusammenhängende Angst sichtbar. Ähnliche Probleme zeigen sich in ähnlichen Ausdruckskonstellationen. Unbewußt scheinen sich die Bedeutungen von Konflikt und Angst in Form und Inhalt ihres Ausdrucks zu entsprechen.

Diesen Hypothesen wird oft der Einwand entgegengehalten, es gäbe doch nur wenige Krankheiten, die auf psychischen Konflikten beruhen, und die doch auch nur zum Teil; die meisten Krankheiten seien doch rein physischer Natur, so z.B. die Infektionskrankheiten. Nun, ob man einen Zusammenhang *sieht* oder nicht, hängt m.E. nicht nur davon ab, ob er ,,objektiv“ vorliegt oder nicht, sondern oft auch davon, ob man ihn sehen will, ob man ihn versteht, d.h. also: vom Standpunkt und von der Sichtweise der Person des Beobachters. ,,Psychosomatisch Kranke sind demnach solche, bei denen der Arzt im Gespräch eine Verbindung zwischen dem Auftreten der Erkrankung und seinem Erleben herzustellen vermag“ (Bräutigam & Christian 1973, S. 3). Nach Meinung dieser beiden Autoren wird durch den diagnostischen Prozeß in der Psychosomatik *durch den Arzt* festgelegt, ob ein Zusammenhang zwischen psychischem Konflikt und körperlichem Leiden vorliegt oder nicht. Wenn wir auf die oben gemachten Feststellungen zur Einschränkung der Wahrnehmung und des Verständnisses durch Angst und Abwehr zurückgreifen, dann wird eine solche Diagnose ,,objektiv vorliegender“ Zusammenhänge problematisch; dabei wird nämlich eine evtl. vorhandene gemeinsame Abwehr von Arzt und Patient, z.B. bedingt durch eine gemeinsame Definition von ,,Gesundheit“ und ,,Krankheit“, total vernachlässigt. Das ,,medizinische Krankheitsmodell“ mit seinem ,,objektiven“ Außenstandpunkt, bei dem die Sichtweise und der Gesichtsfeldausschnitt des Diagnostikers unberücksichtigt bleibt, wurde dabei nicht verlassen. Ich hoffe, hier wurde deutlicher, wie wichtig die Einbeziehung der Person des Beobachters, des Diagnostikers, des Therapeuten bei der Untersuchung der von ihm festgestellten ,,Tatbestände“ ist. Trotz dieser kritischen Einschränkung stellt die psychosomatische Medizin gegenüber der traditionellen Schulmedizin in ihrer Bemühung, den unterbrochenen Zusammenhang zwischen psychischer Befindlichkeit und körperlicher Erkrankung wiederherzustellen, einen großen Fortschritt dar.

Zusammenfassung

Ich möchte nun, wie auch im folgenden nach jedem Kapitel, die wichtigsten Gedanken dieses ersten Kapitels in Thesenform zusammenfassen:

- Es ist lebensnotwendig und unvermeidlich, die eigene Befindlichkeit auszudrücken.
- Alles, was ein Mensch zeigt, kann als Ausdruck seiner Befindlichkeit verstanden werden.
- Alles, was ausgedrückt wird, ist eine Kompromißbildung aus den zum Teil abgewehrten Wünschen und der Angst vor ihnen.
- In allem, was ausgedrückt wird, könnten die abgewehrten Wünsche, die Angst, die Form der Abwehr und das Leiden unter der Notwendigkeit zur Abwehr wiedergefunden werden.
- Wahrnehmen und Verstehen ist genauso wie Ausdrücken eine Kompromißbildung aus Bedürfnissen, Angst und Abwehr.
- Die in den Kompromißbildungen (in Ausdruck und Wahrnehmung) sichtbar werdenden Anteile von Bedürfnissen, Angst, Abwehr und Leiden sind unsere Möglichkeiten uns verständlich zu machen, Kontakt aufzunehmen, uns selbst und den jeweiligen Anderen zu verstehen.
- Eine Beziehung zwischen Individuen ist definiert als das Insgesamt der Lebens- und Entwicklungsmöglichkeiten, der Ängste und der Abwehrbedürfnisse, das sich aus dem Zusammenwirken der individuellen Ängste und der individuellen Abwehrnotwendigkeiten ergibt.
- Der Körper ist das Medium für jede Verständigung. Welche Wege das Erlebnis psychischer Konflikte weg vom unmittelbaren Erleben (mit seinen somatischen Korrelaten) hinein ins körperliche Leiden nimmt, hängt von der beziehungsspezifischen Konflikttoleranz ab.
- Ob psycho-somatische Zusammenhänge gesehen werden, hängt davon ab, ob man es wagt, sie zu sehen.

2. Unsere Angst bestimmt, was wir für „gesund“ und „krank“ halten

In diesem Kapital möchte ich versuchen, die bisher erarbeiteten Ergebnisse auf die Definition der Begriffe „Krankheit“ und „Gesundheit“ und deren Umfeld zu übertragen. Das stellt die Grundlage dar für die anschließende Untersuchung der Problematik von Sexualität und Sexualtherapie in unserer Gesellschaft.

Wie Vorstellungen über „Normalität“ entstehen und wie sie erhalten bleiben: kollektive Kompromißbildungen

Die bisher angestellten Überlegungen habe ich hauptsächlich für Beziehungen zwischen einzelnen Personen oder in kleinen Gruppen (z. B. in Familien) formuliert. Im folgenden werde ich die oben geäußerten Gedanken auf große Gruppen übertragen, um damit auch bestimmte gesamtgesellschaftliche Phänomene verständlicher machen zu können.

Gruppen unterscheiden sich voneinander durch die für ihre Mitglieder bestehenden Möglichkeiten und die ihnen auferlegten Einschränkungen. Die Mitglieder einer Gruppe sprechen eine ähnliche Sprache, sie befassen sich mit ähnlichen oder denselben Dingen, befürworten ähnliches oder dasselbe oder sprechen sich miteinander dagegen aus usw. So stellen die Inhalte und Formen des Lebens in der Gruppe eine Auswahl aus allen möglichen Inhalten und Lebensformen dar. Man könnte deshalb das, was eine Gruppe oder eine Gesellschaft von anderen unterscheidet, als das Insgesamt der Äußerungsmöglichkeiten und damit auch der Einschränkungen für ihre Mitglieder definieren; zu dieser gruppenspezifischen Auswahl gehören unbewußt wirksam werdende Kommunikationsregeln genauso wie z. B. ihr kodifiziertes Recht, kurz gesagt: alle „Verkehrsformen“ im weitesten Sinn des Worts. Alle diese Konventionen regeln das Gemeinschaftsleben und geben, weil sie erwartbar sind und erwartet werden, den Individuen Orientierung und Sicherheit in ihrem Lebenszusammenhang (vgl. dazu die Ausführungen von Berger & Luckmann 1970). (An dieser Stelle der Argumentation wird neben der hier hauptsächlich erwähnten einschränkenden Funktion von Normen auch deren stabilisierendes Moment deutlich.) So könnte man das Insgesamt von Konventionen in einer Gruppe oder Gesellschaft auch als die in ihr wirksam gewordene Beziehungsstruktur definieren, konstituiert aus dem Insgesamt der Beziehungen zwischen allen beteiligten Individuen. Damit können die Begriffe „Ausdrucksbedürfnis“, „Ausdruckseinschränkung“ und „Kompromißbildung“ auch auf die verschiedenen Gruppen in der Gesellschaft und auf die Gesellschaft als Ganzes übertragen werden.

Mein Hauptargument für die Übertragbarkeit der Überlegungen zu Zweierbeziehungen auf Großgruppen ist folgendes: der Notwendigkeit von Abwehr liegt immer Angst zugrunde; nur dort, wo Angst entsteht, wird Abwehr zu ihrer Bekämpfung eingesetzt. Die Entstehung von Angst ist aber *immer* ein Vorgang, der beim Einzelnen stattfindet; auch in der Gruppe ist Angst immer die Angst von Einzelnen. Ebenso entsteht das Abwehrbedürfnis immer für Einzelne. Die Ausdrückenden sind ebenso wie die Subjekte oder Objekte von Repression immer Individuen. Auch institutionalisierte Abwehr, wie z.B. die Abwehranteile des kodifizierten Rechts, wird immer nur individuell relevant, also immer von Einzelnen benötigt, verwendet und erlitten. Den vollkommen unbeteiligten Befehlsempfänger, der die Befehle ohne eigene psychische Notwendigkeit ausführt, gibt es nicht; mit „psychischer Notwendigkeit" meine ich auch „Entschlüsse" zum Mitmachen in Extremsituationen, in denen es ums nackte physische Überleben geht. Der Verweis auf „das System", auf „die Verhältnisse" dient immer auch der Ablenkung von der individuellen Beteiligung und Verantwortung. Jeder, der handelt, macht das, was er tut, *auch* weil es seiner eigenen Angst und seinen Abwehrbedürfnissen entgegenkommt, der nationalsozialistische KZ-Kapo genauso wie der RAF-Terrorist, der bundesrepublikanische Strafrichter genauso wie der experimentierende oder bücherschreibende Wissenschaftler.

An dieser Stelle werden sicherlich einige Leser empört sein und mir vorhalten, ich solle doch nicht „... psychologisierend den Unterschied zwischen der gesellschaftlichen und der psychischen Ebene verwischen" (Füchtner 1978, S. 32). Ich glaube, daß der von Füchtner verteidigte Unterschied zwischen der gesellschaftlichen und der psychischen Ebene kein wirklich existierender Unterschied der damit beschriebenen Phänomene ist, sondern daß er entsteht, weil dasselbe Phänomen, nämlich das kollektive Beziehungsnetz von zwei verschiedenen Standpunkten aus betrachtet und beschrieben wird. Ich kann bei Prozessen auf der sog. gesellschaftlichen Ebene die Beteiligung der Individuen an der Aufrechterhaltung oder an der Veränderung der Verhältnisse nicht übersehen. Auch wenn Beziehungsstrukturen noch so sehr einen anscheinend unveränderlichen institutionellen oder materiellen Ausdruck gefunden haben, auch wenn die Abwehrstrategien der gerade „Herrschenden" eine Beziehungsaufnahme zu ihnen und eine Auseinandersetzung mit ihnen und der von ihnen ausgehenden Repression nicht mehr möglich machen, es sei denn z.B. auf der Ebene materialisierter Beziehungen (Organisation, Tarifverträge, Gesetze usw.) oder von Gewaltausübung, so sind es doch immer die Individuen, die aufgrund ihrer Kompromißbildungen aus Bedürfnissen, Angst und Abwehr diese Strukturen aufrechterhalten und ihnen zum „Leben" verhelfen. Die Aufrechterhaltung oder die Veränderung der kollektiven Kompromißbildungen ist nur durch Individuen möglich. Daß es auch heute noch „gesellschaftliche Verhältnisse" (ich würde auch an dieser Stelle wieder lieber „kollektive Beziehungsnetze" sagen) gibt, in denen ein Ausbrechen aus den impliziten oder expliziten Beziehungsnormen und eine Verweigerung ihnen gegenüber nur unter Gefahr für Leib und Leben möglich ist, sehe ich und weiß ich; (vgl. dazu z.B. die Arbeit von Füchtner 1978, der die Probleme emanzipatorischer Psychotherapie in einem totalitär regierten Land untersucht).

In diesem Zusammenhang ist auch die pauschale Forderung nach einem Kampf gegen ,,das System“ zu kritisieren. Ich meine wohl, daß an den Stellen in der Entwicklung einer Gesellschaft, an denen eine persönliche Auseinandersetzung zwischen den ,,Normformulierern“ und den ,,Normbefolgern“ nicht, d.h. noch nicht möglich scheint, daß dort Veränderungen zwangsläufig nur in einer Einflußnahme z.B. auf Bestimmungen, Gesetze, materielle Bedingungen usw. zu erreichen sind. Es ist jedoch zu fragen, ob es sich dabei um von allen Betroffenen getragene Veränderungen handelt oder ob dies nicht nur eine manipulative Einflußnahme auf der Ebene der äußeren Erscheinungen darstellt. Man kann es nicht mit ,,dem System“ zu tun haben, sondern ,,nur“ mit Individuen, die alle das Ihre zur Aufrechterhaltung oder zur Veränderung ,,des Systems“ tun, d. h. zur Aufrechterhaltung oder zur Veränderung der bisherigen Kollektiven Kompromißbildungen. Die Delegation der individuellen Verantwortung an ,,die Gesellschaft“ erfolgt von einem Außenstandpunkt, auf dem sich der so Verantwortung Abschiebende nicht als Teil der Gruppe, nicht als Teil der Gesellschaft, nicht als Teil seiner Beziehungen sieht. Sähe er sich als Teil der Gruppe, müßte er die Verantwortung für seine Beziehungen übernehmen, und damit auch die momentanen Grenzen und Möglichkeiten seiner Einflußnahme erkennen können. Die Suche nach der Lösung für alle Probleme in einer ausschließlichen Veränderung materieller oder sog. struktureller Bedingungen übergeht die Personen und ihre Möglichkeiten, übergeht ihre Ängste und ihre Abwehrnotwendigkeiten. Die Nicht-Anerkennung einer historischen Situation – und das heißt auch: eines Entwicklungsstandes der Beziehungen in einem Kollektiv – muß zwangsläufig zu einem Scheitern aller *nur* an der Materie oder an Strukturen orientierten Veränderungsbemühungen führen. Jeder ist für seinen Eingriff und für sein Sich-Heraushalten in allen seinen Beziehungen selbst verantwortlich, auch dafür, welche Veränderungsmöglichkeiten er sieht und welche er nicht sieht, auch wenn er diese Verantwortung gerne anonymen Strukturen oder ,,der Gesellschaft“ zuschieben möchte (vgl. Kap. 10).

Doch zurück zur Frage nach der Übertragbarkeit meiner bisherigen Ergebnisse auf Gruppen. – Zu gemeinsamer Angst kann es in der Gruppe und in der Gesellschaft nur dann kommen, wenn eine Anzahl von Einzelindividuen diese Angst entwickelt. Auch Abwehr kann in der Gruppe nur mobilisiert werden, wenn die Angsttoleranz in der Gruppe, d.h. die Angsttoleranz der Einzelnen in der Gruppe überschritten ist. Ähnlich wie in der Zweierbeziehung und in der familiären Kleingruppe bilden sich in größeren Gruppen im Lauf der Zeit entsprechend den gemeinsamen Ängsten gemeinsame Abwehrstrategien heraus. Diese nehmen in Gruppen oft starre Formen an; sie werden in Regeln gefaßt, die unausgesprochen, explizit oder kodifiziert wirksam werden. In Gruppen verändern sich diese kollektiven Abwehrstrategien langsamer als in Zweierbeziehungen oder in der Familie; sie sind ,,schwerfälliger“, weil ungleich mehr indivudelle Abwehrstrukturen davon betroffen sind. Die Mechanismen dieser Abwehrstrategien sind dabei jedoch ähnlich denjenigen in der Kleingruppe: das Angstauslösende wird verleugnet oder verneint, nach außen (auf außenstehende Einzelpersonen oder

Gruppen) projiziert, Sündenböcke werden gefunden und ausgestoßen usw. Aufgrund dieser Überlegungen scheint es mir zulässig zu sein, die beschriebenen Mechanismen um Ausdruck, Angst, Abwehr und Kompromißbildung auch bei der Betrachtung so komplexer Phänomene wie einer Gruppe oder gar einer ganzen Gesellschaft einzuführen und als Hilfsmittel bei deren Untersuchung beizubehalten.

So kann nun gesagt werden, daß gemeinsame Angst in Gruppen zu Formen gemeinsamer Abwehr führt: wie in Zweierbeziehungen werden auch in großen Gruppen „Bündnisse" gegen die Angst geschlossen, die verhindern sollen, daß Verunsicherndes oder Ängstigendes ins Bewußtsein tritt. Spezifische Ängste führen deshalb, je nach Gruppe, zu spezifischer Abwehr. Unter dem Druck dieser Abwehr bilden sich Kommunikationsnormen, die zur Aufgabe haben, den Ausdruck entsprechend der Angst und der Abwehr zu kanalisieren. Wie in der Zweierbeziehung entsteht in der Großgruppe bzw. in der Gesellschaft für die betroffenen Individuen und Untergruppen die Notwendigkeit zu bestimmten Konfliktlösungen. Weil direkter Ausdruck von bestimmten Ängsten, Gefühlen und Wünschen (und damit auch von Kritik) zu einer Verunsicherung der „Stabilität" in der Gruppe führen könnte, sorgen die Kommunikationsregeln (= die Normen) dafür, daß die Verständigung Umwege machen muß. In jeder Interaktion drücken sich diese Kommunikationsnormen aus – bis hin in die Wortwahl und in die Bewegungen. Wieder fließen in die schließlich geäußerten Kompromißbildungen die Bedürfnisse, die Ängste des Individuums und deren Abwehr ein. All dies, die Ängste, die Bedürfnisse, die Abwehr und auch das Leiden unter der Einschränkung durch die Abwehr werden im kompromißhaften Ausdruck wieder in Spuren sichtbar und können bei entsprechend sensibilisierter Wahrnehmung auch in ihrer Bedeutung für die Gruppe und die Gesellschaft, zu der das sich äußernde Individuum gehört, erkannt und verstanden werden.

Die Kontrolle über die Einhaltung der Kommunikationsregeln geschieht hauptsächlich in der individuellen Sozialisation: das Individuum übernimmt dabei die Normen, weil sie erstens „allgemein gültig" sind, aber zweitens auch weil es nämlich selbst, „eingebettet" in eine abwehrende Umwelt, die jeweils abgelehnten Anteile seiner Person nicht akzeptieren lernen konnte. Was den anderen Angst machte, konnte es selbst nicht angstfrei integrieren; was liegt dann näher, als die in der Umwelt bereits üblichen Methoden der Abwehr selbst zu verwenden. Bei diesem Prozeß, der Übernahme von Normen und der sie tragenden Abwehrnotwendigkeiten spielen Abhängigkeiten eine entscheidende Rolle, vor allem diejenige zwischen dem Kind und seinen Eltern. Die emotionale und materielle Abhängigkeit zwingt den zu Sozialisierenden meist dazu, die Normen der Umwelt zu übernehmen.

Auf diese Weise ist für die drohende Angst des Kollektivs weitgehend sichergestellt, daß die Normen weitergegeben werden und nicht verloren gehen. Die Kontinuität von Abwehr und „Sicherheit" bleibt dadurch gewahrt. Die durch die Abwehr erzwungenen Konfliktlösungen werden dann in der Gruppe im Lauf der

Zeit für alle zum Üblichen, zu dem, was bekannt ist und keine Angst macht, zum ,,Normalen". Es haben sich dann Konventionen über das ,,Normale", über den ,,normalen" Ausdruck gebildet. So wird allmählich ,,normentsprechend" mit ,,normal" verwechselt und schließlich gleichgesetzt. Die Möglichkeit, daß es auch normal sein könnte, die Normen in Frage zu stellen, bleibt dabei ausgeschlossen.

Die hier dargestellten Mechanismen sind in ihren konkreten Ausformungen im hochdifferenzierten und hochkomplexen System einer Großgruppe äußerst kompliziert: eine Unmenge von Konventionen wirken zusammen, von der Art der Begrüßung über die ,,Kleiderordnung" bis hin zu dem, was in Frage gestellt werden darf oder was unangetastet bleiben muß. Jedes Individuum gehört verschiedenen Gruppen an und muß sich, um nicht zu stören, in den Konventionen aller Gruppen auskennen und zurechtfinden, zu denen es gehört. Daß sich dabei für den Einzelnen in verschiedenen Gruppen verschiedene, oft sich sogar widersprechende Vorschriften ergeben, wird meist von den Betroffenen nicht bemerkt, denn das würde ja verunsichern und das komplexe Abwehrgefüge ins Wanken bringen. So wird die Vermeidung von Angst wichtiger als die Kontinuität und Integration der Person.

Mit der Einschränkung des Ausdrucks in den Konfliktlösungen aufgrund von Abwehrbündnissen in Gruppen werden auch Vorschriften wirksam, die den Ausdruck von Leiden und Schmerz regulieren. Die Möglichkeiten, die der Äußerung von Leiden in einer Gruppe geboten werden, hängen eng mit der Angst und der Abwehrstruktur der Gruppe und damit ihrer Mitglieder zusammen: so wäre es z. B. in einer Gruppe, die es sich zum Ziel gesetzt hat, gegen die Unterdrückung in der Gesellschaft zu kämpfen, in der Regel wohl äußerst problematisch und allgemein angstauslösend, wenn sich ein Mitglied erlauben würde, das Erlebnis aktuell in der Gruppe ausgeübter Repression zu artikulieren. Es ist vorstellbar, daß der direkte Ausdruck von Leiden unter der Repression *in* einer Gruppe, die die Unterdrückung *draußen* bekämpft, schwerwiegende Konflikte auslösen würde; es ist anzunehmen, daß ein Großteil der Gruppenmitglieder Unterdrückung in der ,,Gemeinschaft gegen Unterdrückung" am eigenen Leib nicht wahrnehmen und erleben ,,darf" und kann; als Ort für die Wahrnehmung stehen ja die Unterdrükker und die Unterdrückten draußen zur Verfügung. Die Wahrnehmung von Repression in den eigenen Beziehungen würde ein viel größeres psychisches Risiko bedeuten als der Kampf ,,draußen"; sie muß deshalb vermieden werden. So wird der Einzelne sein Leiden vielleicht nicht bewußt wahrnehmen und es entsprechend auch nicht direkt äußern können; vielmehr wird er es in einer anderen Kompromißbildung ausdrücken, indem er z. B. einen Antrag zur Geschäftsordnung stellt, Vorschläge für den Kampf gegen externe Unterdrücker macht, sein Leiden unter der Beziehungsstörung in der Gruppe nur noch im Leiden unter der schlechten Lüftung im Versammlungsraum wahrnimmt und ausdrückt oder sich auf irgendeine andere Weise äußert. Beispiele für Formen von kollektiven und damit auch individuellen Abwehrmechanismen ließen sich noch unzählige finden.

In jedem Moment könnten die Beziehungsstörungen in kleinen Gruppen und in der Gesellschaft gesehen und verstanden werden.

Auf diese und ähnliche Weise bilden sich im Lauf der Zeit in einer Gruppe Konventionen darüber, was (Wünsche, Bedürfnisse, Ängste, Konflikte, Leiden, Wut, Kritik usw.) wie (in welcher Form) geäußert werden darf. Dabei ergibt sich auch zwangsläufig eine Übereinstimmung darüber, was als Ausdruck wovon angenommen und verstanden wird und was nicht. Es werden stillschweigende Übereinkünfte darüber getroffen, welcher Ausdruck in seinem Zusammemhang zur jeweiligen Befindlichkeit der Person gesehen werden kann, und wo solche Verbindungen verharmlost, verleugnet oder bestritten werden. So konstituiert sich im Lauf der Entwicklung einer Gruppe oder einer Gesellschaft aus deren Abwehr ein mehr oder weniger klar abgegrenzter „Ausdrucksraum“, innerhalb dessen sich die Gruppenmitglieder äußern dürfen. Die Grenzen dieses Raumes stellen dann die momentanen Grenzen für die Bewegungsmöglichkeiten der betroffenen Individuen dar und sind auch die augenblicklichen Grenzen für eine Veränderung von Individuum und Gruppe.

Was passiert nun, wenn jemand gegen eine Kommunikationsnorm verstößt und Äußerungen tut, die dem Verbot zuwiderlaufen? Seine Äußerung löst verschiedene Reaktionen aus, die auf Angst beruhen, bei denen jedoch die Angst meist nicht als Ursache erkannt wird. Die Reaktionen der Verunsicherten sind vielfältig; es lassen sich jedoch grundsätzlich zwei verschiedene Kategorien von Reaktionen unterscheiden: entweder wird versucht, den Abweichenden durch irgendwelche Mittel oder Behandlungen (Drohungen, Strafen, Nicht-Beachten usw.) wieder in die Abwehrgemeinschaft hereinzuholen; dabei soll seine abweichende Äußerung möglichst ungeschehen gemacht werden. Oder, für den Fall, daß die Bedrohung und die Angst durch die Abweichung zu groß wird, oder der Störenfried zu bockig geworden ist und sich nicht mehr so leicht integrieren läßt, wird er aus der Gemeinschaft ausgeschlossen. Ihm wird das Etikett eines Feindes umgehängt; als Gruppenmitglied wird er von nun an nicht mehr akzeptiert. In beiden Fällen wird entsprechend dem Grad der ausgelösten Angst reagiert.

An ihren Kommunikationsnormen und den Sanktionen bei Verstößen ist die Abwehrstruktur und damit auch die Rigidität einer Gruppe zu erkennen. Ähnlich wie oben bei der Untersuchung der Beziehungsstörung allgemein, kann hier für die (Groß-)Gruppe, also auch für die Gesamtgesellschaft, der Grad an Angsttoleranz gegenüber Abweichung und Kritik als Ausdruck der kollektiven Beziehungsstörung in der Gruppe angesehen werden. Dort, wo wenig geäußert werden darf, ist die Angst groß; und dort müssen auch harte Sanktionen ergriffen werden, um die kollektive Abwehr aufrechtzuerhalten. Die Entwicklungsmöglichkeiten einer solchen Gruppe sind folglich auf den Bereich beschränkt, den sie sich in ihrer Abwehrnotwendigkeit zugesteht. Nur eine Gruppe, die verschiedenste Abweichungen tolerieren kann, vermag auch Veränderungen zuzulassen, die von den sie bewirkenden Individuen und Untergruppen getragen werden.

„Krankheit“ und „Gesundheit“: eine Ideologie hat ihre Folgen

Die bisher angestellten Überlegungen haben eine eher allgemeine Bedeutung. Wenn ich mich nun für die Bereiche Medizin und Psychotherapie mit den Begriffen „Gesundheit“ und „Krankheit“ auseinandersetze, dann wird sich zeigen, wie kollektive Angst und kollektive Abwehr einen wesentlichen Einfluß auf die Definition dieser beiden Begriffe und den Umgang mit den damit bezeichneten Phänomenen haben.

Leiden und Schmerz haben in unserer Gesellschaft ihre Lebensberechtigung weitgehend verloren. Ihr Entstehen wird mit allen Mitteln zu verhindern versucht. Wo sie sich trotzdem äußern, werden sie verleugnet, verharmlost oder verwaltet. Für die Verhinderung und Vertreibung von Leiden und Schmerz werden Riesenanstrengungen vollbracht, die einen Großteil der gesellschaftlichen Produktivität verschlingen. Die Unterdrückung psychischen und physischen Leidens ist zum „Normalen“, zur Norm geworden. Ein Erleben und Durchleben von Trauer, Schmerz und Leiden ist in unserer Zivilisation kaum mehr möglich: überall warten die Wächter über die Unversehrtheit und Konfliktlosigkeit. „Die Medizin-Zivilisation ...verwandelt den Schmerz in eine technische Frage und beraubt das Leiden seiner wesentlich persönlichen Bedeutung. Die Menschen verlernen es, das Leiden als unvermeidlichen Teil ihrer bewußten Auseinandersetzung mit der Realität zu aktzeptieren, und sie lernen, jeden Schmerz als Zeichen ihres Bedürfnisses nach Schonung und Rücksichtnahme zu deuten“ (Illich 1977, S. 157). Schmerz und Leiden werden dadurch so interpretiert, wie die „zuständigen“ (genauer: die zuständig gewordenen) Institutionen und unsere kollektive Abwehr sie gebrauchen können: als etwas, wo*gegen* man angeht.

Für die Norm von der seelischen und körperlichen Unversehrtheit und Funktionsfähigkeit gibt der Umgang mit Alter und Sterben ein eindrückliches Beispiel: aus unserer Lebenswelt weitgehend verbannt, dort höchstens noch als medizinisch-biologisches Phänomen zugelassen, werden diese elementaren Abschnitte und Erfahrungsbereiche des menschlichen Lebens immer mehr vermieden. Indem sie die „unbrauchbaren“ Alten in Altersheime und (Sterbe-)Kliniken abschiebt, verliert die Gesellschaft nicht nur den Kontakt zu den so Ausgestoßenen, sondern auch den Kontakt zu sich selbst; d.h. die einzelnen Individuen haben keine Beziehung mehr zu wichtigen Teilen ihres eigenen Lebens. Je weniger sich der Einzelne mit der Lebensproblematik des Alten und Sterbenden auseinandersetzen kann, auseinandersetzen will, desto weniger kann er sie ertragen und desto weniger kann er sie durchleben, desto schrecklicher und schwerer zu bewältigen wird das Erleben des eigenen Alters und des eigenen Sterbens sein.

Die Fiktion von der absoluten „Gesundheit“ und der „ewigen Jugend“ ist nur aufrechtzuerhalten, wenn sie ständig beschworen wird, wenn alle ihr zuwiderlaufenden Äußerungen der menschlichen Natur permanent aus der Kommunikation ausgeschlossen werden. Diese ,,Exkommunikation" wird teuer bezahlt (vgl. den entsprechenden Vorgang in der katholischen Kirche): nämlich mit dem Verzicht auf die Integration der ganzen Person und mit dem Verzicht auf die Möglichkeit, zu seinen Mitmenschen umfassend in Beziehung zu treten. Nur durch die Abwehr der eigenen angstmachenden Anteile, des Versagens, der Schwäche und der störenden Anteile des Anderen kann an diesem Trugbild von Unversehrtheit und Allmacht festgehalten werden. Die Fiktion von der Vollkommenheit ist ein Ergebnis der Abwehr ihres Gegenteils. Sie ist nur zu erreichen, wenn alle physischen und psychischen Funktionen ungestört ablaufen, d.h. wenn jedes ,,Versagen" und jede Verweigerung sicher ausgeschlossen bleibt. Somit wird die Ideologie von der absoluten ,,Gesundheit" als ein Abbild der Leistungsideologie unserer industriellen Zivilsation erkennbar: es zählt nur, was funktioniert; nur der zählt, der funktioniert. Wer sich nicht in dieses Bild einpassen läßt, wird über kurz oder lang ausgesondert, d.h. krankgeschrieben, hospitalisiert, entlassen, verrentet usw. Die durch ihn verursachte Störung ist dann bald vergessen.

So können wir nun den Zwang zur Leistung ebenso wie die Fiktion von der umfassenden ,,Gesundheit" als eine Form der Abwehr verstehen, die in unserer Gesellschaft einen zentralen Platz einnimmt. Die Angst, die dabei abgewehrt wird, ist die Angst vor der Individuation, vor der Selbstfindung auch im Nicht-Können, auch im Nicht-Wollen. Eine vollständige Individuation hätte m. E. zur Voraussetzung, daß alle Anteile der Person in das bewußte Erleben einbezogen werden, also auch die Angst, das Leiden und die Verweigerung, die alle drei die Machbarkeit an ihre Grenzen stoßen lassen. Unter dem Aspekt der Beziehungsstörung gesehen, benötigt unsere Gesellschaft, d.h. die in ihr lebenden Individuen zur Aufrechterhaltung ihrer Ideologien demnach Formen von Beziehungen, in denen Abweichung und Verweigerung weitestgehend ausgeschlossen bleiben.

Angesichts der ungeheueren Anstrengungen, die wir z.B. im System der ,,Gesundheits"-Vorsorge und der Behandlung von Krankheiten anstellen, liegt der Schluß nahe, daß es große Ängste sein müssen, die uns bedrohen. In seinem Buch ,,Latente Angst: das Tabu der Abwehrgesellschaft" geht der Verfasser, Rainer Taeni, von seiner Wahrnehmung der abgewehrten Ängste in unserer Gesellschaft aus, und versucht aus diesem Erlebnis eine ,,ganzheitliche Theorie des Menschen" zu entwerfen (vgl. Taeni 1976). Nur selten – Taenis Buch ist eine der wenigen Ausnahmen – wird diese Angst erlebt und untersucht. Ein vorläufiger Schluß: vielleicht soll mit allen unseren Abwehranstrengungen die Veränderung vermieden werden, die notwendig wäre, um unser Leiden und unsere Angst wieder zu erleben.

Um darzustellen, wie mit dem Ausdruck von Leiden und Angst umgegangen wird, möchte ich wieder aufgreifen, was ich oben über die Kompromißbildung in der Wahrnehmung und im Verstehen geschrieben habe. Ich habe dort ausgeführt, wie Angst und Abwehr nicht nur im Ausdruck, sondern auch in der Wahrnehmung wirksam und sichtbar werden: was zuviel Angst machen und beunruhigen könnte, wird verleugnet, verzerrt wahrgenommen oder ,,falsch" (d.h. nicht entsprechend dem Ausdrucksinhalt) interpretiert. Die in Gang gesetzten Abwehrstrategien zeigen aber, daß der ängstigende Ausdruck wahrgenommen und als solcher erkannt wurde; ohne ein Erkennen potentieller Angstauslösung hätte einsetzende Abwehr kein Motiv. Das Ziel der Abwehr ist, das Auftauchen der Angst ins Bewußtsein zu verhindern. Die Form dieser Barrierebildung ist vielfältig. Für das hier gestellte Thema interessiert besonders die Einteilung der wahrgenommenen Äußerungen in „gesunden“ und „kranken“ Ausdruck. Als „gesund“ werden die Äußerungen bezeichnet, die das normative Bild von „Gesundheit“ nicht stören; „gesund“ ist, was nicht stört, was keine Angst macht und nicht verunsichert. „Normal“ ist, was der normativen Abwehr nicht widerspricht, d. h. was „verständlich“ und „einsehbar“ ist. Im Gegensatz dazu wird derjenige Ausdruck als „krank“ bezeichnet, der von der Norm „Gesundheit“ abweicht. Das ist „krank“, was die Vorstellung vom Funktionieren stört, was beunruhigt, was den Forderungen der Abwehr widerspricht, also das, was „nicht verständlich“, „nicht einsehbar“ ist (vgl. dazu die Diagnostikkriterien der Psychopathologie, z. B. bei Spoerri 1970, S. 62, die das Kriterium der „Unverständlichkeit“ zur grundsätzlichen Unterscheidung psychogener Wahnentwicklung von der durch einen „Prozeß“ bewirkten Entwicklung eines schizophrenen Wahns verwendet).

Bei der Unterscheidung in „gesund“ und „krank“ sieht der Diagnostiker nur Teile des „Kranken“ oder des „Gesunden“. Die Auswahl des Wahrgenommenen ist durch die Person des Diagnostikers und damit auch durch die von ihm „gewählte“ Theorie festgelegt und wird bei jedem neuen Kontakt mit einem zu Klassifizierenden neu konstituiert und bekräftigt. Der Diagnostiker urteilt aus einem Abstand heraus, den er benötigt, um seinem Objekt nicht zu nahe zu kommen. Die Angst vor der Relativierung der eigenen Person mitsamt ihrer Abwehr veranlaßt den Diagnostiker dazu, möglichst wenig von der Angst und dem Leiden des Patienten wahrzunehmen. Die sich aus kompromißhaftem Ausdruck (des Patienten) und kompromißhafter Wahrnehmung (des Diagnostikers) ergebende gemeinsame Abwehr in der diagnostischen Beziehung dient dazu, Normen zu bilden und aufrechtzuerhalten sowie jede Veränderung der beteiligten Personen zu verhindern.

Durch die Etikettierung mit den Begriffen „gesund“ und „krank“ und die Annahme des Etiketts durch den so Bezeichneten, den Patienten, wird die bisherige gemeinsame Abwehrstruktur aufrechterhalten. Die „objektive“ Feststellung einer Funktionsstörung soll verhindern, daß der „kranke“ Ausdruck als Zeichen für individuelle Befindlichkeit verstanden werden kann; ebenso wird dadurch vermieden, das diagnostizierende Verhalten als Ausdruck von Befindlichkeit (d. h. der Angst und der Abwehr des Diagnostikers) zu begreifen. In diesem Kontext muß die Notwendigkeit unserer Gesellschaft und ihrer Institutionen zur Definition von „Gesundheit“ und „Krankheit“ als ein Ausdruck individueller und kollektiver Beziehungsstörungen verstanden werden.

Bei einer eher oberflächlichen Betrachtung könnte man zu dem Schluß kommen, daß das hier Gesagte ausschließlich für einen Teil der im Bereich der Psychopathologie erfaßten „Krankheiten“ gilt. Ich möchte im folgenden darzustellen versuchen, daß sich diese Gedanken bei konsequenter Weiterführung des bisher Gesagten auf den gesamten Bereich von Medizin und klinischer Psychologie ausdehnen lassen. Ich habe oben ausführlich dargestellt, daß ich davon ausgehe, daß in *jeder* Form des Ausdrucks, d.h. in allem, was Individuen äußern, die innere psycho-somatische Gesamtbefindlichkeit wahrgenommen und verstanden werden könnte. Durch Angst und Abwehr wird der direkte Ausdruck von Befindlichkeit auf Umwege gezwungen, die zu bestimmten Kompromißbildungen führen. In diesen sucht sich die auszudrückende Befindlichkeit auf unterschiedliche Weise durch körperlichen Ausdruck, in verschiedenen Stufen von Somatisierungen ihren Weg zum Verständnis durch die Umwelt. In dieser Sichtweise müßten dann auch die ,,rein körperlichen" Erscheinungen, von der Änderung der Pulsfreuqenz bis zum Karzinom, als Ausdruck der ganzen Person mit ihrer seelisch-körperlichen Gesamtbefindlichkeit, also auch mit der Eigenart der individuellen Abwehr verstanden werden. Eine Einteilung der ,,rein körperlichen", ,,objektiv" feststellbaren Funktionen oder Organzustände in ,,gesunde" und ,,kranke" trägt dieser Erkenntnis in keiner Weise Rechnung; der Diagnostiker vermeidet dabei vielmehr objektivistisch die Beziehungsaufnahme zu dem sich auf irgendeine Weise Ausdrückenden; genauer: er nimmt schon Beziehung zu ihm auf, dies jedoch eingeschränkt, entsprechend der von ihm übernommenen kollektiven Unterscheidung in ,,gesund" und ,,krank", die sich am Funktionieren oder Nicht-Funktionieren orientiert.

Das Bisherige zusammenfassend möchte ich feststellen, daß der Diagnostiker in der Art seiner diagnostischen Aussagen und eventuellen Erwägungen zur Therapie nicht nur eine Äußerung über den ,,Zustand" des Patienten macht, sondern auch (und dies oft zum allergrößten Teil) über seine eigenen Ängste und deren Abwehr, über seine Beziehung zum Patienten, über die Beziehungsstörung zwischen beiden und schließlich auch über die Gruppe und die Gesellschaft, der er sich zugehörig fühlt. Wer behauptet, ,,objektive Diagnostik" sei möglich, verleugnet seine eigene Existenz und seine eigene Beziehung zur Umwelt. Wo Aussagen über ,,Gesundheit" oder ,,Krankheit" von Individuen gemacht werden, ohne die dabei relevanten Beziehungen zu berücksichtigen, dort werden Angst und Abwehr aller beteiligten Personen verleugnet.

Eine Untersuchung der Begriffe ,,Gesundheit" und ,,Krankheit" muß auch eine Klärung des Begriffs ,,Symptom" einschließen, weil in der Theorie des traditionellen medizinischen Krankheitsmodells das Symptom das Zeichen für die zugrundeliegende Krankheit darstellt; (vgl. dazu die bei Keupp 1974 zitierte Zusammenfassung von Ullmann & Krasner 1969). Im Bereich der Sexualtherapie spielt das Symptom eine zentrale Rolle; ich möchte mich deshalb hier mit diesem Begriff noch näher auseinandersetzen. Wie der Leser wahrscheinlich bemerkt hat, habe ich das Wort ,,Symptom" in meinen bisherigen Ausführungen vermieden, wo immer es nur möglich war. Warum ich das getan habe und stattdessen mit der Untersuchung der Begriffe ,,Ausdruck" und ,,Kompromißbildung" begonnen habe, wird hoffentlich aus dem folgenden ersichtlich.

Unter einem Symptom versteht man üblicherweise die Abweichung körperlicher oder psychischer Funktionen oder Organbeschaffenheiten von der Norm des durchschnittlich für ,,gesund" gehaltenen; so ist z. B. ein Magengeschwür ein Symptom, genauso wie Haarausfall, ein Absinken des Blutzuckerwertes, Stimmenhören oder Nägelkauen. Ein Symptom ist das, was als Abweichung von der Norm ,,Gesundheit" objektiv festgestellt wird.

Meine bisherige Betrachtungsweise, wonach alles an Individuen außen Erscheinende und Wahrnehmbare als individuelle Konfliktlösung, d. h. als Ausdruck von Beziehungsstrukturen und Beziehungsstörungen zwischen Individuen zu verstehen ist, möchte ich nun auf den Begriff ,,Symptom" ebenfalls anwenden. So gesehen ist ,,das Symptom" ein aus vielen Kräften bewirktes Etwas, das zwischen Ausdrückendem und Wahrnehmendem konstituiert wird. So wählt z. B. einer, der ein Magengeschwür hat (Ausdrückender), dieses Symptom unbewußt als Ausdrucksmittel; ein Anderer (Wahrnehmender) interpretiert dieses Magengeschwür entsprechend seiner Theorie, also entweder als Veränderung der Magenschleimhaut aufgrund einer Übersäuerung oder als Ausdruck einer ungelösten oralen Problematik oder als Symptom der Leistungsgesellschaft usw.

Von der Seite des Ausdrückenden her gesehen habe ich die Vorgänge, die zur Konstituierung des Symptoms führen, schon zum großen Teil geschildert, d. h. ich habe bisher die Umwege des Ausdrucks bei der Entstehung von Kompromißbildungen dargestellt. Wodurch wird nun aber die Kompromißbildung zum Symptom? Um der Antwort auf diese Frage näherzukommen, könnte man sagen: jedes Symptom ist eine Kompromißbildung, aber nicht jede Kompromißbildung wird zum Symptom erklärt. Ich habe in der Zusammenfassung des 1. Kapitels postuliert, daß alles außen Erscheinende, also jeder Ausdruck eine Kompromißbildung darstellt. Inwieweit sich individuelle Befindlichkeit als Kompromißbildung zeigen kann, resultiert aus der Rigidität individueller und kollektiver Abwehr. Jedes Individuum erfährt im Laufe seiner Sozialisation, welche Form des Leidens- und Angstausdrucks von den Beziehungspartnern akzeptiert wird. Da jeder von uns das lebensnotwendige Bedürfnis nach Verständigung hat, muß er das Angebot an Ausdrucksraum, d. h. dessen Grenzen und Regeln für die Äußerung seiner Befindlichkeit annehmen, will er nicht Gefahr laufen, abgelehnt und ausgestoßen zu werden. Jeder von uns bekam und bekommt noch immer ,,gesagt": ,,Diesen oder jenen Ausdruck akzeptieren wir; so kannst du dein Leiden und deine Angst ausdrücken; damit befassen wir uns; damit kannst du kommen, wenn du Hilfe brauchst; aber komm' bloß nicht mit . . .".

Es wäre interessant, unter diesem Aspekt die sog. ,,Zivilisationskrankheiten" als die zu einem bestimmten Entwicklungsstand einer Gesellschaft ,,bevorzugten" Ausdruckskonstellationen zu untersuchen, die (gerade noch) akzeptiert werden können. Bisher wurden für medizinische Fragestellungen die ,,Zivilisationskrankheiten" ja hauptsächlich von einem objektivierenden Standpunkt aus betrachtet, der ausschließlich irgendwelche Schadstoffe in der Umwelt oder irgendwelche schädlichen Gewohnheiten im Verhalten für alles verantwortlich macht. Als Extrembeispiel für die bisherige Forschung in der Untersuchung der Krankheiten und ihrer Entstehung sei die derzeitige Form der Krebsforschung genannt, wo ständig neue ,,Karzinogene" entdeckt werden; die Bereitschaft von Individuen, von Gruppen, diese Stoffe karzinogen wirksam werden zu lassen, blieb bisher fast unbeachtet. Erst wenige Arbeiten aus jüngster Zeit berücksichtigen diesen Gedanken. In psychologische, vor allem in psychoanalytische Überlegungen hat er schon seit einiger Zeit Eingang gefunden; z. B. kommt er in der Beobachtung zum Tragen, daß die ,,klassische Hysterie" heutzutage Seltenheitswert hat; sie war eben in der viktorianischen Moral und der dazugehörigen Gesellschaft, zu deren Zeit sie beobachtet und beschrieben wurde (vgl. z. B. Freud & Breuer 1895d), ,,passend" und notwendig. Heutzutage treten die Symptome der ,,klassischen Hysterie" kaum mehr auf, wohl auch, weil sie in unserer Zeit von der Umwelt anders, vielleicht mit weniger Zuwendung, aufgenommen werden würden. Seit einiger Zeit wird eine Zunahme von ,,ichstrukturell geschädigten Patienten" beobachtet, was sicherlich mit dem gegenwärtigen Zustand und den Entwicklungstendenzen unserer Form von Gesellschaft und Zivilisation zusammenhängt (vgl. z. B. Riemann 1975). So wirkt die Abwehrstruktur einer Gesellschaft nicht nur in der Erzeugung von spezifischem Leiden unter dieser Abwehr, sondern sie findet ihren Ausdruck auch in den Möglichkeiten, die sie dem Individuum zur Äußerung des Leidens im Symptom zur Verfügung stellt. Sie ermöglicht dem Individuum, das vermeiden möchte sozial deviant zu werden, eine Flucht in die sozial akzeptierte Krankenrolle (vgl. dazu die Arbeit von Brede 1977). Man darf bei dieser Überlegung aber nicht vergessen, daß dieses Angebot der Gruppe auch seine einschränkende Seite hat, dort nämlich, wo der Ausdruck des Leidens so und nur so, z. B. im Gewand einer psychosomatischen Störung auftreten kann; die individuelle und kollektive Abwehr verhindert dabei, daß das Leiden direkt gesehen und unmittelbar ausgedrückt werden kann.

Anhand dieser Überlegungen wird die Beteiligung des Ausdrückenden bei der Konstituierung des ,,Symptoms" deutlicher: indem das Individuum aus eigener Angst und Abwehrnotwendigkeit heraus den von seinen Beziehungspartnern angebotenen Ausdrucksraum samt allen Grenzen und Kommunikationsregeln anerkennt, indem es die Rolle des ,,Kranken" wählt und diesen Status akzeptiert, indem das Individuum an den Therapeuten die Forderung richtet, seine Symptome zu beseitigen, übernimmt es die kollektive Abwehr, macht sie zu seiner eigenen und bekräftigt damit die Ideologie von ,,gesund" und ,,krank".

Ich sagte oben: jedes Symptom ist eine Kompromißbildung. Wie kommt es aber, daß nicht jede Kompromißbildung, d. h. nicht jede Äußerung als Symptom angesehen wird? Mit dieser Frage sind wir bei der Rolle des Wahrnehmenden für die Konstituierung des Begriffs ,,Symptom" angelangt. Ich habe mich im Laufe des bisher Geschriebenen schon einige Male dazu geäußert, möchte aber hier auf diese Frage noch einmal und ausführlicher zurückkommen.

Der Wahrnehmende, das ist der Diagnostiker, der Arzt, der Psychologe, der Psychotherapeut, grundsätzlich eigentlich jeder, auch der Patient selbst und seine

Angehörigen. Jeder, der Äußerungen eines Anderen oder von sich selbst vernimmt, sieht oder spürt, ist ein Wahrnehmender in dem Sinn, wie ich dieses Wort hier gebrauche. Entsprechend unserer Angst und unserer Mittel, die wir gegen unsere Angst einsetzen, werden wir das, was wir von uns selbst, von den Anderen und von der Welt wahrnehmen könnten, nur eingeschränkt wahrnehmen. Was uns momentan zuviel Angst bereiten könnte, werden wir möglichst nicht bewußt wahrnehmen. So wird jeder im Bewußtsein nur das zulassen können, was er aufgrund seiner Angst und seiner Abwehrnotwendigkeiten zulassen kann. Dies trifft für das Verständnis von Zusammenhängen und Beziehungen, für Gefühle, für Ängste ebenso zu wie für die Wahrnehmung von eigenem oder fremdem Leiden.

Ausdrückender und Wahrnehmender sind somit aufgrund ihrer Angst und ihrer Abwehrnotwendigkeiten für die Konstituierung und Aufrechterhaltung der „Symptome“ verantwortlich. Dabei wird die Gesamtheit des wahrnehmbaren und wahrgenommenen Ausdrucks in 2 Gruppen aufgeteilt: die eine Gruppe setzt sich aus denjenigen Kompromißbildungen zusammen, die als „normal“, als „gesund“ gelten; die Angst, die sie auslösen könnten, wird gebannt, indem sie für Zeichen von „Gesundheit“ gehalten werden. Die andere Gruppe umfaßt die „kranken“, die „unnormalen“ Kompromißbildungen, die „Krankheitssymptome“. Doch mit der Unterscheidung in „gesund“ und „krank“ ist noch nicht alle Angst vor dem Verständnis der Kompromißbildungen, der „gesunden“ wie der „kranken“, endgültig gebannt. Es bleiben noch verschiedene Ängste, z. B. die Angst vor den Folgen der „Symptome“, also beispielsweise die Angst davor, nicht mehr zu funktionieren, aber auch, trotz aller Bemühungen und Anstrengungen, die Angst davor, die Kompromißbildungen schließlich doch noch in ihrer Bedeutung verstehen zu müssen und zu können, also die Angst vor Kontaktaufnahme und Nähe. Diese und andere verbleibende Ängste motivieren den Kampf gegen die „Symptome“.

*„Symptome“ müssen bekämpft werden, damit sich die Beziehungen nicht zu verändern brauchen**

Im Symptom hat der Einzelne eine Möglichkeit, seine Ängste und seine Konflikte zu zeigen, und zwar auf eine Art und Weise, mit der er sich als Kranker Zuwendung und Anteilnahme sichern kann. Diese Aufmerksamkeit wird sich jedoch in der Regel nur auf diejenigen Kompromißanteile beziehen, die Krankheitswert haben und die auch irgendwie bewältigbar erscheinen. Der unter Asthma Leidende wird Hilfe und Verständnis für sein Leiden unter dem Symptom Asthma bekommen, für seine Hilflosigkeit während des Anfalls, vielleicht auch

---

* Wie schon bisher werde ich im folgenden an den Stellen den Begriff „Symptom“ in Anführungszeichen setzen, an denen es mir besonders wichtig ist, darauf hinzuweisen, daß dort dieser Begriff als Abweichungs- und Krankheitskategorie dient, und daß dabei vermieden werden soll, das mit „Symptom“ Bezeichnete als Kompromißbildung *zu verstehen.*

für sein Leiden unter dem Gefühl des Unvollständigseins, des Krankseins. Die Aktivitäten unseres Gesundheitssystems richten sich, von außen betrachtet, vor allem auf das Leiden unter den durch die Symptome verursachten Beschwerden. Das ist verständlich, denn wer möchte schon mit einem gebrochenen Bein, mit einem Paratyphus oder einer Zuckerkrankheit hilflos und unbehandelt bleiben. Es sieht jedoch so aus, als ob sich das Eingreifen der Gesundheitstechnologie immer mehr nur auf die Beseitigung des Leidens unter den Symptomen beschränkt; dort, wo die Symptome nicht beseitigt werden können, werden Mittel verabreicht oder Lernvorgänge (z. B. in der klinischen Psychologie) eingeleitet, mit deren Hilfe das Symptom zum Verschwinden gebracht werden soll. Ich sagte oben: von außen betrachtet; untersucht man dieses Eingreifen anhand der bisher in dieser Arbeit angestellten Überlegungen, dann werden andere, wohl nur selten bemerkte Motive für den Kampf von Medizin und klinischer Psychologie gegen die ,,Krankheit“ sichtbar: Ich meine die Angst vor der Abweichung von der Norm ,,Gesundheit“ und die Angst, die dadurch ausgelöst wird, daß auch noch im ,,Symptom“ abgewehrte Konfliktanteile geäußert werden und wahrgenommen werden können.

Bei jedem Schritt von Diagnostik, Indikationsstellung und Therapie sind für die Entscheidung darüber, was gesehen wird und was getan wird, diese genannten Motive (neben anderen) mit beteiligt: erstens die Angst vor den durch das Symptom verursachten Beschwerden, vor den Schmerzen, vor dem Leiden unter dem Symptom, also auch vor dem Leiden unter dem Beschädigt-Sein, dem Nichtvollständig-Sein; zweitens die Angst vor dem Ausbrechen aus dem kollektiven Abwehrbündnis (z. B. die Angst vor der Abweichung von der Leistungsnorm); und drittens die Angst vor den abgewehrten Konfliktanteilen, die im Symptom sichtbar werden können.

Der Kranke löst durch die Äußerung von Bedürfnissen, von Angst und Leiden in der Kompromißbildung (die von seiner Umwelt zumindest unbewußt wahrgenommen werden, denn sonst käme es zu keiner Abwehrformation) Aktivitäten aus, die zum Ziel haben, ihn wieder in die Abwehrgemeinschaft hereinzuholen. ,,Die Störung geht vom Symptom aus, das als richtiger Ersatz und Abkömmling der verdrängten Regung deren Rolle weiterspielt, deren Befriedigungsanspruch immer wieder erneuert und so das Ich nötigt, wiederum das Unlustsignal (d. h. die Angst, F. W.) zu geben und sich zur Wehr zu setzen. Der sekundäre Abwehrkampf gegen das Symptom ist vielgestaltig, spielt sich auf verschiedenen Schauplätzen ab und bedient sich mannigfaltiger Mittel“ (Freud 1926d, S. 244f.). Die meist nicht bewußt werdenden Motive für die Kampfmaßnahmen gegen das ,,Symptom“ sind hier von Freud angedeutet: die Äußerung des Verdrängten provoziert Angst; diese wiederum aktiviert die Abwehr, die sich unzählige Strategien erfindet, um das Abgewehrte wieder in den Griff zu bekommen, d. h. es wieder im Unbewußten verschwinden zu lassen.

Der unter einem oder mehreren Symptomen Leidende kommt mit seiner ,,Krankheit“ zum (ärztlichen) Therapeuten und trägt ihm auf, die ,,Krankheit“

(sprich: die ,,Symptome") zu beseitigen. Aufgrund der kollektiven Einigung über ,,Gesundheit" und ,,Krankheit" und der kollektiven Angst und ihrer Abwehr sind sich Patient und Therapeut zumindest an der Oberfläche ihres Bewußtseins meist unausgesprochen darüber einig, daß es gilt, die ,,Krankheit" *des Patienten* zu bekämpfen. Die überwiegende Mehrzahl ärztlicher und psychologischer Therapeuten stimmen darin überein; sie sind sich darüber einig, daß es um die Wiederherstellung der ,,Gesundheit" geht, ohne dabei zu bedenken, daß ,,Gesundheit" eine Übereinkunft ist, die aufgrund der individuellen und kollektiven Abwehrstrukturen zustandegekommen ist. So schließen Patient und Therapeut in diesem Fall ein Bündnis gegen die ,,Krankheit", gegen die ,,Symptome". ,,Bündnis" ist hier im landläufigen Sinn zu verstehen, als Kampfgemeinschaft, aber auch im oben gemeinten Sinn, als eine gemeinsame Abwehr von Patient und Therapeut, die sich gegen die Äußerung des Abgewehrten im Symptom, gegen die Äußerung von störenden Bedürfnissen, Ängsten, von Leiden und Protest richtet. Die Fiktion von der ,,Gesundheit" als dem vollständigen Funktionieren ohne Konflikte findet somit Eingang in die therapeutische Beziehung. Durch ihr Verhalten bestätigen Patient und Therapeut diese Ideologie und verschaffen ihr eine neue Lebensberechtigung.

Der Therapeut, der das ,,Symptom" im Auftrag bekämpft und sich nicht um dessen Verständnis kümmert, übernimmt die Abwehr des Patienten. Der Kampf gegen das ,,Symptom" ist darauf gerichtet, die Ausdrucks- und damit die Kontaktmöglichkeiten des Patienten weiter einzuschränken; wäre Ausdruck und dessen Verständnis möglich, dann könnte folgendes geschehen: die Angst würde manifest werden, die Bedürfnisse würden sichtbar, die Beziehungen des Patienten zu seiner Umwelt, also auch zum Therapeuten würde deutlich. Alles das wird vermieden, wenn Ausdruck und Verständnis mit allen Mitteln verhindert werden. Damit richtet sich der Kampf gegen das ,,Symptom" auch gegen den Patienten, gegen seine Möglichkeiten lebendig zu sein, lebendiger zu werden, sich zu verändern, zu leiden, Kontakt zu sich und zu seiner Umwelt aufzunehmen.

Das Abwehrbündnis zwischen Patient und Therapeut richtet sich aber nicht nur gegen den Patienten, sondern genauso gegen den Therapeuten: auch seine Veränderungsmöglichkeiten sind dadurch eingeschränkt; seine Fähigkeit, sich und den Anderen zu verstehen wird dadurch beschnitten; er wird zum Erfüllungsgehilfen der Ideologie vom Funktionieren und bleibt dabei der, der er bisher schon war. Da er die Abwehr des Patienten nicht in Frage stellt, kann er niemandem ,,gefährlich" werden; gefährlich wird er damit nur sich selbst und seinem Patienten und beider Bedürfnis, lebendiger zu werden und sich zu verständigen.

Wird das Symptom *nur* als ,,Störung" begriffen, dann kann es nicht als berechtigter, für die momentane Situation des Ausdrückenden adäquater und lebensnotwendiger Ausdruck verstanden werden. Das Risiko, die Abwehr aufzugeben, Bedürfnisse, Angst, Leiden und Protest zu verstehen und zu akzeptieren, erscheint oft zu groß; zu leicht könnte dabei die Abwehr des Therapeuten ebenfalls Schaden nehmen, d.h. er müßte dann evtl. erkennen, daß er selbst Ähnliches wie der

Patient bisher verdrängt und am Lebendig-Werden gehindert hat. Das ,,Symptom", die Äußerungsbedürfnisse werden deshalb mit allen sich bietenden Mitteln bekämpft. Das Abgewehrte war im ,,Symptom" anscheinend noch ,,zu gut" zu erkennen. ,,Der Kampf gegen die Triebregungen findet seine Fortsetzung in dem Kampf gegen das Symptom" (Freud 1926d, S. 243). In diesem Zusammenhang bekommt das Symptom eine grundsätzlich andere als die übliche Bedeutung: es ist dann nicht mehr nur etwas Störendes, etwas, das schnellstmöglich beseitigt werden muß, sondern es wird – verstanden als Kompromißbildung – zum wichtigsten Weg, das von der Abwehr verschüttete Leiden wiederzufinden. Die Symptome werden dann zu Zeichen mit entscheidender Bedeutung für das psychische und damit auch für das physische Überleben; an ihnen läßt sich oft unmittelbar und direkt der Weg entdecken, der zur Angst und zum Leiden führt, und damit zu den Mechanismen, die bisher eine Veränderung der leidenschaffenden Bedingungen verhindert haben. Wer also versucht, ,,Symptome" zu beseitigen, verhindert damit auch, daß der Weg zum Leiden und zur Angst gefunden wird, und daß die Bedingungen erkannt werden können, die das Leiden schaffen.

Der Kampf gegen das ,,Symptom" ist oft erfolgreich. Kein Wunder, wird doch in Medizin und klinischer Psychologie mit allen ihren Ablegern alles unternommen, um Mittel und Wege (Medikamente, Geräte und Techniken) zu finden, um auch dem letzten Symptom den Garaus zu machen. Wenn das Symptom erfolgreich bekämpft worden ist, d. h. wenn es verschwunden, nicht mehr zu erkennen ist, dann heißt das nur, daß das Symptom nun nicht mehr wie zuvor sichtbar ist, nicht mehr und nicht weniger. Die Kopfschmerzen sind dann verflogen, der Darm arbeitet wieder normal, die depressive Verstimmung ist verschwunden, der früher kleptomane Patient stiehlt nicht mehr, der Patient hat keine Potenzprobleme mehr, die Patientin äußert keine Angst mehr vor Schlangen; alles Beispiele dafür, wie Symptome verschwinden können. Doch was ist geschehen? Im, nach meiner Meinung, günstigsten Fall ist das Symptom nicht mehr erforderlich: der Ausdruck braucht nicht mehr den Umweg über das Symptom, die bisherige Kompromißbildung einzuschlagen, sondern kann sich unmittelbarer äußern; für eine solche Veränderung ist meist eine höhere Angsttoleranz, d. h. ein geringeres Abwehrbedürfnis, in den für den Patienten relevanten Beziehungen verantwortlich.

Bei symptomorientierten Therapieformen verschwinden die Symptome aufgrund anderer Voraussetzungen: man könnte diese Bedingungen unter dem gemeinsamen Nenner ,,Verstärkung der Abwehr" zusammenfassen. Es handelt sich dabei um alle nur denkbaren Mittel und Techniken, von der Verabreichung von Antibiotika (wobei die Verabreichung ebenso als ,,Verstärkung der Abwehr" anzusehen ist wie das Mittel selbst), über die Einübung eines neuen Abwehrverhaltens bis hin zum Verlernen von Angstreaktionen. In allen Fällen wird das Symptom nicht als Ausdrucksmedium akzeptiert und verstanden, sondern als ,,Krankheit" bekämpft und damit der Patient wieder aus der Abweichung zurückgeholt. Um eines klarzustellen: ich bin nicht der Auffassung, daß man die Antibiotikatherapie von heute auf morgen einstellen sollte, daß keine Psychopharmaka gegeben werden dürften, daß es keine verhaltensmodifizierenden Psychotherapieformen mehr geben dürfte usw. Ich halte es nur für außerordentlich wichtig, ja für lebensnotwendig zu wissen, was man dabei tut, wenn man Antibiotika oder Psychopharmaka gibt. Wenn man nämlich sieht und versteht, was man mit der Abwehr und der Angst dabei macht, dann hat man auch die Möglichkeit, dort, wo es dem Therapeuten entsprechend seiner Verantwortung angebracht scheint, anders zu handeln.

Das Verschwinden der Symptome ist für den Fall, in dem die Abwehr verstärkt wurde, gleichbedeutend mit dem Aufgeben des *störenden* Ausdrucks. Es hat dann wieder eine Angleichung an die Norm stattgefunden, das Individuum hat resigniert. Die Resignation in der Unterlassung eines weiteren Ausdrucks von Bedürfnissen, Angst, Leiden und Protest wird in unserer Gesellschaft nicht als ,,Symptom" betrachtet, sondern für ,,gesund" gehalten. ,,Gesund" zu sein heißt dann, nicht mehr zu protestieren, sondern zu funktionieren; kurz: die Mitteilung über das Leiden aufzugeben.

Die Resignation wird nicht behandelt; sie stört nicht. Nur dort ist sie unerwünscht, wo es um entgegengesetzt kollektiv definierte Ziele geht, wo Tatkraft und Unternehmensgeist gefordert sind; dort nennt man sie ,,Depression" oder ähnlich, und behandelt sie. Im Aufgeben des störenden Ausdrucks entsteht das Hauptsymptom ohne Krankheitswert in unserer Gesellschaft, das Sich-mit-der-Situation-Abfinden, die scheinbare Resignation, die Anpassung an die Forderungen der Umwelt unter Verzicht auf die Bedürfnisse der eigenen Person. Der Therapeut hat dann dem Patienten dabei geholfen, das nur noch im Symptom einigermaßen sichtbar werdende Leiden noch vollkommener zu verschütten und mit technischer Perfektion die Veränderung weitestgehend auszuschließen. Beide, Therapeut und Patient, setzen damit den Leistungszwang einer inhumanen Gesellschaft fort und entmündigen sich selbst. So gesehen stellt das Ergebnis einer jeden Therapie *immer* auch eine neue Kompromißbildung dar, wobei sich die Abwehr gegenüber früher entweder gelockert oder verstärkt hat, und deshalb die Bedürfnisse und die Ängste sichtbarer und verständlicher oder unsichtbarer und damit noch weniger zugänglich geworden sind.

,,Aber was nach Beseitigung der Symptome Greifbares von der Krankheit übrigbleibt, ist nur die Fähigkeit, neue Symptome zu bilden" (Freud 1916–17, S. 350). Die Resignation ist selbst wieder eine Form von Kompromißbildung, die als Ausdruck von Bedürfnissen, von Angst und Abwehr verstanden werden kann. In ihr wird die Verzweiflung über die eigene Machtlosigkeit gegenüber der Übermacht der Abwehr deutlich. Daß dieser Ausdruck, die Resignation, nicht verstanden werden kann, nicht verstanden werden soll, liegt an der Rigidität der kollektiven (und damit auch individuellen) Abwehr, die nicht mehr nötig wäre, wenn sich jeder seiner eigenen Resignation bewußt werden würde. Die Möglichkeit zur Wahrnehmung und zum Verständnis solcher Ausdrucksformen setzt anderes voraus als objektive Klassifikation und normative Abwehr.

Es wäre hochinteressant, unter diesem Aspekt, nämlich mit den Kategorien vom

Aufgeben-Können und Verstärken der Abwehr, die Probleme der sog. ,,Symptomverschiebung“ und damit auch der gesamten Katamnesenforschung zu untersuchen. Das Argument ,,Symptomverschiebung“, meist von Psychoanalytikern gegenüber Verhaltenstherapeuten geäußert, meint die Annahme und die auch oft gemachte Beobachtung, daß sich nach dem Verschwinden z. B. eines Bettnässens aufgrund einer Symptombehandlung z. B. Stottern zeigt. Dieser Vorwurf bleibt in seiner Begrifflichkeit auf der Ebene der objektiven Erscheinungen, also im Wortschatz der am Verhalten orientierten (Psycho-)Therapie. Unter der Berücksichtigung des hier angestellten Gedankens von der kollektiven Definition von ,,Gesundheit“ und ,,Krankheit“, d. h. auch von ,,nicht-symptomatischem“ und ,,symptomatischem Verhalten“ und deren Abhängigkeit von kollektiver Angst und Abwehr erscheint die Symptomverschiebung in einem gänzlich neuen Licht: indem nämlich das Bettnässen genauso als Kompromißbildung verstanden wird wie das Stottern, aber auch ebenso wie die Resignation im Aufgeben des Symptoms, wird die Relativität des Begriffs ,,Symptomverschiebung“ deutlich. In diesem Begriff wird meist nur erfaßt, was in das landläufige und auch in das wissenschaftliche Bild von ,,Symptomen“ und ,,Krankheiten“ hineinpaßt. Alles, was ,,gesund“ genannt wird, wird per definitionem nicht als ,,Symptom“ gesehen und fällt damit auch für die Feststellung einer ,,Symptomverschiebung“ unter den Tisch. So gesehen müßte die gesamte Katamnesenforschung revidiert werden. Zum Beispiel wird eine Aussage von Harbinson et al. (1974, S. 426) dadurch in ihrer Eindimensionalität erkennbar: ,,Eine Bewertung von 31 Fällen, die auf diese Weise behandelt wurden, zeigte, daß 21 (68 Prozent) eine befriedigende sexuelle Leistungsfähigkeit erreichten, bei 6 (19 Prozent) traten Besserungen ein, und nur 4 (13 Prozent) wurden als Fehlschläge eingestuft“. Ob nicht vielleicht gerade diese ,,Fehlschläge“ interessant wären, als Beispiele für Zivilcourage im weitesten Sinn?

Auch das Problem des ,,Therapieabbruchs“ erscheint nun in einem anderen Licht; denn was heißt das schon, irgendeine Therapie bis zum Ende durchzuführen oder abzubrechen? Diese Worte sagen nur etwas über das Verhalten des Patienten aus, nichts aber über seine Angst, und nichts über seine Abwehr, denn ,,bis zum Ende durchzuführen“ kann ebenso wie ,,abzubrechen“ bedeuten, daß Abwehr aufrechterhalten wurde oder daß Abwehr aufgegeben werden konnte.

Es wird immer deutlicher: wir benötigen andere Kategorien für die Definition von ,,Gesundheit“ und ,,Krankheit“. Wenn einem die Wahrnehmung und das Verständnis von Angst und Abwehr ein Bedürfnis, eine Notwendigkeit ist, dann genügen die objektiven, operationalisierbaren Begriffe und Methoden der naturwissenschaftlichen Medizin und Psychologie nicht.

Die zentrale Frage an die Wissenschaft vom Menschen: Definiert sie auf der Verhaltensebene oder auf der Beziehungsebene?

Der Zugang, den akademische Medizin und Psychologie zu den Phänomenen des menschlichen Daseins gewählt haben, setzt auf der Ebene der äußeren Erscheinung an; es zählen nur die von außen beobachtbaren und registrierbaren Eigenschaften. Der Standpunkt des Arztes wie des Psychologen ist in der Regel der Standpunkt des Naturwissenschaftlers, der sich mit dem jeweils zu untersuchenden Objekt auf eine möglichst objektive Weise befaßt; „objektiv" bedeutet dabei, daß die Subjektivität des Beobachters, des Wissenschaftlers im Idealfall gänzlich ausgeschlossen bleibt. Um dieses Ideal zu erreichen, hat die Medizin und die Psychologie ein Arsenal von Methoden und Instrumenten entwickelt, mit denen die Trennung zwischen Untersuchungsobjekt und Wissenschaftler anscheinend perfekt erreicht werden konnte. Die theoretische Legitimation für die Wahl dieser Vorgehensweise wird aus der Überzeugung bezogen, daß es objektive, allgemeingültige Wahrheiten gibt, daß es um deren Auffindung geht und daß dies auch möglich ist. „Allgemeingültige Wahrheit" (z.B. in Naturgesetzen) muß demnach eine Erkenntnis sein, die unabhängig vom individuellen, sie entdeckenden Wissenschaftler gewonnen werden kann. Es ist dann ganz folgerichtig, daß die naturwissenschaftlichen Forschungsmethoden in ihrem Bemühen um Objektivität die Subjektivität des Wissenschaftlers vollständig auszuschließen versuchen. So werden z.B. in der psychologischen Forschung zur Beobachtung von Verhalten mehrere Beobachter eingesetzt; aus der Vielzahl der so gewonnenen Daten werden Mittelwerte gebildet, die die durch die einzelnen Beobachter verursachten subjektiven „Verzerrungen" der „objektiven Wahrheit" eliminieren sollen. Damit ist auch ein weiteres Merkmal des naturwissenschaftlichen Vorgehens angedeutet: die Quantifizierung. Sie soll die gewonnenen Daten einer mathematischen Verarbeitung zugänglich machen, mit der subjektive Vorurteile und Vorlieben bei der Sichtung und Auswertung der Daten vermieden werden.

Somit ist der Standpunkt der traditionellen akademischen Medizin und Psychologie einigermaßen umrissen: es ist ein Außenstandpunkt, eine Sichtweise, die sich um Objektivität, um eine Unabhängigkeit der Forschungsergebnisse von den Wissenschaft treibenden Subjekten bemüht; jeder Zusammenhang, jede Beziehung zwischen Untersuchendem und Untersuchtem soll vermieden werden. Subjekt ist immer der Wissenschaftler, Objekt ist immer der oder das Untersuchte. Nur äußerst selten wird auch der Wissenschaftler und seine Methode zum Gegenstand kritischer Untersuchung (vgl. z.B. Devereux 1973 oder Maslow 1977). Der praktische Alltag von Wissenschaft und (Psycho-)Therapie nimmt von den Ergebnissen solcher Untersuchungen jedoch fast keine Notiz.

Der übliche Zugang zu den Objekten der Untersuchung geschieht, wie gesagt, über die objektivierende, quantifizierende Erfassung des außen Erscheinenden, d.h. des auf eine solche Weise Erfaßbaren, also z.B. des äußeren Verhaltens, der

Körperfunktionen, der Physiologie usw. Das subjektive Erleben des Untersuchten ist nur gefragt, wenn es sich den naturwissenschaftlichen Anforderungen (Operationalisierung, Quantifizierung) fügt. Die Beziehung zwischen Objekt und Subjekt der Untersuchung (verstanden im definierten Sinn als das Insgesamt beider Bedürfnisse, Ängste und deren Abwehr) wird vernachlässigt, genauer: unterschlagen. Es scheint so, als ob im naturwissenschaftlich vorgehenden Erfassen des Menschen die Auswahl der Daten und der Umgang mit ihnen allein durch die vom Ansatz her geforderten Methoden diktiert wird; „... da Fakten nur nachgeprüft werden können, wenn sie grundsätzlich und darüber hinaus auch technisch isolierbar sind, ordnet die neopositivistische Definition der Wahrheit die philosophische Erkenntnistheorie de facto der fachwissenschaftlichen Methodologie unter statt umgekehrt. Vollständiger und richtiger formuliert: der Wahrheitsbegriff aller Spielarten des Neopositivismus und seiner Abkömmlinge muß folgerichtig die fachwissenschaftliche Methodologie zum Maßstab und zur Metasprache philosophischer Erkenntnistheorie erheben, während das durch diesen Begriff programmierte Denken sich in beträchtlichem Umfang der Möglichkeit begibt, umgekehrt auch die philosophische Erkenntnistheorie als notwendigen Maßstab und als Metasprache fachwissenschaftlicher Methode beizubehalten“ (Kilian 1971a, S. 102f). Ich halte diese Beobachtung, daß nämlich Inhalt und Ergebnis von Wissenschaft in der Regel durch ihre Methode bestimmt werden, für äußerst wichtig. Ich werde diesem Problem im 5. Kapitel noch ausführlicher nachgehen; dort befasse ich mich mit der Frage, wie es zur Entscheidung für die naturwissenschaftliche Methode kommt und welche Funktion diese Wahl für den einzelnen Wissenschaftler sowie für die Wissenschaft als Ganzes hat und besonders für die Ergebnisse einer Wissenschaft, die sich mit der Sexualität befaßt.

Wir waren bei den Begriffen „Gesundheit“ und „Krankheit“ und deren Definition vom Standpunkt des objektiven Diagnostikers und Wissenschaftlers. Hier wird nun deutlich, wie bei der „objektiven“ Definition dieser Begriffe mittels der vom Erleben des Diagnostikers *scheinbar* unabhängigen, meßbaren Daten eine Einbeziehung des Beobachters vermieden werden soll, wie dadurch zwischen Patient und Wissenschaftler/Diagnostiker/Therapeut ein Abstand geschaffen wird, der (Be-)Rührung verhindern soll. Diese Definitionen, Wahrnehmungen und Äußerungen auf der Ebene des „objektiv“ von außen wahrnehmbaren Verhaltens entstehen als Kompromißbildungen, motiviert aus Wünschen, Ängsten und deren Abwehr. Der Wissenschaftler kann gar nicht anders, als die zu untersuchenden Inhalte und Hypothesen, die dabei eingesetzten Methoden und die Art und Weise, wie er mit seinen Beobachtungen und Messungen umgeht, entsprechend seiner psychischen Situation zu wählen, so daß er dabei genau in dem Maß lebendig zu sein wagt, wie es ihm aufgrund seiner Angst und seiner Abwehrnotwendigkeit möglich ist. Dabei vollzieht er zwischen sich und dem Objekt seiner Wissenschaft eine Trennung, um es *von außen* zu erfassen. Das wesentlichste Kennzeichen seiner Auseinandersetzung mit den Objekten seiner Untersuchung besteht in der Ausklammerung des bewußt wahrgenommenen persönlichen Berührtseins. Hierin manifestiert sich die Beziehungsstörung zwischen dem objektivistischen Wissenschaftler und seiner Umwelt.

So wird die Frage nach der Methode und nach dem Standpunkt zur Frage nach der Person: was ist relevant für wen? Wer wählt sich was wie aus? Wer sieht was von welchem Standpunkt aus? Wer interpretiert was wie? Die Einschränkungen für die Wahrnehmung und das Verständnis des Menschlichen, die durch den objektiv-naturwissenschaftlichen Standpunkt errichtet werden, lassen sich nur überwinden, wenn es gelingt, die Ausklammerung und Verleugnung von Wünschen, Ängsten, Abwehr und Leiden aller jeweils betroffenen Individuen wieder rückgängig zu machen, d.h. zu erkennen und zu akzeptieren, daß Wissenschaftler/Diagnostiker/Therapeut und Patient – und das bedeutet: jeder – eine Person mit Angst und Abwehr ist.

Von diesen Überlegungen ausgehend möchte ich deshalb in Übereinstimmung mit Thea Bauriedl (Bauriedl 1980) als Alternative für die Wahrnehmung auf der Verhaltensebene eine andere Sichtweise vorschlagen: Für das Individuum ist nicht das ,,objektive" an seinem Verhalten oder seiner Umwelt relevant, sondern die subjektive Bedeutung, die innere Realität, die die äußere Realität im Lauf der individuellen Sozialisation bekommen hat und die sie in den aktuellen Beziehungen immer wieder bekommt. Für diese innere Realität kommt der Angst und ihrer Bewältigung in der Abwehr eine herausragende Bedeutung zu. Wem Wahrnehmung und Verständnis von Angst und Abwehr wichtig ist, dem kann die objektive Erfassung der Phänomene auf der Ebene des Verhaltens nicht genügen, der muß sich mit der Subjektivität, d.h. mit Erlebnissen beschäftigen; der muß sich mit den Angst und Abwehr produzierenden und gestaltenden Mechanismen in Beziehungen befassen; der wird zu erleben versuchen, was in Beziehungen geschieht. Dazu ist es erforderlich, den Außenstandpunkt des objektivistischen Beobachters aufzugeben und in Beziehung zum Objekt der Beobachtung zu treten; genauer: die bestehende Beziehung zwischen Beobachter und Objekt nicht mehr zu verleugnen. Diese alternative Sichtweise, die Wahrnehmung auf der ,,Beziehungsebene" (vgl. Bauriedl 1980, S. 86) ist es, die Wünsche, Angst und Abwehr, Leiden und Protest erlebbar und verständlich macht. Auch Normen und Bündnisse in Beziehungen können so erlebt und in Frage gestellt werden.

Wenn Krankheit und Gesundheit als Qualitäten von Beziehungen erlebt werden, kann sich viel verändern

Meine Hauptkritik am sog. ,,medizinischen Krankheitsmodell" bezieht sich auf die dort grundsätzlich vorherrschende normative Definition der Begriffe ,,Krankheit" und ,,Gesundheit". Nach der eben erfolgten Darstellung der beiden alternativen Sichtweisen, der Betrachtung auf der ,,Verhaltensebene" und derjenigen auf der ,,Beziehungsebene" läßt sich diese Kritik präzisieren.

Die traditionellen Definitionen der Begriffe ,,Gesundheit" und ,,Krankheit", wie sie in Medizin und klinischer Psychologie, und gleichermaßen auch in der Gesamtgesellschaft verwendet werden, sind grundsätzlich von einem Außenstandpunkt aus formuliert, d.h. Diagnostiker und Therapeut kommen bewußt nur in ihrer Berufsrolle mit dem Patienten in Kontakt, nicht als Personen. Sie bleiben als erlebende Individuen vom Patienten isoliert. Die Maßstäbe für Diagnose und Therapie werden dabei aus dem Grad der Abweichung des Einzelnen und seiner Symptome von der Norm bezogen. Die Norm ,,Gesundheit" wird objektiv, allgemeingültig, also absolut gesetzt, unabhängig von der Person, unabhängig von der diagnostischen und therapeutischen Beziehung. ,,Krankheit" zeigt sich dann in den vom ,,gesunden" Zustand abweichenden Symptomen.

Nur bei objektiv meßbaren Werten kann Mittelwert und sich davon unterscheidende Abweichung festgestellt werden, ohne daß die Person des Messenden eine Rolle spielt. Die Beschränkung auf objektiv erfaßbare Symptome macht diese zwar direkt handhabbar, ,,therapierbar", die Beziehung zwischen Patient und Therapeut wird dabei jedoch auf die Dimension ,,Entsprechung gegenüber der Norm oder Abweichung von ihr" reduziert. So könnte man die Identifikation bestimmter Verhaltensweisen oder Zustände als ,,Krankheit", die Zuweisung der Krankenrolle und die wieder anpassende Therapie als einen subtilen Mechanismus von Machtausübung und sozialer Kontrolle verstehen (vgl. z.B. Berger & Luckmann 1970, S. 121).

Eine Definition von ,,Krankheit" auf der Verhaltensebene anerkennt die störende Kompromißbildung nur als ,,Krankheit", evtl. noch als ,,Kriminalität", nicht aber als Verweigerung, nicht als jeweils berechtigten, subjektiv *adäquaten* und verstehbaren Ausdruck. Wer ,,Krankheit" nur objektiv auf der Verhaltensebene definiert, leistet damit, indem er nämlich eigene und anderer Abwehr bewahrt und bekräftigt, seinen Beitrag zur Aufrechterhaltung der kollektiven Abwehr. Der Spielraum aller beteiligten Individuen bleibt derselbe. Orientiert sich der Gesundheitsbegriff an einer allgemeingültigen Norm, dann muß die Verletzung dieser Norm als ,,Krankheit" angesehen werden; ,,gesund" ist dann, wer der Norm entspricht, sie bestätigt, für sie eintritt, wer das ,,Abnormale" bekämpft. ,,Krank" ist dann, wer sich in seinen Kompromißbildungen der Norm widersetzt, wer sie dadurch in Frage stellt, wer andere dadurch verunsichert. Wenn man, wie es oben geschehen ist, Normen in Beziehungen als Ausdruck der darin wirksamen Abwehr betrachtet, dann bekommen diese Überlegungen eine weitreichende Bedeutung.

Eine dieser Auswirkungen betrifft den Bereich professioneller und auch nichtprofessioneller Diagnostik: beide Formen finden immer in Beziehungen statt; deshalb sind bei jedem diagnostischen Prozeß die Bedürfnisse, die Ängste, die Abwehr und das Leiden unter der Abwehr sowohl des Diagnostikers als auch der Patienten wirksam. Wenn man den diagnostischen Prozeß also als Form von Beziehungsaufnahme versteht, dann wird nachvollziehbar, warum z.B. eine Erektionsstörung in einer der möglichen diagnostischen Beziehungen als ,,rein medizinisches" (d.h. rein körperliches) Problem angesehen und behandelt wird, in einer anderen als ,,Vermeidungsreaktion", in wieder einer anderen als komplexer Ausdruck, d.h. als Aussage über die Gesamtbefindlichkeit der sich so äußernden Person. ,,Krankheit" wird somit vom Ausdrückenden und vom Wahrnehmenden durch die Wirkung der Beziehungsstörung in der diagnostischen Beziehung konstituiert.

Weil ich das Ergebnis traditioneller Diagnostik (etikettierende Klassifikation, Indikationsstellung, symptomorientierte Therapie) als Ausdruck der Beziehungsstörung in der diagnostischen Beziehung verstehe, besteht die Krankheit für mich nicht in der Abweichung von einer Norm, sondern vor allem in der Beziehungsstörung, z.B. zwischen Diagnostiker und Patient. Ich sehe Krankheit als eine Eigenschaft einer Beziehung, als die Kommunikationsnorm in einer Beziehung, durch die verhindert werden soll, daß es zum ganzen Sichtbarwerden und zum gegenseitigen Verstehen der beteiligten Personen kommt. Die Beziehungsstörung ist es, die den Kontakt zwischen Indivuduen auf Einzelbereiche verengt, die Ängstigendes ausgeklammert hält und die die Berührung ganzer Personen unmöglich macht.

In Beziehungen erwerben wir unsere Abwehr, in Beziehungen leben wir sie und dort halten wir sie auch aufrecht. So zeigen sich Beziehungsstörungen entweder als gemeinsame Abwehr zwischen Personen (wobei alle Beteiligten das ihre zur Aufrechterhaltung der Kommunikationsnormen tun) oder aber im Beziehungsangebot des Individuums, das Kontakt aufnehmen möchte und dabei versucht, den potentiellen Beziehungspartner zu seinem Ausschnitt an Kontaktmöglichkeit, d.h. zur Übernahme seiner Abwehrnotwendigkeit zu zwingen. Ich möchte deshalb meinen Krankheitsbegriff folgendermaßen definieren: ich verstehe unter Krankheit Beziehungsstörungen, also die gemeinsame Abwehr in Beziehungen und die Folge davon, die eingeschränkten Beziehungsangebote des aus gestörten Beziehungen hervorgegangenen Individuums.

Mit der hier angestrebten Aufhebung des traditionellen, auf der Verhaltensebene definierten Krankheitsbegriffs ist nicht gesagt, daß es Krankheit nun nicht mehr gäbe; vielmehr ist durch diese Neudefinition von Krankheit als den verschiedenen Formen von Beziehungsstörungen die Konsequenz unumgänglich, die meisten der bisher gelebten Beziehungen, die meisten der bisher gemachten Beziehungsangebote z.T. als krank anzusehen, weil in ihnen allen Bündnisse bestehen oder angeboten werden, durch die Kommunikationsnormen in Ausdruck und Verständnis erzwungen werden sollen.

In dieser Sicht der Dinge wird auch noch einmal deutlich, weshalb ich auf die ausführliche Voruntersuchung und Klärung der Begriffe ,,Kompromißbildung" und ,,Symptom" so großen Wert gelegt habe: in der Definition des Begriffs ,,Symptom" wird die ganze Beziehungsverweigerung, die Krankheit der Beziehung zwischen Diagnostiker und Patient sichtbar; in der Absolutsetzung dieses Begriffs und damit des Standpunkts des Diagnostikers, der so unangreifbar und nicht relativierbar scheint, zeigt sich die Krankheit unserer Gesellschaft, in der die Individuen hauptsächlich in ihrer Funktion und d.h. in ihrer Abwehrformation miteinander zu tun haben. Demgegenüber liegt im Begriff ,,Kompromißbildung" die Möglichkeit zu gegenseitigem Verständnis und Kontakt. Zur Verdeutlichung dieser Gedanken möchte ich noch weitere Eigenschaften und mögliche Konsequenzen der Definition von Krankheit und Gesundheit auf der Beziehungsebene anführen.

Die verstehende Wahrnehmung des anderen und von sich selbst stellt keine Etikettierung dar. Dort, wo sich der Diagnostiker selbst nicht einbezieht, sich selbst nicht in Frage stellt, benötigt er das Etikett ,,Diagnose", um seine Abwehr aufrechtzuerhalten; die Diagnose bleibt dann seine (letzte) Rettung vor der Berührung mit dem Patienten; mit der Diagnose setzt er einen Trennungsstrich zwischen sich und den Patienten. Wenn der Diagnostiker diese Berührungsangst aufgeben kann, wenn er sich selbst, seinen Standpunkt und seine Gefühle in seine Wahrnehmungen einzubeziehen vermag, wenn Diagnostik nicht mehr Individualdiagnostik ist, sondern Beziehungsdiagnostik werden kann, kurz gesagt: wenn der Diagnostiker sich selbst in Frage zu stellen bereit ist, dann etikettiert er nicht mehr (vgl. dazu die Vorschläge von Thea Bauriedl 1980 zur Beziehungsdiagnostik in der analytischen Familientherapie).

Eine weitere Konsequenz ergibt sich für die eng damit zusammenhängende Definition von Gesundheit. Wie für die Definition von Krankheit als Beziehungsstörung gilt auch für die Definition von Gesundheit, daß sie nicht objektiv erfolgen kann, sondern nur als subjektives Erlebnis beschrieben werden kann. Ich hatte gesagt, Krankheit ist dort, wo in Beziehungen eine Einschränkung des Lebendig-Seins erlebt wird (entweder von den Betroffenen selbst oder vom Diagnostiker). Entsprechend wäre dann zu definieren: Gesundheit ist dort, wo in einer Beziehung sein kann, was ist, d. h. wo keine Einschränkung des Kontakts erlebt wird, wo geäußert und verstanden werden kann, was im Moment für die beteiligten Personen wichtig ist, kurz gesagt: wo umfassender Kontakt möglich wird.

Das Erlebnis von Gesundheit, das ich meine, könnte vielleicht auf folgende Weise ausgedrückt werden: ,,Ich habe das Gefühl, daß ich mich und den anderen im Moment nicht einzuschränken brauche, daß ich, wie es mir geht, was ich fühle, wovor ich Angst habe usw. zulassen und ausdrücken kann und daß ich dabei auch von meinem Beziehungspartner verstanden werde. Dabei habe ich auch das Gefühl, daß ich nicht etwas Besonderes darstellen muß und daß auch die anderen nichts Besonderes darstellen müssen, damit wir uns gegenseitig akzeptieren können". In dieser Schilderung eines Gefühlszustandes ist etwas über die momentane Entbehrlichkeit von Abwehr in einer Beziehung gesagt, etwas über die momentane Möglichkeit in einer Beziehung, zu sehen, zu äußern und zu verstehen.

Ein Individuum, das in einer nach dieser Definition gesunden Beziehung leben und erleben kann, kennt sich und seine Ängste und Gefühle gut, nimmt sich war, versteht sich, drückt sich ohne große Umwege aus, bewegt sich, kann sich und seine Situation verändern *und* (und dieses ,,und" ist dabei entscheidend) kann dabei auch die anderen sehen, wahrnehmen, verstehen und sie sich bewegen und verändern lassen; es kann dabei in einem Interessenkonflikt selbstverantwortlich entscheiden, ob es im Moment die eigenen oder die Interessen der (des) Anderen vertritt, und es kann diese Entscheidung auch wieder rückgängig machen, wenn es die veränderte Gesamtsituation, d. h. auch seine eigene Gefühls- und Bedürfnislage fordert.

In diesem Begriff von Gesundheit ist auch die Fähigkeit zum Leiden inbegriffen und die Möglichkeit, es sich leisten zu können zu versagen, sich zu verweigern, nicht mehr zu funktionieren, eben jeweils entsprechend der Befindlichkeit, der Bedürfnisse, der Gefühle und der Angst des Einzelnen. In dieser Sichtweise ist oft ein ,,Kranker", der ,,Symptome" ausbildet, gesünder als einer, der es sich nie leisten kann zu versagen oder ,,krank" zu werden. Es wäre auch wichtig, in diese Definition von Gesundheit die Fähigkeit aufzunehmen, auf Störungen, Krisen, Enttäuschung, Frustrationen zu reagieren, mit den entstehenden Gefühlen und der Angst umzugehen und diese Erfahrungen in die Gesamtperson zu integrieren.

Der eben angestellte Versuch einer Definition von Gesundheit als der Konsequenz aus den bisherigen Überlegungen mag recht anspruchsvoll klingen, wenn nicht gar utopisch. Und ich höre schon sagen: ,,Wo kämen wir denn hin, wenn jeder tun und lassen würde, was er gerade mag?" Ja, wo kämen wir hin? Vielleicht dahin, daß jeder für sich und seine Entscheidungen verantwortlich werden kann. Ich meine (s. o.) nicht ein grenzenloses Laissez-Faire; dort gäbe es die Wahrnehmung der Bedürfnisse des anderen nicht. Ich meine vielmehr die Möglichkeit, daß jeder mit sich und mit den anderen so umgehen kann, daß er als ganzer Mensch leben und sich bewegen, sich verändern kann. Daß diese Konsequenz gesamtgesellschaftlich, aber auch schon in Kleingruppen und Zweierbeziehungen radikale Veränderungen zur Folge hätte, ist mir klar. Eine solche Gesundheit ist jedoch nicht utopisch, sondern sie kann jeden Moment sein; in jedem Moment besteht für uns die Möglichkeit, sie zu erleben, und die Veränderung zu beginnen, wenn wir es nur zulassen würden zu sein, wie wir sind.

Zusammenfassung

- Auch in Gruppen gibt es Beziehungsstörungen; diese drücken sich in Kommunikationsnormen aus, mit deren Hilfe festgelegt wird, wie eine ,,normale" Kommunikation aussieht, d. h. was wie ausgedrückt, wahrgenommen und interpretiert werden soll.
- Die Begriffe ,,Gesundheit" und ,,Krankheit" stellen solche Normen dar, weil mit ihnen definiert wird, welche Kompromißbildungen als ,,gesund" angesehen werden und welche als ,,krank" bezeichnet werden müssen. Der in den Kompromißbildungen enthaltene und sichtbar werdende Ausdruck (von Wünschen, Ängsten, Abwehr und Leiden unter der Abwehrnotwendigkeit) wird dabei nicht verstanden, sondern klassifiziert und etikettiert.
- Die Gleichsetzung von ,,Gesundheit" mit dem störungslosen Funktionieren des Einzelnen und des Kollektivs entspricht den individuellen und kollektiven Abwehrnotwendigkeiten.

- Eine diagnostische Aussage, die sich innerhalb der normativen Bestimmung von ,,Krankheit" bewegt, beinhaltet nicht nur Informationen über das Objekt der Diagnose, den Patienten und seine ,,Symptome", sondern auch über die Ängste und Abwehrnotwendigkeiten des Diagnostikers, über die Beziehung zwischen ihm und dem Patienten und schließlich auch noch über die Ängste und Abwehrnotwendigkeiten des Kollektivs, zu dem beide gehören.
- ,,Symptome" sind diejenigen Kompromißbildungen, die das Etikett ,,krank" erhalten haben und gegen die ein Kampf geführt wird, der zum Ziel hat, den verletzten Gehorsam gegenüber der Gesundheitsnorm wiederherzustellen.
- Das Aufgeben des ,,Symptoms" nach ,,erfolgreicher" Therapie muß demnach oft als eine Form von Resignation im Sich-ausdrücken-und-verstanden-werden-Wollen betrachtet werden, wobei diese Resignation als ,,Gesundungsschritt" angesehen wird.
- Als Alternative zum objektivistisch von außen anzusetzenden Zugang in der Wissenschaft vom Menschen habe ich (in Übereinstimmung mit Thea Bauriedl 1980) den Zugang auf der Beziehungsebene vorgeschlagen, womit gemeint ist, daß die Beziehung zwischen dem Wissenschaftler und seinem Objekt nicht mehr objektivistisch verleugnet, sondern erlebt und in die Ergebnisse einer solchen Wissenschaft einbezogen wird.
- Aus diesem Vorschlag ergeben sich dann neue Definitionen von Gesundheit und Krankheit, die nicht mehr, wie bisher, normativ zustande kommen, sondern die ausschließlich als subjektiv erlebte Qualitäten einer Beziehung oder eines Beziehungsangebots gewonnen werden: Krankheit ist dann definiert als eine erlebte Beziehungsstörung, als ein in einer Beziehung wirksames oder angebotenes Abwehrbündnis; entsprechend ist Gesundheit dann definiert als die momentan erlebte Entbehrlichkeit eines Abwehrbündnisses, was die Erweiterung von Ausdruck und gegenseitigem Verstehen, d.h. von Kontakt ermöglicht.

3. Im Umgang mit der Sexualität drücken sich unsere kollektiven Ideologien aus

Mit meinen bisherigen, eher allgemein gehaltenen Überlegungen zu der Problematik zwischenmenschlicher Verständigung, zur Abhängigkeit dieser Verständigung von der jeweiligen Beziehung, in der sie stattfindet, und zur Relativität der Begriffe ,,Gesundheit" und ,,Krankheit" habe ich die erforderlichen theoretischen Grundlagen geschaffen um nun mein eigentliches Thema zu untersuchen, nämlich die Zusammenhänge zwischen der Sexualität und den Beziehungen, in denen sie gelebt wird und in denen mit ihr umgegangen wird. Ich werde versuchen zu zeigen, daß jede Beziehung ihre spezielle, ihr genau entsprechende Sexualität hat, daß in jeder Beziehung diejenige Vorstellung von der Sexualität besteht, die zu dieser speziellen Beziehung notwendigerweise und unvermeidlich gehört. Ich werde diese Zusammenhänge auf drei Ebenen untersuchen: für den Bereich der kollektiven Beziehungen in der Gesamtgesellschaft, für die individuelle Partnerbeziehung zwischen Mann und Frau, und schließlich für die Beziehung zwischen dem Sexualwissenschaftler und Sexualtherapeuten einerseits und seinem ,,gesunden" oder ,,kranken" Objekt andererseits. Natürlich sind diese drei Ebenen nicht vollständig voneinander zu trennen; obwohl ich versuche, sie aus Gründen der Übersichtlichkeit getrennt voneinander zu behandeln, wird es sich immer wieder zeigen, wie sie sich gegenseitig überschneiden.

Der Zwang zu funktionieren und zu konsumieren bestimmt auch unsere Sexualität

Die Sexualität in ihren verschiedenen Erscheinungsformen wird im allgemeinen Verständnis vorwiegend als die Äußerung triebhafter Bedürfnisse verstanden, die relativ unabhängig von den äußeren Gegebenheiten zwangsweise zu Tage treten. Die ,,normale" Sexualität, und damit ist die derzeit in unserer Gesellschaft für ,,gesund" und durchschnittlich gehaltene Sexualität gemeint, wird nicht oder nur äußerst selten auf ihre Bedingungen untersucht, geschweige denn als Äußerungsform individueller und kollektiver Abwehrnotwendigkeiten problematisiert. Dagegen werden die sog. ,,Sexualstörungen", jeweils entsprechend dem theoretischen Hintergrund des Urteilenden, als Auswirkungen der verschiedensten Störfaktoren betrachtet. Erst in jüngster Zeit werden die ,,kranke" und die ,,gesunde" Sexualität vor allem von Vertreterinnen der Frauenbewegung in einem umfassenderen Bezugsrahmen zusammen untersucht. Daß diese Untersuchungen relativ einseitig ausfallen, entspricht der ,,Natur" und dem Anliegen der Frauenbewegung, die sich ja vor allem gegen die Unterdrückung und die Ausbeutung der Frau in der ,,Männergesellschaft" richtet; (vgl. z.B. Greer 1971; Janssen-Jurreit 1976; Millett 1971; Schwarzer 1975; Stefan 1975). Alle diese Autorinnen gehen in ihren

Untersuchungen hauptsächlich von ihren eigenen subjektiven Erfahrungen aus und versuchen bewußt, diese Subjektivität in einen gesamtgesellschaftlichen Zusammenhang zu stellen. In den meisten Ausführungen dieser und anderer Autorinnen werden jedoch die zu untersuchenden Phänomene in einseitiger Abhängigkeit von bestimmten Bedingungen gesehen und allein durch sie erklärt; z.B. die Unterdrückung der Frau durch den Mann oder bei der „Gegenseite" die Unterdrückung des Mannes durch die Frau (vgl. z.B. Vilar 1971). Nicht gesehen wird dabei jeweils, daß beide, Mann und Frau, daß beider Sexualität in ihrem jeweiligen Geworden-Sein einen Ausdruck der Beziehungen zwischen beiden und der in diesen Beziehungen wirksamen Ängste und Abwehrmechanismen darstellt. Wahrscheinlich ist den meisten Autorinnen diese Verständnismöglichkeit entgangen, weil sie ausschließlich ihrer jeweiligen Kampfrichtung verhaftet blieben, entweder „für" die Frauen oder „für" die Männer, und sie deswegen den Verantwortlichen für die beim einen Geschlecht wahrgenommene Unterdrückung beim jeweils anderen gesucht und gefunden haben. Ich möchte solche Schuldzuschreibungen und die damit notwendigerweise einhergehende Einschränkung in Wahrnehmung und Verständnis vermeiden. Ich werde deshalb dasjenige untersuchen müssen, an dem beide, Mann und Frau, beteiligt sind, nämlich die Beziehung zwischen beiden. Aus diesem Gedanken und aus den bisherigen Überlegungen bleibt deshalb nur eine Konsequenz, nämlich die „normale" ebenso wie die „gestörte" Sexualität im Zusammenhang mit den für unsere Gesellschaft typischen Beziehungsstrukturen zu untersuchen, was eine Einbeziehung der individuellen und kollektiven Ängste und der dazugehörigen Abwehrmechanismen verlangt.

Die Sexualität ist wie kaum ein anderer Bereich menschlicher Existenz Medium des zwischenmenschlichen Kontakts und damit auch Ausdrucksmittel für Konflikte und ihre Verarbeitung. Für das Leben und Erleben der Sexualität ist es wichtig, die feinsten Schwingungen und Bewegungen in den zwischenmenschlichen Beziehungen zu erkennen. Ohne unsere Möglichkeiten, diese Bewegungen wahrzunehmen, kann die Sexualität nicht das sein, was sie ist, was sie sein könnte. Mit der Möglichkeit zu höchster Sensibilität in denjenigen Erfahrungsbereichen, die unsere spezifisch menschliche Sexualität bedingen, ist zwangsläufig aber auch eine große Empfindlichkeit verbunden, die schädigenden Einflüssen Tür und Tor öffnet. Es ist deshalb nicht verwunderlich, daß in allen Bereichen menschlicher Sexualität (wobei ich mich auf die Sexualität in unserer Gesellschaft beschränken möchte) hochdifferenzierte Formen von Angstausdruck und Angstabwehr zu finden sind, in denen die zugrundeliegenden sensiblen Möglichkeiten und emotionalen Bedürfnisse oft kaum mehr zu erkennen sind. Wenn man die oft bizarren Verformungen in den Erscheinungen der Sexualität in unserer Zivilisation betrachtet, dann wird deutlich, daß es sich unsere Gesellschaft (= die Individuen in ihr) anscheinend kaum leisten kann, „das Sexuelle", was das auch immer sei, sich selbst entwickeln zu lassen, ihm *seinen* Raum zu geben. Die Tabuisierungen und Verbote vergangener Zeiten und auch noch der Gegenwart belegen die langdauernd und tiefgreifend geschädigte Existenz der Sexualität; dabei ist zu beachten, daß nicht ,,die Sexualität" des Kollektivs als solche eingeschränkt und geschädigt ist, sondern daß die Sexualität ihre Formungen und Verformungen jeweils in der Sozialisation jedes einzelnen Individuums erfährt. Aufgrund dieser Überlegungen betrachte ich die gegenwärtige ,,gesunde" Sexualität ebenso wie die sog. ,,kranke" als Ausdruck unserer Zeit, als Abbild der Beziehungen und der Beziehungsstörungen in unserer Gesellschaft, als verschiedene Formen von Kompromißbildungen, also auch als Ergebnis von Angstabwehr.

Ich habe an anderer Stelle (vgl. Wölpert 1980) versucht, ,,Leistung" und ,,Konsum" und die damit zusammenhängenden Ideologien als Formen von Konfliktlösung zu verstehen, und deren abwehrende und stabilisierende Funktion für das Leben (in) unserer Industriegesellschaft darzustellen. Diese Ideologie aufzugeben, hieße dieser Gesellschaft die ,, Grundlagen" ihrer entfremdeten und entfremdenden Existenz zu entziehen. Es stellt sich allerdings die Frage, ob eine grundsätzliche Änderung unserer entfremdeten Beziehungen ohne das Aufgeben zumindest von Teilen unserer Abwehr überhaupt möglich ist. Daß die Sexualität jedes einzelnen von den Einflüssen dieser massiven individuellen und kollektiven Abwehrbildungen nicht verschont bleiben kann, liegt auf der Hand; in einer Gesellschaft, die soziale Anerkennung und den Wert des Einzelnen und der Gruppe auf der Verhaltensebene definiert, die die Definition von ,,Wert" allgemein auf der Ebene der Materialität und in ihrer Bedeutung für die Aufrechterhaltung der kollektiven Abwehr erzwingt, muß zwangsläufig auch die Sexualität denselben Bewertungskategorien unterworfen sein. Für die Sexualität bedeutet der ,,Leistungszwang" das Funktionieren-Müssen; Sexualität wird dabei zu einem Mechanismus, der zu ,,gehen" hat, zu einer Leistung, die gekonnt werden muß, auf deren Ableistung durch den einen der andere ein Recht zu haben glaubt. Sie wird dann zu einem Vorgang, der ungestört und ,,triebhaft" abzulaufen hat. Der vielzitierte und vielgeschmähte juristische Begriff von den ,,ehelichen Pflichten" drückt die Materialiserung und Quantifizierung der Sexualität beispielhaft aus. Durch die Darstellung von steriler, perfekt funktionierender Sexualität in der Werbung, in Spielfilmen usw. wird die Erreichbarkeit des Ziels von der absoluten Perfektion vorgegaukelt und dieses Ziel selbst verklärt. Wer nicht fähig ist, dieser Norm zu entsprechen, muß sich als Versager fühlen, als einer, der nicht wertvoll ist, gemessen an den Kategorien unserer unmenschlichen, im Augenblick von uns anscheinend aber benötigten Abwehr. Wer sich bei der Erfüllung der Norm von seinen dieser Norm entgegengesetzten Gefühlen oder Wünschen stören läßt, gilt als ,,krank", als ,,gestört" oder als ,,zu sensibel". Die Begriffe ,,Störbarkeit", ,,Ablenkbarkeit", ,,Konzentrationsschwäche" sind in diesem Zusammenhang in Verruf gekommen. Wer unstörbar ist, gilt als ,,gesund", als jemand, der sich nicht so leicht aus der Ruhe bringen läßt. Sich nicht stören zu lassen, seine Unsicherheiten, Ängste und der Norm entgegengesetzten Gefühle und Wünsche nicht wahrzunehmen, heißt aber auch einen Teil der eigenen Person auszusparen, wegzulassen. Sexualität wird dann reduziert auf das Können, auf das Den-Anforderungen-Entsprechen. So muß das ,,vollständige" Funktionieren der sexuellen Funktionen ohne Rücksicht auf Verluste (von

Anteilen der Person) als eine Fortsetzung des allgemeinen Leistungsdrucks angesehen werden, als ein Teil der kollektiven Abwehr.

Die so vermiedene, abgewehrte Wahrnehmung und Äußerung der individuellen Verweigerung hat Folgen: neben „positiven", nämlich der Normentsprechung (= Aufrechterhaltung der kollektiven Abwehr) und der damit einhergehenden sozialen Anerkennung auch „negative". Wie ich oben ausgeführt habe, ist die „Wiederkehr des Verdrängten" (Freud, z.B. 1915d, S. 115) in den Kompromißbildungen nicht zu vermeiden; je nach der Abwehrlage und der Gesamtsituation des Einzelnen zeigt es sich wieder in körperlichen oder psychischen Symptomen, also in Fehlleistungen, in „Krankheiten", in „Eigenarten", in Ängsten, in „Gesundheit", in Resignation, in Anpassung, in Wünschen usw. Überall, in allen unseren Äußerungen ist das Verdrängte und die Abwehrnotwendigkeit zu erkennen. Zu unserem großen Glück, denn diese Konfliktanteile zu erkennen, zu verstehen und in unser Leben zu integrieren, ist unsere einzige Möglichkeit, uns und damit unsere Beziehungen wesentlich zu verändern. Diese Möglichkeit bietet sich uns in jedem Moment, nur ist die Frage, ob wir es uns und wann wir es uns leisten (können), sie zu erkennen, zu verstehen und das Verstanden in unserem Leben einen Platz finden zu lassen.

Eine Form der Abwehr unserer Angst vor Kontakt, also vor der Begegnung mit uns selbst und mit den anderen heißt „Leistung". Wenn Sexualität zur Ableistung eines Solls, zum Beherrschen von Techniken und Mechanismen wird, dann wird jedes Nachlassen in der Leistung als unerwünschte Störung angesehen werden. Eine solche Störung könnte uns an unseren verdrängten Widerspruch gegenüber der Norm erinnern, den wahrzunehmen und zu äußern das Risiko in sich trüge, vom anderen und von uns selbst wegen des Ausbruchs aus der stabilisierenden Fiktion von der Perfektion abgelehnt zu werden. So verhindern wir ständig unsere Individuation zu ganzen Personen, indem wir nicht wahrnehmen, was ist, und wer wir sind.

Ähnlich wie die Leistungsideologie hat auch die Konsumideologie eine Entsprechung in der Sexualität. Ich habe an anderer Stelle (vgl. Wölpert 1980) gezeigt, daß Konsum nicht nur eine Funktion für die Aufrechterhaltung und Legitimation gesamtgesellschaftlicher ökonomischer Strukturen hat, sondern daß er auch eine wichtige Aufgabe für den einzelnen Konsumenten bei der Abwehr seiner Ängste erfüllt. Das Zusammenspiel zwischen der von außen gesetzten Konsumnorm und dem für das Individuum zur Angstabwehr erforderlichen Konsumverhalten ist die Gewähr für das reibungslose Funktionieren des Systems von Produktion und Verbrauch. Ein ähnliches Zusammenspiel finden wir auch für die Konsumideologie in der Sexualität: den angebotenen Befriedigungsmöglichkeiten stehen die den „Verbrauch" regulierenden Mechanismen gegenüber; beide sind voneinander ahängig und bedingen sich gegenseitig.

Ähnlich wie an anderer Stelle (vgl. Wölpert 1980) allgemein ausgeführt, ist der Punkt, an dem die Konsumnorm innerhalb der Sexualität ansetzt, unser Selbstwertgefühl. Wenn man sich „als jemand fühlen" können will, muß man diesen

Normen entsprechen. Nur dann erhält man die Anerkennung von außen (soziale Anerkennung) und von innen (Selbstbestätigung). Aus dem Insgesamt aller möglichen Erfahrungen und Gefühle haben sich im Laufe der Entwicklung unserer Gesellschaft mit ihren spezifischen Strukturen diejenigen Erlebnisweisen als die ,,wertvollen" herauskristallisiert, die nach dem Modus des Bekommens, des Habens, des Tuns und des Nehmens definiert werden können (vgl. Fromm 1976). Wer zu nehmen weiß, wer sich getraut in Besitz zu nehmen, zu besitzen, der kann sich demnach ,,wertvoll", ,,gesund", ,,überlegen" fühlen, dem wird auch die Rolle des Mächtigen zugestanden. Dabei wird ,,unser Sexualverhalten ... Marktgesetzen unterworfen, deren Leitwährung ‚Jugend' ist. ‚Älter-Werden' ist damit ein anderer Ausdruck für Inflation. Noch heute ist für viele Frauen – auch unter dem Einfluß traditioneller medizinischen Lehrmeinungen – die Menopause ... der Tag der Währungsreform, der totalen sexuellen Entwertung. ... Ersatzwährungen wie Reichtum, gesellschaftliches Ansehen, Prominenz können bis zu einem gewissen Grad kompensatorisch gegen ‚Jugend' eingetauscht werden" (Amendt 1982, S. 51). Entsprechend dem ,,Wer Geld hat, hat auch Macht" gilt dann: ,,Wer sich sexuelle Befriedigungsmöglichkeiten zu verschaffen weiß und sie zu nützen weiß, der gilt als den anderen überlegen". Um soziale Anerkennung zu bekommen (in unserer Gesellschaft, deren primäre Norm ist stärker zu sein als der andere, sollte es genauer heißen: um so zu werden, daß man bewundert, beneidet und gefürchtet wird), ist es deshalb notwendig, daß über ein ursprüngliches Brauchen und Benötigen hinaus ein Brauchen-Müssen, ein Verbrauchen-Müssen entsteht, das immer unabhängiger von unseren eigentlichen Bedürfnissen wird, d.h. daß unsere von uns erlebten Bedürfnisse immer weniger an uns selbst orientiert sind, sondern immer mehr an unserem Zwang, der kollektiven Norm zu entsprechen. Diese Norm stellt dabei hauptsächlich den Versuch dar, die Konfrontation des Einzelnen und des Kollektivs mit den ursprünglichen, den nicht-entfremdeten Bedürfnissen, also auch mit dem Nicht-Wollen oder dem Etwas-Anderes-Wollen zu unterbinden. Im Kontext dieser Ideologie vom Konsum ist der ,,gesund", der will, der nimmt, der hat und verbraucht. Innerhalb dieser Ideologie besteht die Illusion, daß derjenige, der nimmt, nur gewinnen kann. Genauer besehen zahlt der Einzelne dabei aber mit dem Verlust der Möglichkeit, auch nicht wollen zu können, auch nicht genießen zu können, mit dem immer weiter fortschreitenden Verlust der Anteile seiner Person, die mit dem Nehmen, dem Haben, dem Können in Widerspruch stehen. Er verliert dadurch immer mehr die Möglichkeit, Enttäuschungen und Kränkungen zu verarbeiten, damit fertig zu werden, wenn er etwas nicht bekommt, was er gewollt hat. Indem wir uns und dem anderen ,,Wertvolles", Genüsse, Orgasmen, ,,Streicheleinheiten" usw. in den Rachen stopfen und uns und alle dazu zwingen, das auch noch als befriedigend zu erleben und zu begrüßen, füllen wir nur das Loch, das durch die Vermeidung des eigenen und fremden Ja *und* Nein im Kontakt entstanden ist. Die Alternative, um die es mir hier geht, läßt sich vielleicht an der Problematik um den Begriff ,,Befriedigung" weiter verdeutlichen.

Befriedigung ist nicht machbar

Je mehr wir in unseren Beziehungen dazu tendieren, die Schwierigkeiten unseres Lebens auf der Verhaltensebene zu betrachten und zu lösen, desto mehr Konventionen bilden sich darüber aus, was „richtig" sei, also auch, was als „befriedigend" zu betrachten sei; zum Beispiel hat ein Geschlechtsverkehr für einen Mann befriedigend zu sein, wenn er ohne Potenzschwierigkeiten zum Orgasmus, d.h. zur Ejakulation gekommen ist. Kaum irgendwo in der wissenschaftlichen Literatur zu diesem Thema wird diese Konvention in Frage gestellt oder nach anderen Dimensionen des Befriedigt-Seins oder des Unbefriedigt-Seins gefragt. Paul Matussek bildet da eine der seltenen Ausnahmen, wenn er sich über die „impotentia satisfactionis", also über die „Unfähigkeit zur Befriedigung" Gedanken macht (vgl. Matussek 1971). Solche Überlegungen bleiben aber für den größten Teil sexualtherapeutischer Praxis unberücksichtigt.

Götz Kockott, der 1977 in einem Sammelband einige wichtige Arbeiten zur Verhaltenstherapie sexueller Störungen herausgegeben hat, erwähnt in seiner Einführung wohl, daß Matussek die „impotentia satisfactionis" untersucht hat, mißt ihr aber weiterhin, wie auch die anderen Autoren des Bandes, keinerlei Bedeutung bei, denn: „Da Männer mit Beeinträchtigung solcher Art selten in Behandlung kommen, soll das Syndrom nur kurz, aber der Vollständigkeit halber, erwähnt sein" (Kockott 1977, S. 40f.). Kockotts weitere Ausführungen befassen sich (für den Mann) dann nur noch mit primären und sekundären Erektions- und Ejakulationsstörungen, mit Störungen der „Libido"* und mit Deviationen. Seine Begründung, wieso die Probleme der sexuellen Befriedigung nicht näher untersucht werden, nämlich: Männer mit solchen Beeinträchtigungen kämen selten in Behandlung, läßt ihn zu dem Schluß kommen, diese Probleme spielten keine große Rolle. Er übersieht dabei vollkommen, daß man als Patient mit einer solchen Störung in dem an den Organen und ihren objektiv meßbaren Funktionen orientierten medizinischen (Massen-) Betrieb mit einer Unzufriedenheit *ohne* funktionelle Störung kaum ernstgenommen wird; das heißt dann in der Konsequenz, daß man auf diese Weise den Patientenstatus nicht erreichen kann. Ganz zu schweigen davon, daß es, von unserer kollektiven Abwehrstruktur her (Gefühlsabwehr, Leidensverleugnung, Zwang zum Funktionieren usw.), die ja auch für jeden einzelnen Arzt mehr oder weniger Gültigkeit hat und notwendig ist, kaum einem Patienten möglich ist, sich ohne den Vorwand körperlicher Beschwerden über seine rein gefühlshafte Befindlichkeit zu äußern. So werden wohl nur Männer mit großem Leidensdruck oder mit viel „Zivilcourage", die unter einer „impotentia satisfactionis" leiden, diese als Hauptsymptomatik angeben. Sie

---

* Zur Definition von „Libido" in der am Verhalten orientierten Sexualforschung: „Mit Libido meinen wir ... ausschließlich das lustvoll erlebte Verlangen nach irgendeiner Form von sexuellen Handlung, die zum Orgasmus führen kann" (Kockott 1977, S. 8).

müssen dann aber auf Entgegnungen wie die folgende gefaßt sein: ,,Was wollen Sie denn? Es funktionert doch alles; Sie sollten mal sehen, wie schlecht es anderen geht!" Diese oder eine ähnliche Antwort des Arztes oder des Psychologen wird wohl jeden Patienten in Zukunft nur noch wohlvorbereitet mit handfesten somatischen Symptomen wieder vor ihn oder einen Kollegen treten lassen.

So schafft sich unsere Gesellschaft und mit ihr die Medizin ihre ,,Krankheiten" selbst, indem das Eine Geltung hat und das Andere nicht anerkannt wird. Es ist deshalb nicht verwunderlich, wenn in einer auf der Verhaltensebene wahrnehmenden und arbeitenden Wissenschaft wie der Medizin oder der naturwissenschaftlichen Psychologie die subjektive Befriedigung und ihr Gegenteil kein Gegenstand sein kann, höchstens einer, dessen Relevanz heruntergespielt werden muß, da dieses Problem die Wohlgeordnetheit und Übersichtlichkeit der objektiven Wissenschaft verunsichern und durcheinanderbringen würde.

Wo es für ,,die Wissenschaft" unumgänglich scheint, sich mit diesem Problem zu befassen, wird auch Befriedigung auf der Verhaltensebene definiert, so daß dann z.B. ,,Befriedigung" dort verspürt werden soll, wo man das *tut,* was nach der Konvention ,,Befriedigung" herbeiführt, d.h. wenn etwa ein Orgasmus eingetreten ist, wird dieser gleichgesetzt mit ,,Befriedigung". Das geht dann soweit, daß ausschließlich der Abbau angestauter Spannung für ,,befriedigend" gehalten werden muß, oder gar ein neuer persönlicher Rekord in der Zahl der an einem Wochenende verführten Frauen mit ,,Befriedigung" gleichgesetzt wird. Die Quantifizierung des Befriedigtseins ist aber keine Eigenart männlicher Abwehr, sondern, so scheint mir, in letzter Zeit auch bei Frauen immer häufiger anzutreffen. Die Erreichung des Orgasmus mit allen nur irgendwie wirkenden Mitteln, unabhängig von der Befindlichkeit, unabhängig von der psychischen und körperlichen Situation der beteiligten Personen wird immer häufiger explizit und implizit als wichtigstes Ziel proklamiert. Dabei wird jeweils das körperliche Sein vom psychischen Sein losgerissen, dies um annähernd den Zielen zu entsprechen, die uns, dem Individuum und der Gruppe die Ideologie, d.h. unsere Abwehr vorschreibt. Es wird getrennt zwischen dem, was ist, und dem, was sein soll. Das Ziel ins Auge zu fassen und seine Erreichung anzustreben läßt einen das momentane Sein, die momentanen evtl. dem Ziel widerstrebenden Gefühle und Ängste übergehen und scheinbar überwinden.

Entsprechend wird ,,Befriedigung" etwas, was angestrebt und gemacht werden kann; sie wird dann nicht mehr bemerkt und empfunden, wenn sie sich einstellt, sondern sie wird in unsere Kategorien von der Machbarkeit der Dinge gezwungen. Die Phantasie, körperliche ,,Befriedigung" aus der Verbindung von Psyche und Körper herauslösen zu können, spiegelt uns die Möglichkeit vor, die Lust vergewaltigen zu können, sie herbeiführen und über sie verfügen zu können, wann immer wir wollen. So vermeiden wir Frustrationen, Unsicherheit und Angst, weil diese uns bei der Verfolgung des Ziels von der totalen ,,Befriedigung" zu stören scheinen. Doch wir täuschen uns, wenn wir denken, wir könnten die Lust ohne Folgen vergewaltigen: wir können über die Lust nur verfügen, indem wir uns selbst vergewaltigen. Mit Aktivität und Tun (vgl. dazu die z.T. entsprechenden Zielsetzungen und Vorgehensweisen bei Barbach 1977) vertuschen wir unsere Unsicherheit, spielen wir uns eine ,,Potenz" vor, die wir nicht haben, machen wir uns ein Bild von uns, das nicht mit uns übereinstimmt, und wir vermeiden zu sehen, wie es uns geht und wo wir stehen. So wird ,,Lust" ein Ergebnis unserer Abwehr, wird deren Vehikel, und wir beschränken unsere (sexuellen) Kontakte darauf, das Stille-Stehen und Zulassen zu vermeiden und uns Programme zu machen, wie wir den Forderungen unserer Abwehr entsprechen können.

In diesem Zusammenhang heißen die Wünsche dann: ,,befriedigt zu werden" und nicht mehr: ,,befriedigt zu sein". Die Frage dabei ist nur, ob bei diesem ,,Machen der Befriedigung" nicht zwangsläufig ein unbefriedigter Rest bestehenbleiben muß, denn das Machen stört das Sein in den Punkten, wo das Sein mit den Zielen des Machens nicht übereinstimmt; und dieser Rest wird sich in die Machbarkeit der Dinge nicht einfügen lassen und deshalb unbefriedigt bleiben müssen. Das ist unser Glück, denn an diesem Rest hängt unsere Chance, den Betrug an uns selbst zu erkennen, zu sehen, wie wir uns selbst und wie die anderen uns um ein Lebendig-Sein im Kontakt bringen. In der Ideologie von der Machbarkeit der ,,Befriedigung" übersehen wir, daß Lust etwas Ganzes ist, bei dessen Entstehen nichts von dem, was ist, ausgeklammert bleiben kann. So könnte wirkliche Befriedigung etwas sein, was sich selbst genügt und nichts besseres braucht. Dazu kann es aber nur kommen, wenn wir erkennen, was Hingabe ist, wenn wir uns im Kontakt zur Hingabe kommen lassen; das soll heißen: wenn wir uns ganz geben, auch mit den Anteilen der Person, die der ,,Lust" widersprechen, die einer angestrebten ,,Befriedigung" entgegenstehen könnten.

Genauso, wie einer alleine nicht in echtem Kontakt stehen kann, kann auch echte Befriedigung nur eine Befriedigung aller jeweils Beteiligten sein. Zur Verdeutlichung dieses Gedankens möchte ich ein Bild verwenden: ich sehe die Möglichkeit zu echter, umfassender Befriedigung wie einen Topf, der sich nur dann öffnet und etwas herzugeben bereit ist, wenn *alle* Beteiligten davon nehmen können; nur wenn alle dazu bereit sind, Befriedigung zuzulassen, kann sie sich überhaupt einstellen. Wo immer (sexuelle) Befriedigung *eines einzelnen* möglich scheint, kann es sich nur um partielle ,,Befriedigung", um eine Form der Ersatz- oder Scheinbefriedigung handeln. Der Satz (und Vorwurf): ,,der Mann befriedigt sich auf Kosten der Frau" meint die übliche, die ,,normale" Ersatzbefriedigung, die sich außerhalb eines umfassenden Kontakts abspielt.

Der Zwang zum Konsum und zur Leistung, womit wir unsere Angst davor befrieden wollen, von uns und von den anderen nicht für wertvoll gehalten zu werden, soll uns auch unser Unbefriedigtsein in unseren (sexuellen) Kontakten vergessen machen. ,,Tun", ,,Haben", ,,Stark-Sein", so heißen die Kategorien der Scheinbefriedigung, für die wir immer wieder Scheinbedürfnisse aufbauen müssen, um ihren Ersatzcharakter nicht bemerken zu müssen. Diese für unsere Gesellschaft mit ihren spezifischen Beziehungsstörungen typischen Versuche, mit uns und den Anderen ersatzweise in einen Scheinkontakt zu kommen, werden uns aber immer unbefriedigt lassen, weil sie auf einen Erfolg unabhängig von unserer Befindlichkeit abzielen, darauf, daß wir als unvollständige Personen zu funktionieren lernen, die sich und ihre Ganzheit aufzugeben gelernt haben. Ein Ende unserer Gefangenschaft in diesem uns von uns selbst entfremdenden System ist aber nicht nur dadurch möglich, daß ,,von außen" die Formulierung von Normen aufhört und deren Befolgung nicht mehr so eng mit materieller Abhängigkeit und sozialer Anerkennung verbunden ist, sondern auch dadurch, daß wir ,,von innen" den wahren Charakter der Scheinbedürfnisse und der Scheinbefriedigungen erkennen, daß wir uns (und das ist m. E. die entscheidende Voraussetzung) durch die Auseinandersetzung mit unserer Angst und unserer Abwehr aus diesem Gefangensein befreien können, indem wir sie durch diese Auseinandersetzung nicht mehr im früheren Umfang zu unserer Stabilisierung nötig haben.

Die hier geschilderten Abwehrformen haben, oft nicht als solche erkannt, als implizite Ideologien Eingang in alles gefunden, was wir tun und erleben, in alle Bereiche des täglichen Lebens, auch in die meisten Formen des Nachdenkens über uns selbst, ebenso in die meisten Arten, wie Wissenschaft betrieben wird. Die Sexualität, so wie sie als willkürlich im menschlichen Leben und Erleben abgegrenzter Bereich behandelt wird, bildet dabei, wie wir gesehen haben, keine Ausnahme. Daß sich dieser Ideologie auch die allgemein gültige Definition ,,gesunder" Sexualität nicht entziehen kann, möchte ich im nächsten Abschnitt darstellen.

Für ,,gesund" hält man, was der Norm entspricht, auch in der Sexualität

Die oben erwähnten Normen im Umgang mit der Sexualität, wie z. B. ,,störungslos funktionieren müssen", ,,leistungsfähig sein", ,,potent sein", ,,stärker sein als . . .", ,,möglichst oft können" usw. können nun als Ausdruck individueller und kollektiver Abwehr in unserer Gesellschaft verstanden werden. Wie es dem einzelnen mit diesen Normen geht, welche Schwierigkeiten er mit ihnen hat, welche Ängste im Zusammenhang mit ihnen entstehen oder aufrechterhalten werden, danach wird in dieser Gesellschaft nicht gefragt; danach fragt der einzelne oft selbst nicht. Ein Nachfragen würde nur stören, den Ablauf des Geplanten durcheinanderbringen und die mühsam erworbene und ebenso aufrechterhaltene Scheinstabilität in Frage stellen. In einem solchen Normengefüge und in dem Bemühen, ihm zu entsprechen, haben Angst und Schwäche, Impotenz und Versagen keinen Platz. Als ,,gesund" wird angesehen, was der gesellschaftlichen Norm und Abwehr entspricht. ,,Normal" wird gleichgesetzt mit ,,normentsprechend" und zwar von demjenigen, der die Norm verkündet, und auch von dem, der ihr entspricht; meist sind beide in einer Person vereint: Normsetzung und Normentsprechung bedingen sich gegenseitig, in den Beziehungen zwischen Personen und Gruppen und innerhalb des psychischen Gleichgewichts des Individuums. Ob diese Normen für den Einzelnen zum Problem werden oder nicht, darüber entscheidet die Gemeinschaft und auch der betroffene Einzelne allzuoft nur nach den Kategorien von ,,Gesundheit" und ,,Krankheit".

Solange der Einzelne ,,gesund" ist, d.h. solange er keine ,,Symptome" entwikkelt und nicht als nicht-funktionierend auffällt, solange kann er sich kaum das Recht herausnehmen, unter den Normen zu leiden. Erst ,,Symptome" legitimieren die unausgesprochene Auflehnung gegenüber den Normen. Sie erst ermöglichen es ihm, sich zu verweigern, jedoch mit der im kollektiven Abwehrgefüge implizierten ,,Sicherung" oder Auflage, sich durch irgendeine Form von Therapie diese rebellischen Auswüchse wieder entfernen zu lassen. Das ,,Wieder-Können" und meist auch das ,,Wieder-Können-Wollen" werden dann grundsätzlich als ,,nur gesund" angesehen und nicht in Frage gestellt. Die mögliche Wahrnehmung der Zusammenhänge zwischen Funktionieren und Versagen einerseits und der Person mit ihrer ganzen Befindlichkeit andererseits (sichtbar und verstehbar aus ihren Kompromißbildungen) wird durch unser Bild von der Welt eingeschränkt. Unsere individuellen und kollektiven ,,Bilder von der Welt" sind aber durch unsere individuellen und kollektiven Abwehrstrukturen definiert, die uns dabei ,,helfen", das zu vermeiden, was uns zuviel Angst machen könnte. Genauer formuliert müßte es also heißen: unsere Wahrnehmung der Zusammenhänge zwischen Innen und Außen beschränken wir selbst durch unsere Abwehrnotwendigkeiten. So hindert uns die Abwehr unserer Angst zu erkennen, an welchen Stellen unser Können und unser Können-Wollen unseren Bedürfnissen entspricht und wo es ihnen entgegensteht.

Weil uns die Verweigerung und die mit ihr verbundenen Konsequenzen (Frustrationen, soziale Isolation, Individuation usw.) zuviel Angst machen, scheuen wir diese in der Regel und versuchen stattdessen, den Normen zu entsprechen, die uns gesetzt wurden und die wir uns damit auch selbst setzen. So verhindern wir unsere Individuation und Entwicklung, unsere Veränderung und die Veränderung unserer Welt, indem wir der Norm von der absoluten ,,Gesundheit" und Ungestörtheit Genüge leisten.

Auf Schritt und Tritt werden wir mit makelloser ,,Schönheit" und perfektionierter Sexualität überschüttet, die zudem noch als das ,,Normale", als das ,,Gesunde" propagiert werden, als das, was an sich ,,wertvoll" und deshalb von allen anzustreben ist. Durch seine Sozialisation in dieser Gesellschaft auf die Abwehrbündnisse mit den anderen angewiesen, bleibt dem einzelnen scheinbar nur noch übrig, die Normen für sich zu übernehmen und bei sich selbst die Ziele ,,Makellosigkeit" und ,,Perfektion" andauernd zu beschwören. Je mehr die Fiktion von Größe und Unangreifbarkeit aufgebaut wird, desto größer wird auch die Angst, dieser Fiktion nicht mehr genügen zu können, und dementsprechend muß auch die Abwehr dieser Angst ununterbrochen verstärkt werden. Aus dem Denk- und Lebensmodell unserer industriellen Leistungsgesellschaft bleibt ein schwierigen Situationen entsprechendes Reagieren auf Probleme mit Angst, Verunsicherung, Trauer, Verzweiflung usw. ausgeschlossen. Wenn man sich einmal unter diesem Aspekt betrachtet, was in den „Sex-Shops" oder in den Katalogen einschlägiger Versandhäuser, aber auch in Fernsehen, Film und gedrucktem Wort und Bild gezeigt und als Ideal angeboten wird, dann wird einem deutlich, wie wenig das Versagen in unserer Gesellschaft akzeptiert werden kann, wieviel Angst uns anscheinend das Gefühl von Kleinheit, Nicht-Können und Ausgeliefert-Sein macht. Das Nicht-mehr-Können, Nicht-mehr-Wollen, die Verweigerung und die Möglichkeit zum differenzierenden „Nein" wird deshalb mit allen möglichen und unmöglichen Mitteln bekämpft. Das Ziel heißt „mehr"; ein Innehalten wird als „weniger" angesehen. Die Ideologie vom Wachstum und den unbegrenzten Möglichkeiten macht alles Machbare zum Erlaubten, ja zum Gebot, und läßt uns über dem Machen unser Sein vergessen. So hält jeder von uns in seinen Beziehungen und vor sich selbst ein Bild von sich aufrecht, das zwar den Normen mehr oder weniger genügt, das aber entsprechend weniger oder mehr zu wichtigen Teilen seiner Person nicht im Kontakt steht, nämlich zu den Teilen, die ihn zu einer Veränderung der Normen, d. h. zu seiner Emanzipation veranlassen könnten.

Am Beispiel der Rollen von „Mann" und „Frau" möchte ich verdeutlichen, wie fest sich diese Normen in unserem Leben festgefressen haben, wie wir sie sich haben festfressen lassen und wie unsere durch sie herbeigeführten Beziehungsstrukturen für uns schon das „Normale" geworden sind, wie wir diese Beziehungsstrukturen in unserer alltäglichen Lebenspraxis, aber auch im theoretischen Nachdenken über uns und unsere Probleme als quasi naturgesetzlich gegebene Realität begreifen (Ich werde dabei nicht untersuchen, wie die einzelnen Rollenattribute individuell entstanden sind; damit haben sich andere Autoren schon ausführlich befaßt, z. B. Schmidbauer 1978).

In vielen Arbeiten wurden die Rollenstereotype von Mann und Frau untersucht (vgl. z. B. Richter 1974), in denen sich das typisch „weibliche" und das typisch „männliche" Eigen- und Fremdbild in unserer Gesellschaft ausdrücken. Das Rollenstereotyp des „typischen Mannes" weist danach Eigenschaften auf wie „rational", „überlegt", „durchsetzungsfähig", „hart", „unemotional", „hat seine Gefühle im Griff", „distanziert" usw. Die der „typischen Frau" zugeschriebenen Eigenschaften werden dagegen fast als das krasse Gegenteil zum „männlichen" angegeben: „emotional", „gefühlshaft", „unsachlich", „weich", „unüberlegt", „irrational" usw. Es ist anzunehmen, daß diese Rollenstereotype in einer Zeit starrer Aufgabenteilung (z. B. Aufteilung in Berufstätigkeit und Betreuung der Kinder) eine überwiegend stabilisierende Funktion hatten; je mehr sich die krasse Aufteilung der Lebensaufgaben jedoch verringerte, Frauen „Männerberufe" ergreifen und umgekehrt, wird auch der einschränkende, Abhängigkeiten schaffende Aspekt der festgelegten Geschlechtsrollen immer deutlicher. Dadurch, daß ein kleiner Teil der Gesellschaft, nämlich einige der sog. Intellektuellen, diese Mechanismen inzwischen erkannt, durchschaut und vielleicht auch zum Teil für den eigenen Lebensbereich verändert haben, ist für den allergrößten Teil unserer Gesellschaft nichts oder nur wenig verändert; die normativen Rollen bleiben, die Einschränkung bleibt.

Wenn ich nun die Rollen von Mann und Frau vor allem für die individuelle und gemeinsame Sexualität untersuchen werde und dabei deren Abwehraspekt und die damit in Zusammenhang stehenden Ängste zu berücksichtigen versuche, dann kann ich mich im Rahmen dieser Arbeit nicht ausführlich mit allen spezifischen Ängsten und allen einzelnen Formen von Sexualproblemen befassen; dies würde zu weit führen. Es geht mir hier um die Grundprobleme von Sexualität und Sexualtherapie in dieser unserer spezifischen Gesellschaft. Ich muß mich deshalb auf allgemeine und grundsätzliche Ängste und deren Abwehr beschränken und kann nur beispielhaft spezifische Störungen anführen. Ich glaube aber nicht, daß diese Thematik in der hier versuchten allgemeinen Darstellung für den einzelnen nicht bedeutsam wäre; ich möchte vielmehr betonen, daß ich es bei der Betrachtung des Einzelfalles für unbedingt notwendig halte, die ,,allgemeine", grundsätzliche Problematik miteinzubeziehen, in der sich Patient *und* Therapeut als Mitglieder einer Sozietät mit deren spezifischen Beziehungs- und das heißt auch Abwehrstruktur befinden. Es geht mir also vor allem um den Beziehungsaspekt der zu untersuchenden Probleme, d.h. um die Gründe für die Angst und die Abwehr von und zwischen Beziehungspartnern, die ja letztlich für deren Befinden und deren Äußerungen entscheidend sind.

In unserer Gesellschaft mit dem ihr eigenen ,,phallischen" Weltbild und den dazugehörigen Wertvorstellungen ist derjenige der ,,Starke" und ,,Wertvolle", der kann, der tut, der ,,oben" ist, der sich durchsetzt. Derjenige, der initiativ ist, darf und muß sich also als der Stärkere fühlen; derjenige, der mit der Initiative des anderen konfrontiert zum Mitmachen, zur Passivität verdammt ist (genauer: verdammt scheint), hat als der Unterlegene zu gelten und muß sich auch unterlegen fühlen. Im Zusammenhang mit der Entwicklung des Patriarchats hat in unserer Gesellschaft der Mann die Rolle des Aktiven, dessen der Initiative ergreift übernommen. Entsprechend ist für die Frau in der Regel nur noch die andere Seite der Ambivalenz ,,Aktivität-Passivität" übriggeblieben, die entsprechende Rolle der Schwachen, der Nicht-Aktiven. Von Generation zu Generation wurden diese Rollenmuster von den Eltern auf die Kinder im Prozeß der primären Sozialisation weitergegeben und in der sekundären Sozialisation jeweils bestärkt und verfestigt. Lange Zeit hat sich diese Rollenverteilung aufrechterhalten; unkritisiert haben sich die Rollen gegenseitig ergänzt, das heißt auch: gegenseitig bedingt.

Im Rahmen der Emanzipationsbewegung der Frau wurden viele Versuche unternommen, diese entwürdigende und Abhängigkeiten schaffende Ungleichverteilung von Macht, Einfluß und Entscheidungsbefugnis zu verändern. Dabei ist es dann oft zwischen Männern und Frauen zu einem Rivalisieren um die aktive Rolle gekommen. Wo die Umkehrung des angegriffenen Rollenverhältnisses ,,geglückt" ist, wurde es eben nur eine Umkehrung; viele Emanzipationsversuche von Frauen in Partnerbeziehungen sind an der offensichtlichen Notwendigkeit der beiden Partner gescheitert, die bisherige Beziehungs*form* beizubehalten, was sich dann darin zeigt, daß Unterdrücker- und Unterdrücktenposition nur ausgetauscht werden. Die sog. ,,phallische Frau" und ihr ,,submissiver Mann" haben im Grund genommen dieselbe gestörte Beziehung wie der ,,phallische Mann" und seine dazugehörige ,,untertänige Frau". Dabei ist zu beachten, daß nach den Wertkategorien unserer Gesellschaft die erste Form von Beziehung als ,,komisch", ,,entwürdigend" oder gar ,,krank" bezeichnet wird, während die zweite Form die ,,normale" ist, an die sich (fast) jeder von uns gewöhnt hat, mit der sich (fast) jeder auf seine Weise zurechtgefunden hat. Nicht gesehen wird allgemein, daß beide Formen von Beziehungen dazu dienen, eine Art von ,,Sicherheit" für jeden Beteiligten dadurch zu schaffen, daß nicht jeder von beiden die Möglichkeit zu Passivität *und* Aktivität hat, sondern daß durch eine Festschreibung der Rollen die Ambivalenz beider auseinandergerissen und auf zwei Personen verteilt wird (vgl. auch Bauriedl 1980). Beide Beziehungspartner sind in beiden Fällen reduziert auf *eine* Möglichkeit, innerhalb derer sich dann jeder seine Befriedigungsmöglichkeiten sucht, was es ihm wiederum schwermacht, eine einmal gewählte und gewohnte Rolle aufzugeben. Beziehungen, in denen beide Partner ständig um die Führungsrolle kämpfen, stellen nur eine spezielle Ausprägungsform derselben interpersonellen Problematik dar, bei der sich keiner der beiden in die nur passive Rolle drängen lassen will, sondern die nur aktive anstrebt.

Wie sieht nun die Rolle von Mann und Frau in der Sexualität aus, wenn sich das für unsere Gesellschaft klassische Rollenmuster (Mann = aktiv, Frau = passiv) durchgesetzt hat? Der Mann ist dann derjenige, der wollen darf, von dem die Aktivität auszugehen hat; die Männer sind deshalb diejenigen, die ,,doch immer nur das eine wollen". Der Mann muß anfangen, muß initiativ sein, wobei er das ,,Müssen" meist nicht mehr als Vorschrift erlebt, sondern sich zwingt, es als Vorrecht und ,,Wert" zu genießen. Damit ich richtig verstanden werde: ich stelle damit das Initiativ-Werden, das dem Wunsch nach Nähe und Kontakt entspringt, nicht in Frage. Dieses hat nämlich zur Voraussetzung, daß in dem Bedürfnis nach Kontakt auch die Bedürfnisse des Anderen nicht übergangen, sondern wahrgenommen werden und in die Art der Kontaktaufnahme und der entstehenden momentanen Beziehung zur Geltung kommen können. Echter Kontakt, wie ich ihn definiere, hat zur Bedingung, daß alle daran beteiligten Personen sich mit ihrer ganzen Befindlichkeit darin ausdrücken können und dabei als ganze Personen mit allem, was im Moment zu ihnen gehört, lebendig werden können. Was ich hier problematisiere, ist etwas grundsätzlich anderes: ich stelle das Initiativ-Werden in Frage, das dazu dient, die Angst und die Spannung im echten Kontakt zu vermeiden. Hier hat die Aktivität die Aufgabe, die eigene Ambivalenz und diejenige des anderen auszuschalten, Unsicherheiten zu umgehen, alles ablaufen zu lassen, wie es zu gehen hat, wie es ,,richtig" ist. Der Mann hat dann die Aufgabe, ,,triebhaft" zu sein und seine im alltäglichen Leben zur Initiative notwendige ,,Rationalität", ,,Sachlichkeit", ,,Kälte" und ,,Emotionslosigkeit" zugunsten der für die Initiative im Bett erforderlichen ,,Triebhaftigkeit" und ,,Unüberlegtheit" aufzugeben. ,,Sachlichkeit" und ,,Unüberlegtheit" bilden insofern keinen Gegensatz, als sie beide dazu erforderlich sind, den Mann zum aktiven zu machen. An dieser Stelle wird vielleicht deutlich, wie wenig absolut diese Eigenschaften des Mannes sind, wie sehr sie von der jeweiligen Situation und den dafür vorgesehenen und vorgeschriebenen Verhaltensmustern bestimmt sind. In ihrer Sozialisation wurden und werden die Männer zu Individuen gemacht, deren Selbstwertgefühl dadurch aufrechterhalten wird, daß sie diejenigen sind, die initiativ sind, koste es, was es wolle.

Es kostet in der Regel die Möglichkeit, ambivalente Gefühle zu haben, die Möglichkeit, Angst zu haben und leiden zu können, die Möglichkeit, auch einmal nicht zu funktionieren. Die Männer müssen ihre Gefühle, Bedenken und Ängste vermeiden, die ihr Können, ihr Funktionieren und Stark-Sein in Frage stellen würden. Das wohl weniger häufige Auftreten *funktioneller* Sexualstörungen bei den Männern ist m. E. auf diesen Umstand zurückzuführen. Die Männer hätten wohl ähnlich häufig wie die Frauen Störungen ihrer sexuellen Funktionen, wenn sie es sich nur erlauben würden, ihre Gefühle, ihre Ängste näher an sich heranzulassen. In einer Welt, in der Macht und Entscheidungsbefugnis so hoch bewertet wird, wie in der unsrigen, ist es (für die Männer) schwer, sich auf ein beim Erlangen sozialen und finanziellen ,,Profits" nur störendes Wahrnehmen und Ernstnehmen der eigenen Gefühle und der Gefühle anderer einzulassen. Die Männer *scheinen* daher, in ihrer Rolle der ,,Starken" und dabei sexuell störungsloser funktionierenden, gegenüber den Frauen nur im Vorteil. Sie sind aber, in der Ausgrenzung des Großteils aller störenden Gefühle aus der bewußten Wahrnehmung gegenüber den Frauen im Nachteil, wenn es um eine Emanzipation der ganzen Person geht, wenn es darum ginge, als ganze Person mit sich und mit den anderen Kontakt aufzunehmen, das heißt auch: wenn es darum ginge, sich in Frage zu stellen und in Frage stellen zu lassen.

Die meisten Männer, die den Arzt oder den Psychologen wegen sexueller Probleme aufsuchen, leiden hauptsächlich darunter, daß sie sexuell nicht mehr funktionieren. Sie wollen meist nichts davon wissen, wie es ihnen denn sonst, außerhalb ihrer Probleme mit der sexuellen Funktionsstörung geht. Jeder, der damit zu tun hat, kennt sie, die Väter, die nicht oder nur gönnerhaft und als Auftraggeber in die Familientherapie mitkommen; die Ehemänner, die, wenn überhaupt, dann in der Eheberatung oft nur wegen der Probleme der Frau erscheinen; die Buben in der Kindertherapie oder in der Erziehungsberatung, die immer schießen müssen und nicht weinen dürfen. Sie alle müssen stark bleiben und dürfen keine Angst bekommen, weil sie nie erfahren haben, daß auch ihre Angst, ihre Gefühle ein vom anderen wahrgenommener und verstandener Anteil ihrer Person sein kann. Die eben ausgeführte Problematik betrifft aber nicht nur die Männer, die zur Therapie oder in die Beratungsstellen kommen, sondern und vielleicht viel mehr diejenigen, die diesen Schritt nicht wagen, sondern ,,stark" bleiben müssen, d. h. aber auch: alleine mit ihrer Angst und ihren Problemen.

Wenn man den oben eingeführten Gedanken von der Kompromißbildung als Konfliktlösung und dem darin enthaltenen Ausdruck von Bedürfnis, Angst und deren Abwehr an dieser Stelle wieder aufgreift und auf die funktionellen Sexualstörungen des Mannes anwendet, dann werden die verschiedenen Störungsformen

(,,Libidostörungen", ,,Erektionsstörungen" und ,,Ejakulationsstörungen") als die Möglichkeit verständlich, die den betroffenen Männern geblieben ist, sich entgegen der kollektiven Norm von der Gefühlsunabhängigkeit und Leistungsfähigkeit des Mannes zu äußern. Dann müssen diese Symptome als die anscheinend letzte Möglichkeit verstanden werden, sich der lückenlosen Erfüllung der Rollenvorschriften und damit der eigenen und der in den Normen verordneten kollektiven Abwehr zu verweigern. Die Rückseite der ständig aufrechtzuerhaltenden Fassade vom immer wollenden, unstörbaren, immer potenten Mann findet unter anderem in den funktionellen Sexual-,,Störungen" oder in den ,,Störungen" der ,,Libido" einen, wenn auch aus Abwehrgründen weitgehend unkenntlichen, so doch möglichen Ausdruck, der jedoch von den Betroffenen (dem Patienten und seinen Bezugspersonen, aber in der Regel auch vom Therapeuten) meist nicht als solcher verstanden wird. Diesen Ausdruck als das zu verstehen, was er ist, nämlich als Mitteilung über ein abgewehrtes Bedürfnis, über die Angst vor diesem Bedürfnis, über die Notwendigkeit diese Angst zu vermeiden, auch die Konfrontation der Beziehungspartner mit dieser Angst zu vermeiden und schließlich über das Leiden unter der individuell notwendigen und kollektiv aufgezwungenen Abwehr, den Ausdruck als all dies zu verstehen, würde bedeuten, sich der eigenen Vermeidungen und Ängste bewußt zu werden und die Notwendigkeit der individuellen und kollektiven Abwehr in Frage zu stellen. Es stellt sich die Frage, wer sich das von seiner eigenen Angst her, aber auch von der Abwehr in seinen Beziehungen, also von den Bündnissen mit seinen Beziehungspartnern her leisten kann.

Für die Frau sieht diese Problematik ähnlich aus, nur eben entsprechend der anderen Rollenvorschrift, der die Frau in unserer Gesellschaft ausgesetzt ist und der sie sich, wie auch der Mann, immer wieder aussetzt, indem sie ihr zu genügen versucht. In der Sozialisation der Frau findet sich das entsprechende Gegenstück zum ,,ein Bub weint nicht": Mädchen dürfen weinen, Frauen dürfen ,,emotional" sein, sie dürfen ihre Gefühle, ihre Ambivalenzen zulassen und äußern. Durch die Rollenvorschriften und die sie bedingende kollektive und individuelle Abwehr haben also die Frauen ursprünglich anscheinend eher als die Männer die Chance bekommen, ihre Ängste zu erleben und auch auszudrücken. So müssen Frauen deswegen wohl keine so radikale Trennung zwischen ihren Gefühlen und ihrem Körper machen; es ist ihnen deshalb wohl auch eher als den Männern möglich, sich in ihren Körperfunktionen von ihren Ängsten und Ambivalenzen beeinträchtigen zu lassen. Daß Frauen viel häufiger und in viel größerem Umfang sexuelle Funktionsstörungen haben als Männer, kann als Beleg für diese Behauptung gelten.

Daß diese Chance der Frauen aber unter dem Diktat der von der Abwehr gebildeten Rollenvorschriften schnell wieder zum Gefängnis wird, daß die Frau also nicht so sehr nur unsicher sein *darf,* sondern meist eher unsicher sein *muß,* kann man in Paarbeziehungen erkennen, die man unter diesem Gesichtspunkt untersucht. Es zeigt sich dort nämlich, daß neben dem Gebot der Passivität und Abhängigkeit vom Gefühl für die Frau auch ein Verbot für die am Mann festgemachten Gegenteile dazu existiert. Die Frau wird, als Gegenpart zum Mann, in die Rolle des Opfers, der Passiven gezwungen; sie muß mitmachen, muß die ,,sexuellen Bedürfnisse" des Mannes (d.h. meist: die Notwendigkeit nach Spannungsabfuhr, was ich keineswegs mit sexuellen Bedürfnissen gleichsetze) über sich ergehen lassen. Wie für den Mann durch seine Rolle bestimmte Verhaltensvorschriften für den Alltag und für die Sexualität bestehen, gibt es auch für die Frau Regeln, die ähnlich wie beim Mann (,,Rationalität" versus ,,Triebhaftigkeit") scheinbar widersprüchlich sind: im Alltag muß die Frau ,,gefühlsbestimmt" und ,,unsachlich" sein, um die Alternativrolle zum ,,aktiven" und ,,rationalen" Mann zu übernehmen, um also ihre Rolle als ,,Passive" und ,,Irrationale" zu spielen, was in Wertvorstellungen unserer Alltags- und Arbeitswelt am ehesten durch ein bremsendes ,,Ängstlich-" und ,,Unsicher-Sein" zu bewerkstelligen ist. In der Sexualität kehrt sich das Verhalten um, damit die den Rollen entsprechende Verteilung von Aktivität/Initiative auf den Mann und Passivität/Zurückhaltung auf die Frau gewährleistet bleibt: zum ,,triebhaften" Mann paßt dann nur die ,,gehemmte", ,,beherrschte" und ,,kühle" Frau. Auch hier wird wieder deutlich, wie wenig das Verhalten eines Individuums in sich selbst schlüssig und stabil ist, sondern vielmehr von der gemeinsamen Norm (= Abwehr) und das heißt: der jeweiligen Beziehung in der jeweiligen Situation bestimmt wird.

Betrachtet man nun die verschiedenen Störungen der sexuellen Funktionen und der ,,Libido" von Mann und Frau näher, dann lassen sich an ihnen in bezug auf die eben beschriebenen Rollenvorschriften verschiedene Ausdrucksformen von Konfliktlösungen zwischen der Anpassung an die Rollenvorschriften und dem Widerstand gegen sie erkennen: für die Frau ergibt sich eine Reihe von der Libidostörung über den Vaginismus, die Dispareunie bis hin zur Anorgasmie, für den Mann von der Libidostörung über die Erektionsstörung zu den verschiedenen Formen von Ejakulationsstörungen. In einer Sichtweise, in der die Rollenvorschriften von Mann und Frau nicht relativiert werden, scheinen die beiden eben angeführten Symptomreihen eine Zunahme an ,,Potenz" zu beinhalten, weil in ihnen die Fähigkeit der Rollenvorschrift zu entsprechen zunimmt. In einer Sichtweise jedoch, die diese Vorschriften relativiert, könnten beide Reihen auch eine Abnahme an Potenz ausdrücken; in diesem Fall wäre nicht Funktionsfähigkeit das Kriterium für Potenz, sondern die Übereinstimmung mit sich selbst, die Übereinstimmung des Ausdrucks mit der Befindlichkeit. Diese beiden unterschiedlichen Kriterien entsprechen der Betrachtung von einem Außenstandpunkt einerseits (rollenkonformes Verhalten bzw. Funktionsfähigkeit) und der Betrachtung von einem Innenstandpunkt andererseits (Befriedigung aus der Übereinstimmung mit sich selbst). Das zweite Kriterium muß natürlich nicht eine Umkehrung der beiden Symptomreihen mit sich bringen, etwa daß dann die subjektive Befriedigung z.B. von den Ejakulationsstörungen über die Erektionsstörung bis zur Libidostörung zunähme; es stellt vielmehr das erste Kriterium in Frage (die Funktionstüchtigkeit) und orientiert sich stattdessen an der ,,Potentia satisfactionis", also an der Möglichkeit Befriedigung zu empfinden. Die Orientierung am subjektiven Erleben bringt es vielmehr mit sich, daß eine Reihung nach quantitativen, am Verhalten gemessenen Wertungen von Symptomen unmöglich wird.

Vom Innenstandpunkt aus gesehen stellt deshalb die ,,Impotentia satisfactionis" (vgl. Matussek 1971) ein wichtiges Kriterium für die Beziehung eines Individuums zu seiner eigenen Sexualität und zu seinem Sexualpartner dar. Das Erlebnis subjektiver Befriedigung kann nämlich trotz eines ,,einwandfrei funktionierenden Sexualapparates" ausbleiben, dann nämlich, wenn sexuelle *Betätigung* zur Ersatzbefriedigung geworden ist. Umgekehrt kann sexuelle Zufriedenheit im weitesten Sinn, d.h. Zufriedenheit im Kontakt mit dem Sexualpartner auch eintreten, wenn oder gerade weil die ,,sexuelle Höchstleistung" nicht erbracht wird.

Die fehlende Befriedigung im Kontakt ist deshalb auch für Patienten und Therapeuten meist kein Thema, weil die Wahrnehmung von fehlender Befriedigung bei intakten Funktionen in einer alle Werte auf der Verhaltensebene definierenden Gesellschaft und Wissenschaft keinen Platz haben darf; da gilt die reine Befindlichkeit nichts, weil nur gilt, was sich objektiv erfassen läßt. Selbst Versuche, den Grad von Befriedigung objektiv z.B. mittels Fragebögen zu erfassen, werden dem Gegenstand ,,Gefühl der Befriedigung" solange nicht gerecht, als sein Charakter als Kompromißbildung nicht berücksichtigt wird. Den im Ausdruck potentiell wahrnehmbaren Konflikt zwischen Bedürfnis und Abwehr zu erkennen und zu verstehen, würde eine empathische Identifikation mit dem Ausdrückenden erfordern. Die Verkürzung der Wahrnehmung auf abfragbare oder meßbare objektive Daten vermeidet Einfühlung und Identifikation, d.h. sie vermeidet Kontakt und Nähe. So kann die Objektivierungswut von Medizin und Psychologie als eine Methode verstanden werden, die sich auf die Wahrnehmung der zwischenmenschlichen Kontakte in ihrem ganzen unbefriedigenden und unechten, oder befriedigenden und echten Ausmaß nicht einzulassen braucht (vgl. Kap. 5). Dies nicht mehr zu tun würde für Patienten und Therapeuten bedeuten, das eigene Unbefriedigtsein, die eigene Ersatzexistenz zu erkennen, sich mit der eigenen Angst und den eigenen Bedürfnissen auseinanderzusetzen, kurz: die in die Objektivität und in die Materialität verschobene Abwehr aufzugeben.

Wie ich mehrfach ausgeführt habe, beinhalten die in unserer Gesellschaft wirksamen Normen ein Bild von ,,Gesundheit" und damit auch von ,,gesunder" Sexualität, in dem die Eigenschaften ,,stark", ,,unbeeinflußbar", ,,unstörbar", ,,überlegen" usw. die erste und wichtigste Stelle einnehmen. Es ist überwiegend die Rolle des Mannes geworden, diese Eigenschaften in sein Verhaltensrepertoire zu übernehmen und sich auf ein diesen Normen entsprechendes Verhalten zu beschränken. Mit diesem Verhalten sind in unserer Gesellschaft die meisten sozialen Gratifikationen fest verbunden, so daß für den Mann ein ,,Verlust" an ,,Befriedigungsmöglichkeiten" entstünde, wollte er seine Rolle in Frage stellen oder gar aufgeben. Dies ist sicherlich, neben der im Erfüllen der Rolle gegebenen Abwehrmöglichkeit, ein Hauptgrund, warum sich der Mann in seiner Emanzipation so schwer tut, warum er sich so schwer verändern kann. Meist versucht er die ,,Vorteile" seiner Rolle, z.B. das Recht auf den Führungsanspruch, zu retten, indem er Frauen, die sich zu emanzipieren versuchen, nicht ernstnimmt, sondern als ,,Emanzen" verlacht. Die Angst vor der anderen Seite der Ambivalenz, vor der Passivität, vor dem Ausgeliefertsein, läßt die Männer nur noch energischer auf ihren ,,Rechten" beharren. Daß der Mann in diesem Beharren aber die Chance zu einer Ausweitung seiner Erfahrungen, zu größerer Lebendigkeit vergibt, wird von den Männern und von den Frauen meist nicht gesehen. Gemessen an den Normen von ,,Stärke" und ,,Gesundheit", die in unserer Gesellschaft gelten, kann der Mann in seiner Emanzipation nur verlieren.

Es scheint mir so, als hätte es die Frau damit nicht ganz so schwer: da sie, gemessen an den Werten in unserer Gesellschaft, fast nur ,,gewinnen" kann, wenn sie ihre zum Mann komplementäre Rolle aufgibt, fällt es der Frau in der Regel leichter, die einengenden Abhängigkeiten und passiven Rollenattribute hinter sich zu lassen. Bei den Versuchen von Frauen, sich einzeln oder in Gruppen zu emanzipieren, kommt es aber immer wieder, wie ich es oben schon angedeutet habe, zu Verzerrungen des Emanzipationsbegriffs: anstatt die eigene Geschlechtsrolle kritisch zu erleben und zu überdenken und deren Funktion in den zwischenmenschlichen Beziehungen umfassend zu begreifen, wird oft versucht, Attribute der männlichen Rolle zu übernehmen, ohne auch deren Beschränkung und Einengung wahrzunehmen. Dann findet oft nur eine Vertauschung der Rollen statt, deren Ergebnis Beziehungen sind, innerhalb derer die Einzelnen ähnlich festgelegt sind wie zuvor. An dem Spielraum für die Entwicklung und Veränderung aller Beteiligten hat sich dabei aber nichts geändert. Die Veränderung ist dann nur *im Verhalten* der Einzelnen passiert; das Ausmaß an gegenseitiger Festlegung in den Beziehungen bleibt dagegen meist erhalten. Eine solche ,,Emanzipation" vollzieht sich innerhalb der herrschenden Normen, weil sie diese nicht als Ausdruck der kranken Beziehungen begreift, weil sie die Normen nur im Verhalten des anderen sieht und angreift, sie aber als auch einen selbst in den eigenen Beziehungen stabilisierendes Moment grundsätzlich unangetastet läßt.

In der Sexualität zeigen sich diese Tendenzen ziemlich deutlich. Z.B. wird das sichere Erreichen des Orgasmus durch ausgefeilte Techniken der Selbstbefriedigung propagiert und als *die* Befreiung dargestellt. Die von Gefühlen und Angst weniger beeinträchtigten Orgasmusfunktionen des Mannes, die, wie wir oben gesehen haben, in ihrer Abtrennung von der Gesamtperson eine Einschränkung der Lebendigkeit darstellt, wird als *das* anzustrebende Ziel auch für die Frau propagiert (vgl. z.B. Barbach 1977). Ich will damit nicht sagen, daß ich es für unsinnig halte, dafür zu sorgen, daß man in seiner Sexualität Befriedigung findet; was ich hier angreife, ist die immer deutlicher und einflußreicher werdende Tendenz in Medizin, Psychologie und damit in den verschiedensten Richtungen der Sexualtherapie, die ,,Symptome" mit Tricks zu überlisten (vgl. Kap. 5–7). Ich meine, eine solche Vorgehensweise bedeutet auch, sich selbst und seine Gefühle, seine Schwierigkeiten und Ängste zu übergehen, ihnen eine Falle zu stellen, die so perfekt sein muß, daß man ihr nicht mehr entgehen kann. Wo ,,Sexualität", d.h. ihr Funktionieren bis hin zum Orgasmus *machbar* wird und *gemacht* wird, wird für die Frau (wie es für den Mann schon lange gilt) die Vergewaltigung durch die Umwelt von der Vergewaltigung durch einen selbst abgelöst. Im Zwang zum sexuellen Funktionieren und im Einsatz aller Mittel, dieses Ziel zu erreichen, wird die dadurch entstehende Unlebendigkeit nicht mehr als solche wahrgenommen, sondern für das ,,Leben" gehalten; sie wird zur Norm erklärt, die uns vor dem Lebendigsein und vor der Veränderung schützen soll. Eine Verweigerung, widersprüchliche Gefühle und Ängste haben dort keinen Platz mehr. Zum Ziel wird ausschließlich, unabhängig vom Sexualpartner und ungestört durch die eigenen Ambivalenzen sexuell zu funktionieren, unbehindert von der seelischen Not in unserer Gesellschaft mit ihren von sich selbst entfremdeten Beziehungen und unbehindert durch sich selbst die Fiktion eines Gefühls von ,,Freiheit" und ,,Unabhängigkeit" erlangen zu können.

Zusammenfassung

- Die Sexualität ist ein zentrales Medium für den zwischenmenschlichen Kontakt und deshalb entsprechend geformt und verformt wie die Beziehungen, in denen sie gelebt wird und in denen mit ihr umgegangen wird. Sexualität äußert sich deswegen nicht ,,ursprünglich", sondern immer so, wie sie in bestimmten Beziehungen in einer bestimmten Gesellschaft geworden ist.
- Die Sexualität entwickelt sich und zeigt sich in unserer industriellen Leistungs- und Konsumgesellschaft entsprechend den in dieser Gesellschaft wirksamen Ideologien und Abwehrmechanismen, nach denen es ,,gesund" und ,,wertvoll" ist zu leisten, zu konsumieren und zu funktionieren. ,,Verstöße" gegen diese Normen werden deshalb auch in der Sexualität als ,,Krankheitssymptome" gewertet und behandelt.
- Sexuelle Befriedigung wird zwangsläufig ebenfalls im Rahmen der kollektiven und individuellen Ideologien definiert: sie gilt dann als gegeben, wenn man sich gemäß den Forderungen der Abwehr als ,,wertvoll" und ,,gesund" bezeichnen kann, d.h. wenn man sexuell ungestört funktioniert. In diesem Licht erscheint ,,Befriedigung" medizin- oder psychotechnisch herstellbar. Echte Befriedigung im hier gemeinten umfassenden Sinn ist jedoch nicht machbar.
- In unserer patriarchalischen Gesellschaft mit ihren ,,phallischen" Wertvorstellungen verteilen sich die grundsätzlich beiden Geschlechtern zugänglichen Empfindungs- und Äußerungsmöglichkeiten so auf Mann und Frau, daß der Mann nur ,,aktiv" und die Frau nur ,,passiv" zu sein hat, es sei denn, beide riskieren Normverstöße und entsprechende Sanktionen. Auch in der Sexualität halten sich Mann und Frau selbst und gegenseitig in solchen Rollen fest, um in der Erwartbarkeit des Verhaltens Sicherheit zu finden. Eine Emanzipation aus diesen Rollen kann von beiden Geschlechtern nur gemeinsam geschehen, wenn sie sich nicht auf die Übernahme der Rollenattribute z.B. des bisherigen Unterdrückers beschränken soll.

4. Jedes Paar lebt die ihm entsprechende Sexualität

Beziehungsstörungen drücken sich immer in der Sexualität aus

Mann und Frau sind, um psychisch überleben zu können, in ihrer Sozialisation in der Auseinandersetzung mit ihren Bezugspersonen gezwungen, deren Abwehrstruktur zumindest partiell zu übernehmen. Ein Teil dieser Abwehrstruktur umfaßt die oben ausführlich beschriebenen Rollenvorschriften. Ich habe dargestellt, wie sich diese Rollenvorschriften gegenseitig „entsprechen", d. h. wie sie ineinandergreifen. Um es kurz zu wiederholen: der „Mann" hat „stark", „initiativ" und „durchsetzungsfähig" zu sein, die „Frau" „schwach", „passiv" und „nachgiebig". Nach dem bisher Gesagten versteht es sich von selbst, daß beide, Mann und Frau, im Erfüllen dieser Rollenvorschriften einen großen Teil ihrer Person und ihrer Entwicklungsmöglichkeiten verleugnen müssen. Solche Verleugnungen sind auch in jeder einzelnen Partnerbeziehung anzutreffen; dort werden die kollektiven Rollenvorschriften zur Abwehr gemeinsamer Ängste der Sexualpartner verwendet. In dem Maß, wie zwischen beiden eine Beziehungsstörung besteht, müssen beide ihre Person, ihre Wünsche und Gefühle in zwei Teile aufspalten, in einen erwünschten und einen unerwünschten. Da die Rollenvorschriften für Mann und Frau komplementär sind, findet jeder der beiden die mit seiner Rollenvorschrift unvereinbaren Anteile beim anderen. Neben der gegenseitigen Ergänzung bedeutet dies auch einen Verlust für beide Partner. Je starrer die Rollenvorschrift, desto weniger kann jeder von beiden die Gegenrolle einnehmen; z. B. ist es dem Mann dann verboten, „passiv" zu sein, der Frau „initiativ" zu werden. Beide sind als Person reduziert und können deshalb auch nur partielle Befriedigung in der Beziehung finden. Unter dem übernommenen und selbst aufrechterhaltenen Rollendiktat wird dann Sexualität diesen Normen entsprechend auf der Verhaltensebene „gemacht". Dabei wird dann in der Regel nur noch erlebt, ob die Norm erfüllt oder nicht erfüllt wurde, was gleichbedeutend ist mit: ob das Auftreten von Angst verhindert wurde oder nicht. Kontakt findet dann zwischen den beiden Personen nicht oder nur eingeschränkt statt; beide bleiben voneinander isoliert, wobei das Erlebnis dieser Isolation ebenfalls ständig vermieden werden muß. Mittels der Kontaktvermeidung wird die Angst ununterbrochen auf einem Mindestmaß zu halten versucht. Die Angst entstünde dann, wenn die Partner als ganze Personen Kontakt zueinander bekämen; dann würde z. B. die Aktivität *und* die Passivität *beider* aufeinandertreffen. Um dies zu vermeiden, wird die gemeinsame Abwehr ständig von beiden rekonstruiert und renoviert, wird die Beziehungsstörung aufrechterhalten, unter der beide leiden.

Glücklicherweise läßt sich das Verdrängte nicht gänzlich beseitigen. Es hat, und das ist unsere Chance, die Kraft, immer wieder aufzutauchen, sich immer wieder zu zeigen und zwar, wie ich im 1. Kapitel ausgeführt habe, als Anteil der Kompromißbildungen, d. h. genaugenommen: in jeder unserer Äußerungen ist das Verdrängte potentiell zu erkennen. Allerdings sind oft die verdrängten Anteile durch die Massivität unserer Abwehr, die in ihrer Stärke dem Ausmaß unserer Angst entsprechen muß, derart verstümmelt und entstellt, daß sie nur noch sehr schwer als das zu erkennen sind, was sie waren und wofür sie stehen. Es ist jedoch nicht nur die Abwehr im Ausdruck, sondern auch in der Wahrnehmung, die das Abgewehrte in der Kompromißbildung meist nicht erkenntlich werden läßt. So spielt sich zwischen Beziehungspartnern meist rasch ein ausgewogenes Abwehrsystem von Ausdruck und Wahrnehmung ein, das sich in die sublimsten und mikroskopisch kleinsten Beziehungsanteile genauso einschleicht wie in die grundsätzliche Entscheidung für oder gegen die Beziehung. Die so entstandene Beziehungsstörung, d.h. das Insgesamt von gemeinsamer Abwehr, tendiert aufgrund von Angst und deren Abwehr dazu, sich aufrechtzuerhalten und immer neu zu reproduzieren.

Beziehungsstörungen zeigen sich in allen ihren Ursachen, Inhalten und Zielen in den Kompromißbildungen. Nur über den als Kompromißbildung verstandenen Ausdruck ist ein Zugang zur Beziehungsstörung und zu ihrem Verständnis möglich. Lediglich kleine Bruchstücke aus dem Insgesamt von Ausdruck, aus dem Insgesamt aller Kompromißbildungen werden als „Symptome" bezeichnet. Wie ich oben ausführlich dargestellt habe, hängt es ausschließlich von der jeweils herrschenden Ideologie von „Gesundheit" und „Krankheit" (d.h. von den individuellen und kollektiven Abwehrsystemen) ab, welche Kompromißbildungen in den Rang eines „Symptoms" erhoben werden. Ich gehe also davon aus, daß alle „Symptome" als Ausdruck von Beziehungsstörungen verstanden werden können, und außerdem davon, daß jeder Ausdruck ohne Symptomwert genauso und in gleichem Maß Kompromißcharakter hat. Für den Bereich der Sexualität und der sexuellen Funktionsstörungen bedeutet das folgendes: „Sexualstörungen" sind als Kompromißbildungen Ausdruck der Beziehungsstörungen, wobei das „Symptom" in mehr oder weniger engem Zusammenhang mit einer spezifischen Angst und ihrer Abwehr steht und deshalb, je nach der Abwehrstärke des Ausdrückenden *und* des die „Störung" Wahrnehmenden, in Form und Inhalt mehr oder weniger direkt als deren Ausdruck verstanden werden kann. Es darf aber daraus nun nicht geschlossen werden, daß das „Fehlen" eines „Symptoms" – also auch einer „Sexualstörung" – in gleicher Weise auf das Fehlen einer Beziehungsstörung hinweist; denn erstens: was heißt schon „Fehlen"? Ob etwas vermißt wird oder nicht, richtet sich nur nach dem „Suchen" und dies wiederum nach den Wünschen und ihrer Abwehr, also nach der Ideologie des Suchenden; und zweitens sagt das Nicht-Auftreten einer Dysfunktion nichts eindeutiges über die Befindlichkeit der jeweiligen Person aus; es könnte ja auch sein, daß ihre Abwehr so massiv geworden ist, daß sie sich eine deutlich verstehbare Kompromißbildung nicht mehr leisten kann, sondern scheinbar resignativ Anpassung und Funktion erzwingt, was in der Abwehrstruktur und im Wertesystem unserer Leistungsgesellschaft selbstverständlich keinerlei Symptomwert zugesprochen bekommt. Daß das Fehlen von „Symptomen", das Funktionieren, das Nicht-auffällig-Äußern von Leiden ebenfalls eine Kompromißbildung und damit ebenfalls eine der individuellen Abwehrlage adäquate Äußerung von Befindlichkeit darstellt, wird in der Regel übersehen.

Für den Bereich der sexuellen Funktionsstörungen hat dies zur Folge, daß diese nur als ,,*Störungen*" der Sexualität angesehen werden. In der Behandlung der ,,Sexualstörung" als ,,Symptom", das Krankheitswert hat und das es zu beseitigen gilt, kommt zur bisher bestehenden Beziehungsstörung zwischen den Sexualpartnern ein neues Abwehrbündnis hinzu, nämlich das Bündnis zwischen Patient und Therapeut gegen den Leidensausdruck im ,,Symptom". Die sich daraus neu ergebende, unausgesprochene Norm heißt dann: ,,Bei uns ist es nicht gestattet, Angst, Leiden und den Wunsch nach Verweigerung *so* auszudrücken!" Alle Beteiligten bemühen sich dann, das Ihre zu tun, um den gemeinsam angestrebten Soll-Zustand ,,Symptom-Freiheit" zu erreichen. So wird Innen (Befindlichkeit) von Außen (Erscheinung im ,,Symptom") getrennt. Der Beziehungspartner oder der Therapeut hat es dann bewußt nur noch mit den Teilen der Person zu tun, die diesem Soll-Zustand entsprechen oder entsprechen wollen. Diese Anteile werden dann für die ganze Person gehalten und als alles angesehen, was derjenige von sich zu zeigen hat und was er ist. Ähnlich wird die Sexualität durch ihre Definition als Summe von Funktionen von der Person losgelöst; ihr Charakter als integrierter Anteil der Person geht damit verloren: einer (oder: eine) ist, was er (sie) hat, kann, wie er (sie) aussieht, was er (sie) tut. So wird unsere Sexualität in das System unserer Angstabwehr einbezogen, von uns selbst und von den anderen.

Ich möchte die These vertreten, daß sich *jede* Beziehungsstörung auch in einer Sexualstörung, d.h. in der Sexualität ausdrückt. Allerdings ist diese Störung der Sexualität nur zu erkennen, wenn Sexualität nicht als von der Person abgelöste Funktion gesehen wird. Sobald man die Sexualität als einen integralen Teil und als wesentlichen Ausdruck der Partnerbeziehung sieht, kann auch das ,,perfekte Funktionieren" sexueller Funktionen als Ausdruck einer Beziehungsstörung verstanden werden. Denn das perfekte Funktionieren von Beziehungen *ist* eine Beziehungsstörung.

Wie Beziehungen gesunden können

Ich möchte nun versuchen, die Bedingungen für eine Beziehung und eine Sexualität darzustellen, in der die beteiligten Personen zu sich *und* zum Partner einen optimalen Kontakt finden können. Was ich dabei beschreiben werde, die Gesundung von Beziehung, könnte von manchem Leser für utopisch gehalten werden. Ich selbst halte es zu Zeiten ebenfalls für unerreichbar; ich bin mir jedoch sicher, daß meine Einstellung dazu in jedem Moment von meinem jeweiligen psychischen Zustand abhängt, je nachdem, ob ich im Moment Veränderungen fürchte oder zulassen kann.

Unter der Veränderung von Beziehungen im Sinne einer Gesundung verstehe ich die zunehmende Integration bisher abgespaltener Anteile der beteiligten Personen. Dabei löst sich der Zwang, irgendwie sein zu müssen; man kann dann das Wagnis auf sich nehmen, man selbst zu sein und sich nicht mehr in dem Maß wie bisher zu verlieren. Dies scheint mir der einzige Weg zu sein, auf dem jeder Einzelne seine Eigenverantwortlichkeit und damit seine Emanzipation finden kann, ohne sich selbst oder den jeweiligen anderen repressiv zu behandeln und sich selbst so behandeln zu lassen. Für den Fall, daß dieser Versuch stellenweise „idealistisch" anmuten könnte, möchte ich betonen, daß ich nichts will, was nicht an den Möglichkeiten der Betroffenen orientiert ist; im Formulieren einer idealen Utopie würde ich nur dasselbe tun, wogegen ich mich in dieser Arbeit wende, nämlich anders sein zu wollen und anderes zu können, als es einem entspricht.

Die Gesundung der Beziehung bringt es mit sich, daß die Beziehungspartner zunehmend sich und den anderen sein lassen, und zwar nicht im Sinne von „in Ruhe lassen" oder „gleichgültig gegenüber stehen", sondern *sein* lassen. Dann wird es auch möglich, daß sie sich und die anderen entdecken und sich entdecken lassen, d.h. daß sie bereit sind, ihr oft starres Selbstbild aufzugeben und die Möglichkeit zuzulassen, auch ihr Leiden und das Leiden des anderen (wieder) zu bemerken. Wir haben uns dazu zwingen lassen und uns in der Folge davon immer wieder selbst dazu gezwungen, unser Leiden zu vermeiden, nichts mehr davon wahrzunehmen, höchstens ersatzweise an Stellen, an denen „Leiden" gestattet ist, z.B. an „Krankheitssymptomen" oder daran, nicht genug zu haben oder nicht genug zu können usw. Unser Leiden ist aber noch vorhanden und sichtbar, genauso wie unsere Angst, jedoch dort, wo wir sie meist nicht vermuten, nämlich in den kleinsten Auswirkungen, in den unscheinbarsten Regungen. Dort unser Leiden und unsere Angst nicht mehr zu übergehen, sondern als unsere Lebensmöglichkeit neu zu entdecken, das ist die Veränderung.

Das Leiden und die Angst, beide brauchen *ihren* Platz, nicht irgendeinen, der uns oder den anderen gerade paßt. Jedesmal, wenn sie vermieden werden, aber auch, wenn Wut, Trauer, Frustration usw. aktiv und passiv vermieden werden, geht eine Möglichkeit verloren zu leben und näher mit sich und mit den anderen in Kontakt zu kommen. Konflikte und Ängste, alle unsere Gefühle können nicht gänzlich vermieden werden. Sie sind. Die Frage ist nur, wie wir mit ihnen umgehen; ob wir sie, d.h. uns, lebendig werden und leben lassen oder ob wir sie, d.h. wieder: uns, vermeiden und umbringen müssen. Wir können sie aber nicht vermeiden; wir können nur so tun und uns vorlügen, als wären sie nicht existent, als gäbe es sie und d.h. uns gar nicht.

Aus diesen Überlegungen ergibt sich die Grundvoraussetzung für eine Beziehung, in der sich alle beteiligten Partner entsprechend ihren Möglichkeiten entwickeln können und dabei optimalen Kontakt zueinander haben: es ist das Bedürfnis und die Möglichkeit aller Beteiligten, sich in Frage stellen zu wollen und sich in Frage stellen zu lassen. An dem „Sich-in-Frage-stellen-Lassen" wird die unerläßliche Notwendigkeit eines Partners deutlich, der einen in Frage stellt und der wie man selbst, im Idealfall, versucht, immer wieder die Grenzen der gemeinsamen Abwehr zu überschreiten. Diese Bereitschaft hat verschiedene Bedingungen, die in gegenseitiger Abhängigkeit voneinander stehen. Sie beruht auf dem Bedürfnis nach Kontakt zu sich selbst und zu dem jeweiligen anderen, also auch auf dem Wunsch nach Vollständigkeit, nach der Erfahrung der eigenen Ganzheit und der Ganzheit des anderen.

Eine weitere Voraussetzung ist ein Mindestmaß an Angsttoleranz, an innerer Bereitschaft, der bisher abgewehrten Angst zu begegnen, z. B. der Angst vor Frustration, vor dem Allein-Sein, vor dem Verlust des anderen, vor dem Nicht-Können usw. Wenn ich oben von der Möglichkeit sprach, in Frage zu stellen und sich in Frage stellen zu lassen, dann sind damit nicht nur in-Frage-gestellte Verhaltensweisen gemeint, sondern auch Beziehungsstrukturen, z. B. Abhängigkeiten des einen vom anderen oder gar die Existenz einer Beziehung als solcher. Unsere Ängste lassen uns immer wieder vermeiden, dies zu tun und es zuzulassen, wenn andere es wollen; aus unseren Ängsten heraus schaffen wir uns immer wieder Schranken, die uns Verunsicherung und In-Frage-Stellung umgehen und verhindern lassen.

Die wichtigste Voraussetzung für die Bereitschaft, sich mit der eigenen Angst und der Angst des Partners auseinanderzusetzen, d. h. die eigene Abwehr und die Abwehr des anderen in Frage zu stellen, ist die Fähigkeit zum Leiden und der daraus erwachsende Wunsch nach Veränderung. Nach meiner Ansicht ist die Möglichkeit zum Leiden, d. h. die Erfahrung von Schmerz der wichtigste Anlaß dafür, daß sich jemand mit den Dingen befaßt, die er bisher beiseite geschoben hat. Ohne Leiden gäbe es keinen Grund und keine Notwendigkeit, sich mit seiner Angst und seiner Abwehr zu konfrontieren. Wer „nur" unter den äußeren Gegebenheiten leidet, wird sich „nur" mit den äußeren Gegebenheiten, den Bedingungen der Umwelt verändernd befassen; wer „nur" unter seinen Mitmenschen leidet, unter dem, was diese tun oder unterlassen, wird „nur" versuchen, die äußeren Verhältnisse und seine Beziehungspartner irgendwie zu ändern, oder er wird über sie klagen, wenn er es nicht schafft, sie zu verändern. Wer unter sich selbst leidet, wird sich mit sich selbst befassen. Nur wer unter den Einschränkungen in seinen Beziehungen leidet, hat einen Anlaß dafür, etwas gegen deren Enge zu unternehmen. Der Ansatzpunkt für Veränderung, den einer wählt, ergibt sich also wohl nicht so sehr aus einer Theorie oder einer Ideologie, sondern eher aus der Art und dem Ausmaß seiner Leidensfähigkeit; genauer: die Theorie und die Ideologie, die sich einer wählt, aus der heraus er argumentiert und handelt oder auch nicht argumentiert und nicht handelt, steht inhaltlich und formal in engem Zusammenhang mit den Stellen, an denen ihm Leiden möglich ist oder an denen er nicht leiden kann und darf.

Unsere kollektiven und individuellen Abwehrmechanismen verleiten uns immer wieder dazu, ausschließlich an den Dingen und im Verhalten das Schlimme, das Leiden-Schaffende zu suchen, zu entdecken und zu bekämpfen. An den Stellen, an denen unser partielles Totsein entstanden ist und aufrechterhalten wird, nämlich dort, wo wir uns teilweise nicht leben, nicht erleben und nicht leiden lassen, darf entsprechend unserer Abwehr nichts wahrgenommen werden. So kommt es, daß wir unser Leiden an Stellen bekämpfen, wo es nicht entstanden ist und wo es nicht geschaffen wird, daß wir es oft nur noch dort wahrnehmen dürfen, wo es uns keine Angst macht und es unsere Abwehr nicht in Frage stellt. So paßt auch der übliche Kampf gegen das „Leiden" in die Struktur unserer Abwehr: die Veränderung nur der Dinge und nur des Verhaltens stellt kaum etwas wirklich in Frage, solange unsere Angst und ihre Abwehr unangetastet bleibt. So machen wir uns in unserer Abwehr immer widerstandsfähiger und undurchdringlicher mit dem Ergebnis, daß unser Leiden, unsere Befindlichkeit schließlich in unseren Äußerungen nur noch verstümmelt und kaum mehr erkennbar nach außen treten kann. „Sein heißt verletzlich sein. Die Verteidigungsmechanismen, ... dienen dazu, vorm Leben zu schützen. Zerbrechlichkeit allein ist menschlich" (Brown 1977, S. 163). So formuliert Norman S. Brown die Voraussetzungen für das Mensch-Sein, für das Lebendig-Sein als Mensch; er sieht sie darin, sich seine Verletzlichkeit zu erhalten oder sie immer wieder zu entdecken. Ich würde formulieren: das Lebendig-Sein als Mensch liegt in der immer wieder zu findenden oder gefundenen Möglichkeit, sein Leiden in Beziehungen zuzulassen und die dafür verantwortlichen individuellen und kollektiven Abwehrmechanismen in Frage zu stellen und sich Schritt für Schritt von ihnen zu befreien. Geht die Möglichkeit und die Bereitschaft dafür verloren, dann erstarrt die Beziehung, d. h. dann erstarren die beteiligten Personen für die Dauer dieses Verlustes und verlieren in den erstarrten Beziehungsanteilen ihre Verletzlichkeit, ihre Lebendigkeit, ihr Mensch-Sein.

Wenn in einer Beziehung von zweien nur einer leidet, nur einer Angst erlebt und die Veränderung anstrebt, nur einer bereit ist, seine Abwehr in Frage zu stellen, dann kann sich in dieser Beziehung keine Annäherung der Partner ergeben. Sie wird erst dann möglich, wenn beide aufgrund ihrer Leidensmöglichkeit und ihrer Angsttoleranz zu einer Veränderung fähig sind. Das bedeutet aber nun nicht, daß der Anstoß zu einer Veränderung nicht vom Einzelnen ausgehen könnte, daß es nicht ein Angsterlebnis oder das Leiden des Einzelnen ist, wodurch die Beziehung in Bewegung geraten kann. Es geht mir darum zu betonen, daß die Veränderung einer Beziehung nur in Relation zu dem Maß an Verunsicherung, Angst und Leiden geschehen kann, das alle Beteiligten zulassen und erleben können.

Der Umfang des Kontaktes zwischen zwei Personen ergibt sich also aus dem Maß dessen, was beide von sich und voneinander sehen und erkennen. Nur dort, wo der jeweils andere als ganze Person erkannt wird und sich zu erkennen gibt, ist umfassender Kontakt und umfassende Veränderung möglich. „Die Liebe gewährt die wirkliche und gerade nicht die ideale Schau dessen, was die anderen sind, weil sie ein Blick auf das ist, was wir leiblich sind" (Watts 1962, S. 173). Unsere Idee von uns selbst und vom anderen verhindert das Erkennen unserer gemeinsamen Realität und damit den Kontakt und die Veränderung.

Je umfassender in einer Beziehung das Geflecht von Bedürfnissen, von Angst und Abwehr erkannt und erlebt wird, desto umfassender kann der Kontakt zwischen den Beziehungspartnern werden. Von Thomas von Aquin stammt die folgende Formulierung, in der das eben dargestellte zusammengefaßt wird, nämlich, daß ,,keine Liebe ohne Erkenntnis, keine Erkenntnis ohne Liebe" sei (zitiert nach Kilian 1971 b). Für Beziehungen, in denen solche gegenseitige Erkenntnis möglich wird, d.h. in denen von allen Beteiligten die eigene *ganze* Realität und die des jeweils anderen zu sehen versucht wird, ergeben sich weitreichende Konsequenzen. Ich möchte im folgenden noch einige dieser Konsequenzen ausführen, wie sie sich für Partnerbeziehungen und für die in ihnen gelebte Sexualität herausstellen können.

In einem solchen erweiterten Kontakt zwischen zwei Personen, in dem jeder sich selbst *und* den anderen lebendiger werden lassen kann, wo alles, was ist, sein kann, entsteht auch ein neues Risiko, nämlich das Risiko, den Partner zu verlieren. Erst dieses größere Risiko, entstanden durch die Öffnung weiterer Erlebnis- und Entscheidungsmöglichkeiten, erklärt die neue Spannung, die entstehen kann, wenn eine solche Veränderung in Gang kommt. Einigkeit über die Fortführung der Beziehung, aber auch Übereinstimmung in allen anderen Entscheidungen ergibt sich dann nur, wenn sie auch wirklich vorhanden ist, und nicht dann, wenn die Partner sich durch Verlustangst dazu genötigt fühlen. Der immer wieder überprüfte und erneuerte Entschluß zur Aufrechterhaltung der Beziehung ist dafür verantwortlich, daß eine solche Beziehung so lebendig ist und so befriedigend erlebt wird.

An dieser Stelle ist eine Parallele zum Zustand der ,,Verliebtheit" zu entdecken: ich meine die an diesem Zustand beteiligte Verleugnung störender und ängstigender Anteile des anderen sowie die damit verbundene Idealisierung der geliebten Person und der in sie gesetzten Hoffnung auf Erlösung aus dem Jammer alltäglicher Angst und Beschränkung. Wenn Friedrich Schiller sagt (Schiller 1867, S. 292): ,,Die Leidenschaft flieht, die Liebe muß bleiben", dann bestätigt er in diesem Satz eine Behauptung, die durchwegs für eine quasi naturgesetzlich gegebene Tatsache gehalten wird: die Ideologie vom mit der Zeit unabänderlichen Nachlassen leidenschaftlicher Spannung in einer Beziehung. Daß dies in der Regel so ist, sagt noch nichts über die zwingende Notwendigkeit einer solchen ,,Abkühlung mit der Zeit" aus. Im Zusammenhang mit den hier angestellten Überlegungen erscheint auch dieses Phänomen in einem anderen Licht.

Nach der ersten Phase der Verliebtheit kommt es meist zur Wiederkehr des in der Verliebtheit Verdrängten (vgl. Willi 1975). Bei beiden Partnern werden diejenigen Wünsche und Ängste wieder sichtbar, die in der gegenseitigen Idealisierung im Stadium der Verliebtheit ausgespart geblieben sind. Es sind dies dieselben Wünsche und Ängste, die in der Vorstellung der Partner den Bestand einer ,,idealen" Beziehung bedrohen würden. Um diese Gefährdung zu vermeiden, versuchen sie sich auf ein gemeinsames Niveau von Nähe und Angsttoleranz einzurichten. Dazu müssen sie die Wahrnehmung der Anteile des Partners und der eigenen Person umgehen, die das erreichte ,,Stabilitätsniveau" stören könnten. Die Partner nehmen sich dann nur noch partiell wahr; man glaubt, den Partner und sich selbst zu kennen, und versteht die eigenen Äußerungen und diejenigen des Partners nur noch als Bestätigung des bereits vorhandenen und gefestigten Bildes von sich, vom Partner und von der Beziehung. Mit dem vermeintlichen Zunehmen von ,,Stabilität" der Beziehung nimmt die Spannung und die Anziehungskraft zwischen den Partnern ab. ,,Sicherheit" in der Beziehung wird die Alternative zur Veränderung (in) der Beziehung.

Die anfangs erlebte Hoffnung, im Partner die Erlösung aus der Einengung durch die Abwehr, durch ihn also das Paradies zu finden, wird oft zur Überzeugung, daß nur der Partner einen daran hindert. Andere Partner, in die die Hoffnung aufs Neue hineinprojiziert wird, versprechen ,,das wirkliche Leben"; die Selbsttäuschung beginnt damit aufs Neue. Sie kann erst beendet werden, wenn in der Beziehung eine Entwicklung in Gang kommt, innerhalb der beide Partner wieder in Kontakt zu ihren abgespaltenen Anteilen, also wieder in Kontakt zu sich und damit zu ihrem Partner kommen. Grundsätzlich geht es dabei um eine ,,Entscheidung" zwischen zwei Formen von Sicherheit: die eine ist die vermeintliche ,,Stabilität" einer ,,sicheren" Beziehung, in der nichts mehr in Frage gestellt wird; die andere ist die Gewißheit darüber, daß in der Beziehung alles Wichtige so offen wie möglich gesehen und angenommen wird. Die letztere ist mit einem großen Risiko verbunden, nämlich mit dem Risiko, Ja *und* Nein zu sehen und zu hören, mit der eigenen Angst und der Angst des anderen konfrontiert zu werden, auch mit dem Risiko, daß die Beziehung auseinandergehen kann. Da entscheidet man sich oft lieber für die ,,Stabilität" und sieht dabei aber nicht, daß man auch hier ein Risiko eingeht, das mir ungleich schwerwiegender und folgenreicher zu sein scheint: das Risiko, langsam aber sicher zu sterben, sich langsam aufzugeben, zu resignieren und den Kontakt zu sich und zum anderen zu verlieren.

Schillers Satz ,,die Leidenschaft flieht, die Liebe muß bleiben" (s. o.) bewahrheitet sich in diesem häufigen Verlauf von Partnerbeziehungen, wie ich ihn oben beschrieben habe. Unter dem Gesichtspunkt, daß die Wiederkehr des Verdrängten auch eine Chance zur ständigen Veränderung und Erweiterung einer Beziehung sein kann, erweist sich dieser Satz jedoch als Ausdruck eines tiefen und weitverbreiteten Pessimismus, den jeder Idealismus zwangsläufig in sich trägt.

Die Vorstellung und die Möglichkeit einer Beziehung, in der sein kann, was ist, und in der nichts sein muß, was nicht ist, bleibt in ihren Konsequenzen nicht auf allgemeine Überlegungen beschränkt, sondern reicht, verwirklicht, in jeden Bereich hinein und wird in jedem Moment wirksam. Ich möchte im folgenden einige dieser möglichen Auswirkungen auf die Sexualität darstellen.

In einer Beziehung, in der die Partner sich selbst und den anderen maximal lebendig sein lassen können, d. h. daß die eigene Befindlichkeit und die des anderen sichtbar werden und angenommen werden kann, wird selbstverständlich auch die gemeinsame Sexualität eine andere Form bekommen als üblicherweise. Die Sexualität kann dann nicht mehr als isolierter Verhaltensbereich angesehen werden. Eine Folge der hier dargestellten Sichtweise ist die notwendige Wieder-Verbindung der Sexualität mit der Befindlichkeit der betroffenen Personen. Gelingt dies, dann kann die jeweilige Erscheinungsform von Sexualität als direkter

Ausdruck der momentanen Befindlichkeit des oder der Beziehungspartner in der Beziehung verstanden und akzeptiert werden. Dann geht es nicht mehr darum, ob etwas funktioniert oder nicht, sondern darum, wie es den Partnern mit sich selbst und miteinander geht. Das Wagnis, die Sexualität zu leben, die der eigenen Befindlichkeit entspricht, ist groß; es trägt das ,,Risiko" in sich, keine oder nur beschränkte sexuelle Kontakte zu haben, für den Fall, daß sich die individuellen oder gemeinsamen Bedürfnisse oder Ängste gegen sexuelle Kontakte richten. Dieses Wagnis einzugehen ist aber, nach meiner Meinung, die einzige Chance, daß die Sexualität von Mann und Frau zu wirklicher Befriedigung finden kann. Nur dann, wenn von beiden Sexualität nicht mehr unabhängig von ihrem Befinden ,,gemacht" wird, sondern wieder auf die Beziehung reagieren kann, in unmittelbarem Zusammenhang mit ihr stehen darf, können sich auch Situationen höchster gemeinsamer Befriedigung ergeben. Leidenschaft ist nur dort möglich, wo auch Leiden möglich ist. Nur wo Angst, Nicht-Können und Nicht-Wollen sein kann und angenommen wird, kann auch Lust und Potenz entstehen. Wo nicht die innere Bereitschaft dazu besteht und trotzdem ,,Befriedigung" gemacht wird, wo der Orgasmus provoziert wird, dort wird er zur Ware im Feilschen um die Abwehrpositionen in einer Beziehung. In unserer Gesellschaft, die ihr festgefügtes Bild von ,,Gesundheit" hat, in dem es vor allem um Funktionieren und um Können geht, wird mit aller Anstrengung vermieden zu erleben, ,,daß die erjagte Lust keine Lust ist. Denn die Lust ist Gnade und sie gehorcht nicht den Befehlen des Willens. Lust wird aber nicht geschenkt, wenn die Sinne nicht auf Annehmen, sondern auf Nehmen eingestellt sind" (Watts 1962, S. 176f.). Man kann nicht befriedigt werden, sondern man kann nur Befriedigung zulassen.

Daß eine solche direkte Verbindung des Verhaltens mit der Befindlichkeit einschneidende Folgen für das Verhalten hat, versteht sich von selbst. Die Häufigkeit sexueller Kontakte in einer Beziehung wird dann entsprechend deren momentaner Verfassung zunehmen und abnehmen, wobei ich behaupten möchte, daß sie in der Mehrzahl der Beziehungen zuerst einmal gravierend absinken würde. Das ,,Mitmachen" und das ,,Müssen" *auch der Männer* würde dann entfallen. Dann könnte verständlicher werden, was meist pauschal mit ,,sexuellen Bedürfnissen", mit ,,Libido" (vgl. z.B. Kockott 1977, S. 8) bezeichnet wird; nämlich, ob es sich um die Notwendigkeit nach Spannungsabfuhr handelt (quasi als das Bedürfnis nach Onanie zu zweit), um eine Machtdemonstration oder um das Bedürfnis nach Kontakt und Nähe. Dann könnte auch aus der Beziehung heraus verstanden werden, ob es sich bei ,,Verführung" um den Versuch der Machtausübung und Manipulation des anderen handelt, ihn irgendwohin bringen zu wollen, wo er selbst nicht eindeutig hinwollte, oder um den Ausdruck eines Bedürfnisses nach Nähe. Dann könnte Familienplanung dazu dienen, in Selbstverantwortung über die eigene Zukunft zu entscheiden, und nicht mehr, wie es sehr oft geschieht, dazu, sich den eigenen Körper, den Partner und dessen Körper gefügig zu machen, sich ,,Lust" verfügbar zu halten, unabhängig von den Personen und ihren Bedürfnissen und Ängsten. Die Weigerung von immer mehr Frauen, die Pille zu nehmen, ist wohl zum großen Teil auch als Ausdruck des Wunsches zu verstehen, nicht immer zur Verfügung stehen zu müssen.

Vieles von dem, was bisher als unabänderliche Gegebenheit, als feste Eigenschaften von Mann und Frau angesehen wurde, könnte dann, im Verständnis der Äußerungen als Kompromißbildungen, als Ergebnis aus der Verbindung von Bedürfnissen, von Ängsten und deren Abwehr, und von Leiden verstanden und somit relativiert werden. Dies kann aber in einer Beziehung, wie ich schon öfters betont habe, nur geschehen, wenn alle Beteiligten am gemeinsamen Veränderungsprozeß wirklich beteiligt sind. Die Befreiung, d.h. die Emanzipation von Frau und Mann, kann nur gemeinsam geschehen, da beide auch die gegenseitige Herrschaft übereinander gemeinsam erlernt und aufrechterhalten haben. Diese Emanzipation ist nur möglich, wenn Mann und Frau ihre jeweils abgewehrten Anteile, die ihrer üblichen Rolle bisher nicht entsprochen haben, gegenseitig und bei sich selbst akzeptieren lernen. In bezug auf die in der Gesellschaft üblichen Rollenverteilungen heißt das: wenn Mann und Frau sich gegenseitig zugestehen können, „weiblich“ *und* „männlich“ zu sein, jeweils entsprechend ihrer Befindlichkeit.

In dieser Sichtweise wird „Sexualität“ viel weiter definiert, als es in unserer Gesellschaft mit ihrer positivistisch einschränkenden Abwehrstruktur bisher üblich war. „Sexualität“ wird hier nicht mehr nur als das Zusammenspiel der Fortpflanzungsfunktionen verstanden, auch nicht nur als deren Bereicherung durch den Faktor „Lust“ oder in ihrer Funktion für den Aufbau und die Aufrechterhaltung einer Paarbeziehung. Sexualität spielt in diesem weiter gefaßten Verständnis in alle Lebensbereiche hinein, ist überall gegenwärtig. Sie kann dann verstanden werden als „die Möglichkeit zur Selbstverwirklichung als Mann und Frau und zugleich die Möglichkeit zu und der Ausdruck von Kontakt, Beziehung und Liebe“ (Sporken 1974, S. 159).

„Die Geschlechtlichkeit ist vom übrigen Leben nicht zu trennen; ihre Ausstrahlung durchdringt jede menschliche Beziehung; sie nimmt aber in bestimmten Augenblicken eine besondere Intensität an“ (Watts 1962, S. 178). So bietet die Sexualität eine Möglichkeit zur Nähe; ihre „Ausübung“ ist jedoch nicht gleichbedeutend mit Nähe, höchstens gleichbedeutend mit körperlicher Nähe, mit Hautkontakt (Verhaltensebene). Nähe und Kontakt auf der Beziehungsebene kann nicht hergestellt werden, sondern kann nur dort entstehen, wo ein persönliches Risiko eingegangen wird; wo dies nicht geschieht, kann sexuelles Tun höchstens „Spaß“ machen. Im Grunde genommen bleibt aber jeder, dem Sexualität „Spaß“ macht, der „seinen Spaß dabei hat“, alleine, denn „Spaß“ bedeutet in diesen Redewendungen wohl meistens die Abwesenheit des Risikos, sich und dem anderen zu begegnen, durch sich und durch den anderen erschüttert zu werden. Diese Erschütterung vermeiden wir im „Spaß“, in der Beschränkung auf das Funktionieren. Wir haben unzählige Male diese Erschütterung vermieden, als wir die Abwehr der anderen zu unserer eigenen gemacht haben oder ihnen unsere Abwehr aufzuzwingen versucht haben. Wir vermeiden täglich diese Erschütterung, immer wieder. Das Wagnis, dieser Erschütterung nicht mehr entgehen zu wollen, ist der einzige Weg, der uns zu uns selbst hin geblieben ist, der uns zu uns selbst führen kann, zu unserer Emanzipation, und dahin, „... im Konflikt nicht mehr unsere Identität und in der Angst nicht mehr unseren Willen zu verlieren" (Duhm 1975, S. 217), und ich würde hinzufügen: im Wollen auch unsere Angst nicht zu verlieren. Dann bräuchten wir, wie zumeist noch, unsere Sexualität nicht mehr dazu zu verwenden, uns selbst und unsere Beziehungspartner zu vergewaltigen, sondern könnten sie als emanzipierte Sexualität leben, in der wir uns selbst und den anderen suchen und finden.

Zusammenfassung

- Jede „Sexualstörung" ist Ausdruck einer Beziehungsstörung.
- Das Fehlen eines „Symptoms" bedeutet nicht, daß keine Beziehungsstörung vorliegt, sondern stellt ebenfalls eine Kompromißbildung dar.
- Jede Beziehungsstörung drückt sich auch in der Sexualität aus; dies ist nur zu erkennen, wenn die Sexualität nicht auf Sexualfunktionen reduziert, sondern in ihrer jeweiligen Bedeutung erlebt wird.
- Beziehungen werden wieder lebendig und können gesunden, wenn die Wünsche, die Ängste und das Leiden der Beziehungspartner nicht mehr übergangen werden, sondern *ihren* Platz in der Beziehung wiederfinden.
- Die Veränderung einer Beziehung kann nur in dem Umfang geschehen, wie alle Beteiligten ihre Wünsche, ihre Ängste und ihr Leiden wieder zulassen können.
- Befriedigung, Lust und Potenz können nur dort entstehen, wo auch Angst, Nicht-Können und Nicht-Wollen einen Platz haben.
- Nur wenn wir das Wagnis eingehen, erschüttert zu werden, werden wir Nähe erleben.

5. Die objektivistische Sexualwissenschaft vergewaltigt die Sexualität

Über die Subjektivität in der Bemühung um Objektivität

Sucht man in der neueren einschlägigen Literatur nach Äußerungen über die „normale Sexualität", dann findet man dort fast ausschließlich Äußerungen über die ungestörten Körperfunktionen im Bereich der Sexualphysiologie (vgl. z.B. Masters & Johnson 1970; Eicher 1975; Kockott 1977). Die Aussagen über die Normalität beinhalten rein auf der Verhaltensebene gewonnene Daten, die deshalb als „normal" bezeichnet werden, weil sie anscheinend durchschnittlich so wie definiert auftreten; die gängige Norm „gesunder Sexualität" ist also eine statistische. In ihr drücken sich zwangsläufig die gegenwärtig durchschnittlichen *Äußerungen* von Sexualität (Verhalten, Physiologie, evtl. noch verbale Äußerungen über Sexualität) aus, nicht mehr und nicht weniger, d.h. deren spezifische Erscheinung in dieser spezifischen Gesellschaft, die mit spezifischen Methoden (Verhaltensbeobachtung, physiologische Messungen, Interviews usw.) registriert wurde. Ein solcher Normalitätsbegriff bleibt den sonstigen Normen und Ideologien in einer Gesellschaft restlos verhaftet, wenn, wie es durchgängig geschieht, die Einschränkung und evtl. Trübung des Gesichtsfelds durch die Auswahl der Methoden (Zugang auf der Verhaltensebene, statistische Normbestimmung, objektive Methoden) nicht problematisiert wird. In seinem Vorwort zum eben zitierten Buch von William Masters und Virginia Johnson (Masters & Johnson 1970) erkennt Volkmar Sigusch diese Problematik, wenn er schreibt, „daß die Geschichte der Medizin zugleich eine Geschichte des Kampfes gegen Sexualität ist, daß die Vorstellungen der Mediziner von Sexualität immer weitgehend die offizielle Sexualideologie des jeweiligen Systems repräsentieren, ihr kongruent, angepaßt und hilfreich waren ... Auch heute verstehen sich Ärzte am chesten als Hüter der amtierenden oppressiven Sexualideologie christlich-bürgerlicher Provenienz: ‚Natürliche' Sexualität hat für sie vor allem eine reproduktive Funktion; ..." (Sigusch 1970b, S. 9). Das Hauptergebnis der durch Masters und Johnson begründeten Sexualforschungen sieht Sigusch dann darin, daß durch deren Arbeit für die Betrachtung der Sexualität und den Umgang mit ihr über deren Fortpflanzungsfunktion hinaus die Lustfunktion an Bedeutung gewonnen hat. Ich stimme der positiven Beurteilung dieser Entwicklung entschieden zu, jedoch habe ich einen Einwand: Sigusch, der die Zusammenhänge zwischen Ideologie und Vorgehen der Medizin bezüglich der Reproduktionsfunktion von Sexualität deutlich sieht, vernachlässigt in dem hier zitierten Aufsatz genau denselben Gedanken für die derzeitige Entwicklungsrichtung von Medizin und Psychologie im Bereich der Sexualforschung; er stellt keinen Zusammenhang her zwischen dem Vorgehen und dem Betrachtungsausschnitt der physiologisch begründeten Sexualforschung und einer diese Vorgehensweise bedingenden Ideologie.

Unter ,,gesunder Sexualität" wird allgemein also das störungslose Funktionieren derjenigen Körperfunktionen verstanden, die mit der Fortpflanzung und dem sexuellen Lustempfinden zusammenhängen, also die Fähigkeit sexuelle Bedürfnisse zu empfinden, zu äußern und zu befriedigen, die Erektionsfähigkeit des Mannes, die Lubrikation der Vagina bei der Frau, die Orgasmusfähigkeit usw. Was dabei als ,,normal", d.h. dann auch gleichzeitig: als ,,gesund" angesehen wird, richtet sich einerseits danach, was als ,,Störung" definiert ist (vgl. 2. Kap.) und andererseits nach den durchschnittlich beobachteten Werten, z.B. dem Wert für die Zeitdauer zwischen dem ersten sexuellen Reiz und dem Eintreten der Lubrikation oder der Erektion, wobei auch das, was als ,,sexueller Reiz" gilt, jeweils normativ auf der Verhaltensebene festgelegt ist. (So haben z.B. Heinrich Hackl, Claus-Peter Appel und Nils-Olof Tyreman einen Fragebogen vorgelegt, mit dem sie objektiv ,,die Liebesfähigkeit der Frau" zu erfassen vorgeben; vgl. Hackl et al. 1979). Auch hier wird, wie immer beim Aufstellen einer statistischen Norm nicht berücksichtigt, daß diese Norm, die sich an der durchschnittlichen *Erscheinung* von Sexualität orientiert, nur etwas über diese Erscheinung aussagt. Das, was in einer Gruppe durchschnittlich in Erscheinung tritt, repräsentiert zwar die Verhaltensnorm der Gruppe, die in irgendeinem Verhältnis zu der in dieser Gruppe auf der Verhaltensebene definierten Norm von ,,Gesundheit" steht; jedoch ist durch die Definition auf der Verhaltensebene die Möglichkeit vergeben, diese Erscheinung der Sexualität als Kompromißbildung zu verstehen.

Daß mit solchen Normierungen zwangsläufig eine Entfremdung der Sexualität verbunden, wenn nicht gar angestrebt ist, erkennt auch Eberhard Schorsch, wenn er meint, das eigentliche Thema der Sexualwissenschaft sei, ,,die Entfremdung voranzutreiben und ihr zur Perfektionierung zu verhelfen ... Die Entfremdung im Begriff ‚Sexualität' besteht darin, daß ein Bereich des höchst Persönlichen, Unkontrollierbaren, Geheimen, Eigenen umdefiniert wird – zu etwas Überindividuellem, Kollektivem, Öffentlichem, damit Kontrollierbarem und im Prinzip immer schon Bekanntem. Das Abgründige wird vordergründig. Es gibt inzwischen ein kollektives Sexualverhalten, an diesem nimmt jedermann teil. Jeder hat es wie seinen Blutdruck; die Oberwerte und Unterwerte schwanken individuell, die Normwerte sind benannt und bekannt" (Schorsch 1982, S. 60). Daß durch diese Normierung eine grundsätzliche Entscheidung für alles Weitere fällt, brauche ich nach dem bisher Ausgeführten nicht ausdrücklich zu betonen. Ich möchte im folgenden versuchen, die eben vermuteten Zusammenhänge zwischen der gegenwärtigen Ideologie in der Wissenschaft vom Menschen und dem Vorgehen der Sexualwissenschaft kurz aufzuzeigen.

Ein Blick in die derzeit gängigen Lehrbücher und neueren Publikationen zur Sexualwissenschaft bestätigt die Behauptung, daß im weitaus überwiegenden Teil dieser Veröffentlichungen den auf der Verhaltensebene objektiv erfaßbaren Phänomenen eine absolute Vorrangstellung eingeräumt wird, gleichgültig ob es sich um medizinische oder psychologische Arbeiten handelt. Theoretische oder praktische Ansätze, die einem Gesamtverständnis von Befinden und Ausdruck im Symptom das Wort reden, sind die Ausnahme und scheinen keine oder wenig Resonanz zu finden. Martin Dannecker spricht in diesem Zusammenhang von der „theoretischen Enthaltsamkeit der Sexualwissenschaft"; durch das Sammeln von objektiven Daten werde zwar der Informationsstand über das Sexualverhalten erweitert, „ohne jedoch das Wissen um die menschliche Sexualität zu verbreitern" (Dannecker 1978, S. 202). Ein Wissenschaftler, der „objektiv" nicht überprüfbare Methoden vertritt, darf heutzutage nicht ernstgenommen werden. Jeder theoretische Ansatz, jede Behauptung muß sich in das Korsett objektiv-empirischer Überprüfung zwängen lassen, wobei die Kriterien für diese Objektivität naturwissenschaftlicher Art sind. So engen nicht nur die Patienten, die sich das Erleben ihrer Angst und ihrer Verweigerung oder ihrer Abwehr auf der psychischen Ebene nicht erlauben können, die Problematik auf den organischen Bereich ein, sondern auch die Wissenschaft zeigt sich als einseitig auf diesen Sektor beschränkt.

Wenn man sagt, daß *sich* die Forderung nach Objektivität und den damit verbundenen naturwissenschaftlichen Methoden in Medizin und Psychologie *etabliert hat,* dann ist das ungenau; man muß vielmehr sagen: *sie wurde etabliert,* nämlich von vielen einzelnen Wissenschaftlern, die sich im Lauf ihrer individuellen Entwicklung auf diesen Standpunkt geeinigt haben; und immer wieder entscheiden sich, mehr oder weniger bewußt, junge Wissenschaftler für oder gegen diese Methoden, für oder gegen die „objektive" Sicht von den Dingen. Nach meinen bisher angestellten Überlegungen, vor allem zur Kompromißbildung in Ausdruck und Wahrnehmung, liegt der Gedanke nahe, daß diese Entscheidungen nicht unabhängig von der Person des sich entscheidenden Wissenschaftlers stattfinden.

In seinem hochinteressanten Buch „Angst und Methode in den Verhaltenswissenschaften" beschreibt der Anthropologe Georges Devereux (1973) den Zusammenhang zwischen dem Standpunkt des Wissenschaftlers und seiner wissenschaftlichen Methode. Anhand vieler Beispiele belegt er, daß die Angst und die Abwehrnotwendigkeit des einzelnen Wissenschaftlers für die Wahl seiner Untersuchungsmethoden und damit auch zwangsläufig für die Untersuchungsergebnisse verantwortlich sind. So gesehen wird die Methode, d. h. das Vorgehen des Wissenschaftlers relativiert; sie kann, ebenso wie das Ergebnis seiner Untersuchungen in Relation zu seiner Person gesetzt werden, also als Ausdruck seiner augenblicklichen Abwehrnotwendigkeit, d. h. als Kompromißbildung verstanden werden. Das Bedürfnis nach „objektivem" Vorgehen könnte demnach im Einzelfall als eine Schwierigkeit verstanden werden, mit subjektiv bedeutsamen, angstauslösenden Daten umzugehen. Devereux formuliert das so (Devereux 1973, S. 69): „Ängste, die durch verhaltenswissenschaftliches Material erregt werden, sind für die Wissenschaftler deshalb relevant, weil sie Abwehrreaktionen mobilisieren, deren Ausprägung und Hierarchie durch die Persönlichkeitsstruktur des Wissenschaftlers bestimmt werden, und diese letztlich die Art bestimmt, in der er sein Material verzerrt. Ich schlage deshalb vor, die Abwehrreaktionen des Verhaltensforschers genau zu untersuchen. Denn sie sind die Ursache für die Verzerrungen bei der Darstellung und wissenschaftlichen Verwendung seines Materials"; und die Konsequenz für Devereux (Devereux 1973, S. 20): ,,Die Daten der Verhaltenswissenschaft sind deshalb unter drei Gesichtspunkten aufzuschlüsseln: 1. Das Verhalten des Objekts. 2. Die ,Störungen', die durch die Existenz und die Tätigkeit des Beobachters hervorgerufen werden. 3. Das Verhalten des Beobachters: seine Ängste, seine Abwehrmanöver, seine Forschungsstrategien, seine ,Entscheidungen' (d.h. die Bedeutungen, die er seinen Beobachtungen zuschreibt)". So gesehen muß der Standpunkt und die Sichtweise des Wissenschaftlers, seine Auswahl aus den möglichen Untersuchungsgegenständen, die Art seiner Beziehung zu den Objekten seiner wissenschaftlichen Arbeit, seine Präferenzen bei der Auswahl seiner Methoden usw. nicht mehr für zufällig oder nur für rational begründet gehalten werden, sondern muß relativiert, d.h. in Beziehung zur Person des Wissenschaftlers gesehen werden.

Selbst wenn sich die Mehrzahl der in einem Forschungszweig arbeitenden Wissenschaftler darauf geeinigt hat, *eine* bestimmte Methode als ,,die objektive" anzuerkennen und zu verwenden, dann ist das noch kein Beweis für die Subjektunabhängigkeit dieser Methode und der Entscheidung für sie. Ein Beispiel: die Faktorenanalyse hat im Methodenarsenal der empirischen Sozialwissenschaften einen festen und weitgehend unangefochtenen Platz als eine vom einzelnen Wissenschaftler unabhängig zu verwendende Methode. Aber: welche Daten werden für verwendbar gehalten und faktoranalysiert, wie werden sie operationalisiert, wie skaliert, wo liegen die Grenzen der Interpretierbarkeit von Faktoren? Und schließlich wählt sich der Wissenschaftler ja die Faktorenanalyse als *seine* Methode und akzeptiert deren Vorgehen; er entscheidet sich für diese Art zu arbeiten. Mit der Dauer solcher Arbeit nimmt die subjektive Sicherheit zu, die richtige Methode, das Maß aller Dinge zu besitzen. Außerhalb des eigenen Arbeitsbereichs, d.h. außerhalb der selbst geschaffenen Einschränkung und damit auch der psychischen Toleranzgrenze liegende ,,Gegenstände" wie Wünsche, Utopien, Hoffnungen, Skepsis, Unsicherheiten, Ängste usw. werden dann schließlich für irrelevant, nicht existent, nicht berechtigt oder einfach für unwissenschaftlich gehalten. So könnten z.B. meine Überlegungen in dieser Arbeit demjenigen, den sie stören, abstrus erscheinen. Er wird sie, wenn er sie im Moment nicht als überlegenswert akzeptieren kann, ablehnen und mit den Eigenschaftswörtern ,,unwissenschaftlich" oder ,,verrückt" versehen wieder aus seinem Bewußtsein verbannen. So bleibt dann sein Weltbild heil. Er bleibt ungestört und braucht sich nicht mit der Verunsicherung seines ,,wissenschaftlichen" Standpunktes zu befassen. Daß solchen Selbsteinschränkungen und Ideologien nicht nur einzelne Wissenschaftler, sondern auch ganze Wissenschaftszweige oder verwegen gesagt: das naturwissenschaftliche Umgehen mit dem Menschen mindestens zum Teil anheimfallen kann, wagt man kaum zu denken, liegt aber – die obigen Ausführungen konsequent weitergedacht – nahe.

Die naturwissenschaftliche Sichtweise gestattet dem Wissenschaftler nur objektive, vom wahrnehmenden und erlebenden Subjekt anscheinend unabhängige Gegebenheiten zu erfassen. Die dazu erforderliche Operationalisierung und Quantifizierung vernachlässigt nicht nur das erlebende Subjekt, sondern verleugnet es. Sie spricht dem subjektiven Erleben jede Relevanz und Daseinsberechtigung ab und gibt dadurch vor, es könne total ausgeschaltet werden oder existiere gar überhaupt nicht. Daß dabei das vor allem in der Psychologie wertvollste „Untersuchungsinstrument" zur Erfassung psychischer Gegebenheiten, nämlich das erlebende und verstehende Subjekt eliminiert werden soll, besteht als absolute Forderung. Dabei wird vollkommen übersehen, daß der „... Grad an Feinfühligkeit gerade für Wesenseigenschaften ... so ungeheuerlich verschieden (ist), daß der eine für Hirngespinste halten muß, was dem anderen eindringlichste und für sein Verhalten entscheidende Wirklichkeit ist" (Metzger 1968, S. 72). Wenn Metzger auch die Rolle der Angst nicht sieht und die Gründe für unterschiedliche Wahrnehmung im unterschiedlichen „Grad an Feinfühligkeit" festmacht, so beschreibt er hier doch einen m. E. wichtigen Sachverhalt. Üblicherweise wird von denjenigen, die aus welchen Gründen auch immer weniger sehen als andere festgelegt, wo die Grenzen der Wirklichkeit, des „objektiv" Vorhandenen liegen. Mit dem Ernstnehmen des subjektiven Erlebnisses, mit der Betonung seiner Unerläßlichkeit „... ist nicht gemeint, daß jede Aussage unbedingte Gültigkeit haben muß, sondern nur, daß die Tatsache, daß jemand etwas nicht sieht, nicht versteht, was ein anderer zu sehen und zu verstehen behauptet, kein Beweis für die Nichtexistenz oder für die Nichtverstehbarkeit des Gegenstandes ist" (Wölpert 1977, S. 490).

Ähnlich steht es mit der naturwissenschaftlichen Forderung, die zu untersuchenden Gegenstände und Mechanismen so genau wie möglich zu erforschen, damit die derart erfaßten Phänomene, d. h. ihr Eintreten, ihre Intensität, ihre Funktionszusammenhänge usw. mit jeweils maximaler Genauigkeit erfaßbar und vorhersagbar werden. Die Vorstellung von der Aufgabe der Wissenschaft als der Suche nach weitestgehender Vorhersagbarkeit beruht auf einer rein mechanistischen Sicht der Dinge und des Menschen. Jean Dubuffet nennt dies die „Sucht nach Kohärenz", die „Illusion von Kohärenz", durch die „das abendländische Denken ... verdorben" sei (1978, S. 187). Die mechanistische, nach Kohärenz strebende Sichtweise ermöglicht aber immer nur Aussagen, die auf bereits Erfaßbarem, auf bereits Kontrollierbarem beruhen. An dieser Stelle wird eine der von Devereux (s. o.) postulierten Ängste des Verhaltenswissenschaftlers sichtbar: das Bedürfnis nach Kontrolle in der Forderung nach Vorhersagbarkeit kann als Versuch verstanden werden, die Angst vor dem Verlust der Kontrolle über die Objekte, über die Welt, die Angst vor dem Verlust der Fiktion von der eigenen Allmacht, die Angst vor der Veränderung zu besiegen. Inwiefern dieser Versuch der Angstbewältigung auch die Emanzipation des Wissenschaftlers verhindern muß, werde ich unten noch näher ausführen (vgl. Kap. 8 und 10).

Die Funktion der objektiven Sichtweise für den Wissenschaftler in der Wissenschaft vom Menschen wird nun immer deutlicher: durch die Vernachlässigung und Verleugnung jeder Beziehung zwischen Subjekt und Objekt der Wissenschaft soll ein Abstand zwischen beiden hergestellt werden, der eine Berührung, d. h. Rührung verhindern soll. Die Vermeidung des Kontakts mit dem jeweils individuellen Menschen, die Berührungsängste des ,,reinen" Wissenschaftlers in der Beziehung zum leidenden Menschen sollen die Wahrnehmung von Angst ausschließen, die Angst des ,,Objekts" genauso wie die Angst des Wissenschaftlers. Genauso wie der objektiv vorgehende Wissenschaftler mit den eigenen Gefühlen und Ängsten umgeht, so behandelt er auch die Ängste und Gefühle seiner Versuchspersonen und Patienten. Eine Pufferzone der Unnahbarkeit, ,,Objektivität" genannt, verhindert den Kontakt mit dem Anderen und den Kontakt mit sich selbst. So gesehen erscheint die sog. ,,Objektivität" in einem anderen Licht: sie wird verständlich als ein subjektiver Ausdruck, als Kompromißbildung dessen, der sich um sie bemüht.

Das Festmachen der erfaßten ,,Realität" an der Objektivität erlaubt dem Wissenschaftler wie dem Diagnostiker und Therapeuten seine eigene Angst zu vernachlässigen und seine Abwehr unangetastet zu lassen. So wird im Namen von ,,Wissenschaftlichkeit" und ,,Objektivität", was in der hier vertretenen Betrachtungsweise gleichbedeutend ist mit psychischer Erstarrung, Einengung und Selbstverstümmelung, Sexualität auf Funktionen reduziert. Hierin drückt sich das ,,Weltbild", d.h. auch: die Abwehrstruktur des Einzelwissenschaftlers und damit zusammenhängend ,,der Wissenschaft" aus. So könnte z.B. die Objektivitätssucht eines Naturwissenschaftlers im Einzelfall als Ausdruck eines Symbiosebedürfnisses verstanden werden, das seine Wurzeln in der Angst vor dem individuellen Anderssein, vor Individuation und Emanzipation hat: die Relativierung der einzelnen Ergebnisse durch individuelle subjektive Erlebnisse hätte die Aufhebung der Symbiose zwischen den Wissenschaftlern zur Folge. Im Einig-Sein über die Objektivität, in der Abstimmung der verwendeten und zulässigen Methoden, in der Vertilgung aller Einflüsse des subjektiven Erlebens auf ,,die objektive Wahrheit" vermeidet der einzelne Wissenschaftler wahrzunehmen, daß er sich von den anderen unterscheidet. Auf diese Weise wird die Angst vor der Auflösung der Symbiose zwischen den Wissenschaftlern vermieden.

Die naturwissenschaftliche Methode wurde in die Psychologie übernommen, um den Einfluß von Subjektivität und unkontrollierbaren ,,Glaubenssätzen" auszuschließen; doch der Teufel wurde mit Beelzebub ausgetrieben: die vermeintlich ideologiefreie Objektivität entpuppt sich nun in ihrer Vermeidung der Subjektivität als Ideologie par excellence, weil sie das Subjekt und mit ihm seinen Ausdruck *als zu Verstehendes* verbietet und somit jede ,,nur" subjektiv begründete Veränderung verhindert. Wenn man sich nur um die Objektivität kümmert, verleugnet man seine subjektiv-persönliche Verantwortung für das, was man als Wissenschaftler tut, und welche Ergebnisse man wie gewinnt und wofür man sie verwendet. Unter dem Mantel der Objektivität geht das Subjekt verloren, das sich als verantwortliches Individuum für oder gegen etwas entscheidet. ,,Im Dienste der Wissenschaft" zu arbeiten, ermöglicht dem Einzelnen scheinbar ,,wertfreie Wissenschaft" zu betreiben, die vorgibt, nichts mit ihm und nichts mit seinen Werten zu tun zu haben. Diese Problematik fällt dort besonders deutlich auf, wo es etwa um so schwerwiegende Dinge wie die Entscheidung für oder gegen den Bau eines neuen Waffensystems wie z. B. der Neutronenbombe geht. Genau um dasselbe Problem geht es jedoch auch in den alltäglichen Entscheidungen eines Wissenschaftlers, eines Diagnostikers oder eines Therapeuten, nur daß es dort nicht so sehr in die Augen sticht, weil die ,,objektiven“ Folgen der Entscheidungen nicht so schwerwiegend sind. Dabei geht es aber für den Einzelnen um subjektiv ebenfalls existentielle Entscheidungen (siehe auch Kap. 8 und 10).

Ähnlich scheint es auch mit dem Erkennen von Zusammenhängen zu stehen: nur diejenigen Zusammenhänge wird ein Wissenschaftler akzeptieren, die seine psychische Spannungstoleranz nicht überschreiten. Und selbst wenn bisweilen in die Theorie der Sexualität und ihrer ,,Störungen“ oder in deren Diagnostik Aspekte nicht-objektiver Daten, also nur erlebend und interpretierend zu gewinnende Erkenntnisse einfließen, so ist doch meist die Theorie und vor allem die Praxis der Therapie funktioneller Sexualstörungen ausschließlich auf die Ebene des Verhaltens und seiner Änderungen ausgerichtet (siehe Kap. 7, in dem ich mich ausführlich mit dieser Frage befassen werde). Da wird dann das ,,Symptom“, das evtl. sogar theoretisch in Verbindung mit der Gesamtbefindlichkeit der beteiligten Personen gesehen wird, mit den verschiedensten Techniken und Methoden zu vertilgen versucht, weil es stört, weil die Wahrnehmung seines Kompromißanteils an Verweigerung gegenüber der kollektiven Norm auch die Norm ,,Gesundheit“ und damit die Abwehr des Therapeuten in Frage stellen würde. Überall dort, wo das Verständnis des ,,Symptoms“ als einer Kompromißbildung (aus Angst, Leiden, Abwehr und Verweigerung) aus psychischen Gründen nicht möglich wird, muß eine Ideologie über ,,Gesundheit“ und ,,Krankheit“ gebildet werden; dort muß dann folgerichtig auch ,,die Krankheit“ im Symptom bekämpft werden. Solange der Gedanke von der Kompromißbildung nicht in Theorie, Diagnostik *und* Therapie der sexuellen Funktionsstörungen aufgenommen werden kann, wird sich nichts Grundsätzliches am Repressionscharakter der verschiedenen Formen von Sexualtherapie ändern. Damit dies geschehen könnte, wäre es aber erforderlich, die derzeit herrschende Ideologie von ,,gesund“ und ,,krank“ aufzugeben, was nur mühsam und schrittweise über eine immer weitergehende Konfrontation jedes einzelnen Betroffenen mit seiner Abwehr und seiner Angst möglich wäre.

Der Unterschied zwischen provoziertem und zugelassenem Orgasmus

Die Konsequenzen einer Wissenschaft vom Menschen, die die Dimension des Erlebens übergeht und die nur auf der Ebene des Verhaltens operiert, die Selbstbeschränkung im objektivistischen Umgehen mit der Sexualität und die Verführung im ,,Machen“ zeigt sich auch in der Diskussion über das Thema ,,vaginaler vs. klitoridaler Orgasmus“, auf die ich hier etwas ausführlicher eingehen möchte.

Anhand dieser Auseinandersetzung läßt sich die Alternative deutlicher aufzeigen, um die es mir geht.

Auf den ersten Blick scheint die Kontroverse entschieden zu sein, in der es um die Frage ging, welche Sexualität der Frau denn die ,,richtige", die ,,normale" und ,,gesunde" sei. Aufgrund neuerer Ergebnisse aus der sexualphysiologischen Forschung werden auch von psychoanalytisch orientierten Autoren die ,,Vorstellungen von der unreifen klitoridalen und reifen vaginalen Sexualität der Frau" als ,,zeitgebunden" (Mitscherlich-Nielsen 1978, S. 673) bezeichnet, d.h. ausschließlich auf Freuds Eingebundensein in eine bestimmte historische Situation zurückgeführt. Ich selbst bin ebenfalls der Meinung, daß Freuds Äußerungen über die reife vaginale Sexualität (vgl. Freud 1905d, S. 124f.) auch als die Aussagen eines *Mannes* verstanden werden müssen, gemacht um die Jahrhundertwende mit ihrer spezifischen Sexualideologie, aus der sich auch Freud nicht vollkommen befreien konnte. Es ist deshalb verständlich, wenn diese Aussagen heute abgelehnt werden. Man wird ihnen jedoch nach meiner Meinung nicht gerecht, wollte man sie ausschließlich als ,,typisch männliche Sexualideologie" abtun.

Freuds Aussagen über anatomische Orte (Vagina und Klitoris) wurden in der nach ihm folgenden wissenschaftlichen Diskussion zunehmend nur noch anatomisch und physiologisch begriffen. Im Zusammenhang mit der allgemeinen Entwicklung der Humanwissenschaften zu Naturwissenschaften war dieses (Miß-)Verständnis nur ,,natürlich". Es vernachlässigt jedoch den Erlebnisaspekt des Untersuchten und so Beschriebenen. Die Kontroverse darüber, welche der beiden Formen von Sexualität denn die ,,richtige", die ,,reife" sei, fand im positivistischen Ansatz eine für endgültig ausgegebene Lösung, die deshalb für allgemeinverbindlich angesehen wird (z.B. von Herms 1978), weil doch eindeutige Befunde vorlägen. Götz Kockott (Kockott 1977, S. 20) meint dazu: ,,Die Untersuchungen von Masters und Johnson haben jedoch eindeutig den alten psychoanalytischen Streit über die Wertigkeit eines klitoridalen gegenüber einem vaginalen Orgasmus ad absurdum geführt. Nachweislich ist der Orgasmus einer Frau sowohl vaginal, das heißt indirekt klitoridal als auch direkt klitoridal auslösbar; in beiden Fällen spielt sich physiologisch die gleiche Reaktion ab". Das anatomisch-histologische Argument, ,,daß die Klitoris, die Labia minora und das Vestibulum vaginae sehr viel mehr sensible Nervenendapparate enthalten als die Vagina, die bei vielen Frauen überhaupt nicht mit diesen Rezeptoren ausgestattet sein soll" (Sigusch 1970a, S. 56) sowie die Befunde, nach denen ,,nur wenige Frauen nicht auf eine taktile Reizung der Klitoris (2%), der Labia minora (2 bis 5%) und des Vestibulum vaginae (2 bis 8%), aber bis zu 89% nicht auf eine entsprechende Reizung der Vagina reagierten" (Sigusch 1970a, S. 56), diese Argumente meinen Sexualität auf Sexualphysiologie und auf anatomisch-histologische Befunde reduzieren zu können (eine ausführliche Darstellung der Physiologie des Orgasmus findet sich aus neuerer Zeit bei Sigusch 1979).

Die eben zitierten ,,endgültigen" Ergebnisse, die ,,Wahrheit" über die Orgasmusfunktionen der Frau beruhen zum größten Teil darauf, daß die wissenschaftliche Auseinandersetzung fast ausschließlich auf der Ebene physiologischer und anatomischer Befunde, also auf der Ebene der objektiv nachprüfbaren Erscheinungen (Verhaltensebene im weitesten Sinn) geführt wurde. Nach meiner Meinung wurde dabei übersehen, daß es sich beim „Orgasmus" nicht um ein naturwissenschaftlich erschöpfend beschreibbares Phänomen handelt, sondern daß „der Orgasmus" wie jede andere Äußerung auch als eine Kompromißbildung (im hier definierten Sinn) angesehen werden kann, in deren jeweiliger Eigenart sich die Gesamtbefindlichkeit des Individuums in seinen momentanen Beziehungen ausdrückt. Genauso wie die „Anorgasmie" in ihren individuellen Ausprägungen ist die jeweilige „Fähigkeit zum Orgasmus" momentaner Ausdruck der ganzen Person, also auch Ausdruck der Bedingungen, unter denen jemand zum Orgasmus kommt, zu welchem bestimmten Orgasmus, wann, mit wem, auf welche Art und Weise, mit welcher Befriedigung und mit welchem psychischen Risiko, d. h. auch: mit welchem Maß an notwendiger Abwehr, an Möglichkeit, sich in den Kontakt zu sich selbst und zum anderen einzulassen. Die Art des Orgasmus oder des Nicht-Orgasmus ist also wie jede andere Äußerung (in der Sexualität) ein Kommunikationsangebot, d. h. ein Ausdruck von momentaner Befindlichkeit, der verstanden werden will und kann. So beschreibt z. B. Horst-Eberhard Richter in einer Arbeit über die Psychodynamik der Herzneurose, daß der Orgasmus „für diese Kranken in besonderem Maße eine Versicherung der Intaktheit der alten Mutter-Kind-Einheit" bedeute; ein Unterbrechen des Sexualvollzugs sei gleichbedeutend mit dem Verlassenwerden von der Mutter und werde als Strafe „für die eigenen unbewußten Ausbruchsversuche gerade in dem Augenblick" erlebt, „in dem das Verschmelzungserlebnis die gefährliche Trennungsangst auslöschen sollte" (Richter 1964, S. 265).

Die Tatsache, daß ein Orgasmus durch intensive „richtig lokalisierte" taktile Stimulierung mit großer Wahrscheinlichkeit provoziert werden kann, legt in der rein anatomisch-physiologisch orientierten Sichtweise die Überzeugung nahe, es ginge letztlich nur um die „richtige" Stimulation. Mit einem auf solche Weise erreichten Orgasmus würde man aber nur versuchen, das psychische Risiko zu umgehen, das eingegangen werden müßte, wenn man den Orgasmus nicht „machen" wollte, sondern zulassen würde. Da aber anscheinend der Grad subjektiver (sexueller) Befriedigung in direktem Zusammenhang mit dem Ausmaß des eingegangenen subjektiven Risikos im Kontakt steht, ist mit einem durch „richtige" Stimulation erzwungenen Orgasmus keinerlei Garantie auf Befriedigung verbunden. „Störende" psychische Hemmungen können wohl oft durch die intensivst mögliche Stimulation überwunden werden; sie werden aber auch nur überwunden. Das technische Überwinden von psychischen Hemmungen garantiert eben noch nicht subjektive Befriedigung, es sei denn, man versteht darunter eine Ersatzbefriedigung wie z. B. im Bewundert-Werden, im Geleistet-Haben oder im Konsumiert-Haben. Die „Potentia satisfactionis" hängt direkt damit zusammen, welches subjektive Risiko eingegangen werden kann, also damit, wieviel Nähe zwischen den Sexualpartnern zugelassen werden kann. Befriedigung in diesem Sinn hängt also nicht von den Orten oder den Techniken der Stimulation ab.

Man könnte die Reizung der Klitoris mit der direkten Stimulation der Glans penis vergleichen, wo bei fast jedem Mann bei nur ausreichender Stimulation die kaum mehr zu beeinflussenden Automatismen des körperlichen Orgasmus ausgelöst werden, selbst wenn psychisch die Bereitschaft dazu oft nicht uneingeschränkt vorhanden ist. Wenn etwas machbar ist, weil es ,,leichter" zu erreichen ist als anderes, dann bedeutet das noch lange nicht, daß mit dem ,,Leichteren" auch das getan wird, was der *ganzen* Befindlichkeit der betroffenen Person entspricht. In einer Sichtweise, die die Dynamik von Angst und Abwehr in Beziehungen einbezieht, bedeutet es zuerst nur, daß bei dem ,,leichter" zu erreichenden Orgasmus weniger Abwehr aufgegeben zu werden braucht, daß dabei also psychisch kein so großes Risiko eingegangen werden muß. Es geht also bei der Unterscheidung in ,,klitoridale" und ,,vaginale" Sexualität nicht so sehr um anatomische Orte, sondern, bei Einbeziehung des Kompromißbegriffs und des damit verbundenen Abwehraspekts, um die Beschreibung eines Geschehens auf der psychischen Ebene, bei dem die ausdrückende ,,Materie" (Anatomie und Physiologie) in ihrer Funktion oder Dysfunktion eher beeinflußte Folge als verursachende Bedingung ist. Ich möchte deshalb bei meinen weiteren Überlegungen nicht mehr vom ,,vaginalen" und vom ,,klitoridalen" Orgasmus oder von derart unterschiedenen Formen von Sexualität sprechen, weil diese Bezeichnungen das anatomische Mißverständnis nahelegen. Vielmehr möchte ich im folgenden versuchen Begriffe zu entwickeln, die dieses Mißverständnis ausschließen, weil sie eindeutig auf der Ebene des psychischen Erlebens formuliert sind. Die derart definierten Begriffe sollen es dann auch ermöglichen, die Problematik von ,,vaginaler" oder ,,klitoridaler" Sexualität nicht auf die Frau beschränkt zu lassen, sondern die damit verbundene Alternative auf die Sexualität beider Geschlechter auszudehnen.

Alan W. Watts, der amerikanische Religionsphilosoph, der sich mit östlichen Religionen und Philosophien befaßt hat, beschreibt in seinem Buch ,,Natur – Mann und Frau" (Watts 1962) eine Form der sexuellen Beziehung, die er ,,kontemplative Liebe" nennt. Im Zusammenhang mit dieser Beschreibung (auf die ich schon im 4. Kapitel verwiesen habe) geht er auch auf den Orgasmus von Mann *und* Frau ein und schildert dabei eine Form von Orgasmus als Ausdruck der ,,kontemplativen Liebe", wie er ihn in der alten indischen Philosophie gefunden hat. Watts schreibt dazu: Dieser . . . ,,Orgasmus ist spontan, wenn er von selbst und zu seiner Zeit eintritt, und wenn der Leib sich *als Antwort* darauf bewegt. Aktiver oder erzwungener Geschlechtsverkehr ist die willkürliche Nachahmung von Bewegungen, die normalerweise von selbst zustande kommen sollten" (Watts 1962, S. 182). Der Orgasmus ist dabei also nicht etwas, was angestrebt und herbeigeführt wird, sondern die spontane Folge der Gesamtbefindlichkeit zweier Personen in ihrer spezifischen Beziehung. Watts betont in diesem Zusammenhang ausdrücklich den nicht absichtlichen Charakter der so gelebten und erlebten Sexualität: ,,die kontemplative Liebe ist . . . in ausgesprochen zweiter Linie eine Frage der Liebestechnik. Sie hat nämlich kein besonderes Ziel; es gibt in ihr nichts besonderes, dessen Sich-Ereignen bewirkt werden sollte. Es geht einfach darum, daß ein

Mann und eine Frau zusammen ihr unmittelbares Empfinden erforschen, und zwar ohne irgendwelche vorgefaßte Meinung darüber, wie es sein sollte; denn das Reich der Kontemplation liegt nicht in dem, was sein sollte, sondern in dem, was ist. In einer Welt der Uhren und Terminkalender ist das einzige wirklich Wichtige die Sorge für eine angemessene freie Zeit. Es geht aber nicht so sehr um die Uhrzeit als um die subjektive Zeit, um die Einstellung, die Dinge sich in der ihnen eigenen Zeit ereignen zu lassen, um den nicht forcierenden und nicht drängenden Austausch der Sinne mit ihren Objekten. Infolge des Fehlens dieser Einstellung bleibt der größte Teil der geschlechtlichen Erfahrung in unserer Kultur weit hinter den Möglichkeiten zurück. Die Begegnung ist kurz, der weibliche Orgasmus verhältnismäßig selten und der männliche Orgasmus überstürzt oder durch voreilige Bewegung erzwungen" (Watts 1962, S. 183). Watts führt den Unterschied zwischen diesen beiden grundsätzlich verschiedenen Arten sexueller Erfahrung auf das Vorhandensein oder Fehlen der „kontemplativen Einstellung" zurück. Wenn ich Watts richtig verstanden habe, meint er damit etwas ähnliches wie ich, wenn ich vom „Sich-Einlassen" spreche. Ich wage es deshalb, die von Watts aufgezeigte Alternative, die „kontemplative Liebe" als eine Bezeichnung für diejenige Beziehungsform zu verwenden, die einen Orgasmus ermöglicht, der nicht im Überwinden der Abwehr erzwungen wird, sondern der sich ereignen kann, wenn alles, was im Augenblick wichtig und möglich ist, zugelassen wird. Diese „kontemplative Liebe" steht der durchschnittlichen, „normalen" Sexualität unseres mitteleuropäischen Kulturkreises diametral entgegen.

Bei oberflächlicher Betrachtung könnte es so aussehen, als hätte die hier angeschnittene Problematik nur für die weibliche Sexualität große Bedeutung, als bräuchte den Mann dies alles nicht zu berühren. Wenn man jedoch „die männliche Sexualität" nicht als unveränderlich gegeben ansieht, sondern ebenso ihr Geworden-Sein und ihren Charakter als Kompromißbildung berücksichtigt, dann zeigen sich verblüffende Parallelen.

Der Mann kommt in der Regel schnell und mit großer Sicherheit zum Orgasmus, wenn nur der Penis entsprechend, d.h. intensiv genug und „richtig lokalisiert" stimuliert wird. Daß dies „normalerweise" so funktioniert, oft sogar relativ unabhängig von irgendwelchen situativen Gegebenheiten oder der psychischen Verfassung, findet zum Teil sicherlich auch eine biologische Erklärung, nämlich darin, daß der Orgasmus des Mannes und sein für die Fortpflanzung wichtiger Anteil, die Ejakulation, so eng zusammenhängen. Im Sinne des biologischen Fortpflanzungsprimats müßte deswegen der Orgasmus so „todsicher" auszulösen sein. Beim Mann hängen Orgasmus und Fortpflanzungsfunktion anscheinend viel enger zusammen als bei der Frau, deren Beitrag zur Fortpflanzung auch ohne Orgasmus zum Tragen kommen kann.

Doch so eindeutig, wie es scheint, liegen die Verhältnisse nicht: der Mensch als „Nesthocker" mit einer langen Zeit der Unselbständigkeit und Abhängigkeit benötigt für sein Aufwachsen ein Mindestmaß an Schutz und Versorgung, das ihm eher von einem Elternpaar gewährt werden kann, als von einem einzelnen Vater oder einer einzelnen Mutter. Selbst in unserer Zeit der weitgehenden sozialen Absicherung und der beruflichen wie finanziellen Emanzipation der Frau steht der alleinerziehende Vater oder die alleinerziehende Mutter vor vielen und großen Problemen. Es liegt deshalb der Gedanke nahe, daß die (auch sexuell) befriedigende und damit stabile Beziehung zwischen den Eltern *der* Garant für das Aufwachsen des Kindes/der Kinder darstellt. So hat nicht nur der männliche, sondern auch der weibliche Orgasmus als wichtiger Bestandteil einer befriedigenden Beziehung gleichzeitig eine soziale wie biologische Funktion. Man darf die Bedeutung solcher biologischer Faktoren sicher nicht unterschätzen, doch sind sie wohl allesamt mehr oder weniger stark von kulturellen und das heißt auch: psychosozialen Faktoren überformt. So kann man die in unserem Kulturkreis „normale“ Sexualität des Mannes wohl nicht nur als biologisch gegebene ansehen, sondern muß auch die kulturell- und individuell-psychogene Ver- und Überformung in Rechnung stellen.

Wie gesagt: der „normale“, besser: der übliche Orgasmus des Mannes ist ein quasi reflexhafter Ablauf bestimmter körperlicher Funktionen. Bei ausreichender Stimulation ist er fast bei jedem Mann in fast jeder Situation herbeizuführen. Er ist darin dem „klitoridalen“ Orgasmus der Frau in etwa vergleichbar. Wenn man, wie ich es oben im Abschnitt über „Die sexuellen Rollen von Mann und Frau“ getan habe, die Sexualität von beiden im Zusammenhang mit ihrer Rolle im sozialen Beziehungsgeflecht und deren Abwehrfunktion untersucht, dann wird auch deutlich, in welchem Ausmaß die „gesunde“ männliche Sexualität, hier: der eher unbeirrt von Störungen und Verunsicherungen ablaufende Orgasmus des Mannes, eine Funktion für die Aufrechterhaltung der individuellen und kollektiven Abwehrformationen hat. Die Rolle des Mannes in unserer Kultur (s.o.) ist es zu tun, zu wollen, sich zielgerichtet zu verhalten, anzupacken usw. Sie ist zu einer Grundhaltung des Mannes und zu der Haupterwartung an ihn geworden, was für ihn „kontemplative Liebe“ von vorneherein auszuschließen scheint (oder zumindest mit erheblicher Verunsicherung assoziiert sein läßt). „Kontemplative Liebe“ erfordert als Voraussetzung die Möglichkeit, sich in das Risiko emotionaler Abhängigkeit und psychischen Ausgeliefertseins hineinzubegeben; die Sexualität, in der der Orgasmus durch „taktile Stimulation“ provoziert wird, vermeidet und verunmöglicht zwangsläufig das Zulassen des Möglichen, das Zu*lassen* des Orgasmus. Der provozierte Orgasmus ist zum „normalen“, „gesunden“ Orgasmus des Mannes geworden; er repräsentiert das Prinzip „gesunder“ „männlicher“ Sexualität. Dabei geht es darum, etwas zu erreichen, etwas zu *tun;* nicht darum zu *sein* und sich auf sich selbst und den anderen einzulassen. Im Wollen und Tun wird das Sein vermieden. Das Drängen auf einen angestrebten Soll-Zustand hin ist ein Kennzeichen dieser Sexualität, dieser Art zu leben, in der das Zulassen, das Erleben, die Kontemplation im weitesten Sinne ausgeklammert bleiben muß. Die Gründe dafür, daß wir zum allergrößten Teil so leben und lieben, sind wohl, daß wir in unserer Sozialisation kaum die Möglichkeit bekommen haben, uns und unseren Gefühlen zu begegnen, und es deshalb auch nicht wagen, dem anderen und seinen Gefühlen, so wie sie sind, zu begegnen.

So kann ich nun die Alternative zu dem auf die Frau beschränkten Begriffspaar „vaginale vs. klitoridale Sexualität" oder „vaginaler vs. klitoridaler Orgasmus" formulieren: sieht man die Problematik im hier ausgeführten Sinn, dann läßt sich in der Untersuchung einer „provozierten Sexualität" gegenüber einer „zugelassenen Sexualität" oder eines „provozierten Orgasmus" gegenüber einem „zugelassenen Orgasmus" die Trennung zwischen weiblicher und männlicher Sexualität nicht mehr wie bisher aufrechterhalten, dann kann der Abwehraspekt bei der Untersuchung und beim Erleben der Sexualität von Mann *und* Frau einbezogen werden.

Ich glaube, daß ich mit meinen eben definierten Begriffen einer „provozierten" und einer „zugelassenen" Sexualität ähnliches meine wie Wilhelm Reich, wenn er von „erektiver" und „orgastischer" Potenz spricht (vgl. Reich 1969). Der Unterschied zwischen meinen Begriffen und denen von Reich besteht m.E. aber darin, daß Reich in seinen Überlegungen durch seine biologistische Betrachtung der Libidoökonomie sehr weit auf naturwissenschaftliches und damit erlebnisfernes Gebiet gerät, während es mir wichtig ist, auf der Ebene des Erlebens zu bleiben und mich nicht mit Fähigkeiten, sondern mit Konflikten zu befassen.

In der hier skizzierten Betrachtungsweise erscheint die unter der Flagge einer vermeintlichen Emanzipation einhermarschierende Forderung nach dem allseits verfügbaren, provozierbaren Orgasmus bei beiden Geschlechtern geradewegs als Vermeidung der Emanzipation, weil sie, im Ganzen betrachtet, innerhalb der Normen von der Machbarkeit und vom Konsum – und das heißt immer auch: innerhalb der Selbst- und Fremdvergewaltigung der Individuen – bleibt. Das Recht auf Sexualität wird dabei zum Recht auf den Automatismus verstümmelt, zum Recht auf die Ungestörtheit durch den anderen und durch einen selbst. Die eigenen Ängste vor der Verunsicherung und den Ambivalenzen im Kontakt dürfen einen dann nicht mehr stören. Wo wir uns trotz allen diesen Vorkehrungen immer noch stören lassen, d.h. nicht zum Ziel (z.B. zum Orgasmus) kommen, zwingen wir uns zum „Erfolg", indem wir immer noch ausgefeiltere Techniken und Methoden ersinnen, mit denen wir uns selbst vermeiden.

Zusammenfassung

- Die in der Sexualwissenschaft gängige Norm „gesunder" Sexualität ist eine statistische Norm, in der die objektiv registrierbaren Äußerungen der Sexualität zusammengefaßt werden. Die dabei verwendeten objektiven Methoden und das dahinterstehende objektivistische Weltbild werden in der Regel unkritisiert gelassen.
- Es ist zu vermuten, daß die Entscheidung der Wissenschaftler und „der Wissenschaft" für das objektivistische Weltbild und die mit ihm zwangsläufig verbundenen Methoden nicht nur wissenschaftstheoretische Gründe hat, sondern

daß dabei auch meist unbewußte, subjektive Motive des Einzelnen wesentlich beteiligt sind.

- Das Bedürfnis nach Objektivität hat subjektive Gründe.
- Was „objektiv“ existiert, wird in der Wissenschaft vom Menschen nach dem kleinsten gemeinsamen Nenner von Angsttoleranz entschieden: wer anderes oder mehr sieht, ist nicht mehr „objektiv“.
- Das Bedürfnis wissenschaftliche Ergebnisse wiederholbar und kontrollierbar zu machen, ist letztlich auch ein Versuch, die Angst vor dem Verlust der Allmacht über die Welt zu besiegen.
- Die objektivistische Sichtweise hat die Aufgabe, eine (Be-)Rührung von Wissenschaftler und Objekt zu verhindern.
- Wer sich nur um Objektivität bemüht, verleugnet seine persönliche Verantwortung für das, was er als Wissenschaftler tut.
- Die objektivistische Sexualwissenschaft glaubt, sie könne mit ihren objektiven Methoden allen Äußerungsformen der Sexualität gerecht werden, so auch dem Orgasmus. Sie vergewaltigt jedoch die Sexualität, indem sie deren Natur in die Beschränkungen ihres Methodenarsenals einzwängt und damit den Orgasmus zum technischen Problem erklärt.
- In der „normalen“, d. h. der üblichen Sexualität zumindest der westlich geprägten Industrienationen ist „der weibliche Orgasmus verhältnismäßig selten und der männliche Orgasmus überstürzt oder durch voreilige Bewegung erzwungen“ (Watts 1962, S. 183). Eine Alternative dazu wäre eine Sexualität, in der sich, weil nichts beabsichtigt wird, ereignen kann, was möglich ist.

6. In der Beziehung zwischen Patient und Therapeut wird nur möglich, was beide zulassen

Vorbemerkung

Wo es um professionelle Interventionen im psychosozialen Bereich geht, unterscheidet man üblicherweise zwischen ,,Beratung“ und ,,Therapie“. Die Kriterien für diese Unterscheidung beziehen sich vor allem auf die Zahl und die Frequenz der Sitzungen und auf die Vorbildung, genauer: auf das Selbstverständnis von Berater und Therapeut. Für das Problem des Verständnisses der Symptome als Kompromißbildungen, für die Frage nach der Wahrnehmung von individueller und kollektiver Angst und Abwehr sowie für die im folgenden zu untersuchende Problematik der therapeutischen Beziehung besteht meiner Ansicht nach kein wesentlicher Unterschied zwischen ,,Beratung“ und ,,Psychotherapie“. Wenn ich im folgenden also der Einfachheit und der Prägnanz wegen von ,,(Psycho-)Therapie“, vom ,,Therapeuten“ und vom ,,Patienten“ spreche, dann kann dafür immer auch ,,Beratung“, ,,Berater“ und ,,Klient“ eingesetzt werden. Ebenso wird der Leser es wohl schon bemerkt haben, ich habe es ja auch an mehreren Stellen schon angedeutet, daß sich die hier geäußerten Überlegungen auf jeden Bereich psychotherapeutischer Arbeit übertragen lassen. Daß ich diese Fragen hier am Beispiel der Sexualtherapie untersuche, beruht auf meinem persönlichen Interesse an diesem Bereich, an der Notwendigkeit einer Einengung des Themas und an der Möglichkeit, anhand dieses Themenkomplexes die Problematik des Symptombegriffs, der ausschließlich symptomorientierten Therapie und der damit zusammenhängenden kollektiven Abwehr in unserer Gesellschaft besonders deutlich aufzuzeigen.

Der Therapeut erhält einen Auftrag und reagiert auf ihn

Eine Folge der sog. ,,Sexuellen Revolution“ ist, daß die Sexualität als Thema, über das man spricht und schreibt, in immer größerem Maß allgemein toleriert wird. Man darf sich mit ihr befassen; Sexualprobleme sind allgemein akzeptierte Probleme geworden, jedenfalls in weitaus größerem Umfang als noch vor 20 Jahren. Ehe- und Sexualberatungsstellen werden, auch von den Kirchen, eingerichtet; die Nachfrage nach Partnerschafts- und Sexualberatung steigt dort ständig. Ärzte, Psychologen, Seelsorger und verwandte Berufsgruppen befassen sich in ihrer Fortbildung mit Fragen der Sexualität und berühren in beraterischen oder therapeutischen Gesprächen hin und wieder von sich aus dieses Thema, auch wenn es vom Hilfesuchenden selbst nicht direkt angeschnitten wird. ,,Sexualstörungen“ haben inzwischen allgemein den Wert von ,,Krankheiten“ bekommen, wegen denen man, jedenfalls häufiger als früher, Hilfe in Anspruch zu nehmen wagt. Die Störungen der sexuellen Funktionen sind als ,,Krankheitssymptome" anerkannt, deren Behandlungskosten durch einen von den Krankenkassen zugelassenen Therapeuten in der Regel übernommen werden.

Sexuelle Funktionsstörungen stellen für die betroffenen Personen wohl immer eine schwerwiegende Einschränkung und vor allem eine Belastung ihres Selbstwertgefühls dar. In einer Gesellschaft, in der der Wert eines Menschen an seiner Funktionsfähigkeit, an seiner nach außen demonstrierten ,,Potenz", an dem, wie er aussieht, was er hat und was er kann, gemessen wird, ist es nur allzu verständlich, daß sich Störungen der sexuellen Funktionen derart auswirken und daß vor allem unter der Störung, unter dem Nicht-Können, unter dem Nicht-,,richtig"-Funktionieren gelitten wird. Gelitten wird also meist unter der Störung des Verhaltens oder der Funktionen, nicht unter den Beziehungen, deren Kommunikations- und Abwehrstrukturen das Symptom erforderlich gemacht haben.

Damit wird der potentielle Therapeut konfrontiert. Meist ist er ein niedergelassener Arzt für Allgemeinmedizin, Gynäkologie, Urologie oder Innere Medizin, manchmal auch Arzt oder Psychologe an einer Klinik oder in einer Beratungsstelle. Meist sind die potentiellen Therapeuten überlastet von der Menge der Patienten, aber überfordert wohl besonders von der sexuellen Thematik, für die sie in der Regel nicht ausgebildet wurden. In ihrer Ausbildung überwiegend im naturwissenschaftlichen Denken erzogen, das sie auf die Beseitigung von Symptomen mittels der dafür am besten geeigneten Methode ausgerichtet sein läßt, versuchen sie dem Gefühl des ohnmächtigen Überfordertseins durch die Sexualprobleme ihrer Patienten dadurch zu entgehen, daß sie unkritisch eine der vielen Techniken zur Sexualtherapie übernehmen und anwenden, wenn sie sich nicht überhaupt auf selbstgeschneiderte Ratschläge beschränken. Es ist nur zu verständlich, daß dies in der Regel so geschieht. Die große Zahl der sexualtherapeutischen Ansätze verstehe ich als Ausdruck der Not, in der sich die betroffenen Therapeuten befinden. Klaus Pacharzina hat in einer umfangreichen Untersuchung in Erfahrung gebracht, ,,wie häufig der Arzt für Allgemeinmedizin mit sexuellen Problemen konfrontiert wird und wie häufig er seinen Patienten diagnostisch und therapeutisch hilflos gegenüberstehen dürfte" (1979, S. 38). Neben der unzureichenden Ausbildung der Ärzte, Psychologen und der anderen potentiellen Therapeuten sowie den ,,Außenbedingungen" (Zahl der Patienten, Arbeitsüberlastung usw.) spielt auch das ,,Innenleben" der Therapeuten eine, wie ich meine, entscheidende Rolle für seine Not im Umgang mit den Sexualproblemen seiner Patienten. Wie die eigene psychische Problematik mit derjenigen des Patienten zusammenwirkt und was sich dabei ereignen kann, damit werde ich mich in diesem Kapitel befassen.

Kommt nun ein Patient zum Therapeuten, so wird er, mehr oder weniger explizit, diesen mit seinem Symptom konfrontieren. Der manifest geäußerte Auftrag wird vom Patienten folgendermaßen oder ähnlich formuliert: ,,Ich habe das Symptom X; ich leide unter ihm; ich will, daß Du etwas tust, damit mein Symptom und mein dadurch hervorgerufenes Leiden verschwindet. Ich will außerdem, daß Du mich darüber hinaus in Ruhe läßt und Dich um nichts als um die Beseitigung meines Symptoms kümmerst." Was dabei als ,,Symptom" gilt, soll vom Therapeuten ebenfalls als ,,krank" abgelehnt und entfernt werden; was nicht als ,,Symptom" gilt, soll vom Therapeuten genau wie vom Patienten als ,,gesund" anerkannt werden. Zu diesem Auftrag gehört auch, nur das sehen zu sollen, was manifest und explizit angeboten wird, nicht die Angst und nicht den Abwehrcharakter eines solchen Therapieauftrags. Der Therapeut soll also, so der manifeste Auftrag, den Standpunkt und den Blickwinkel des Patienten voll übernehmen.

Neben diesem manifesten Auftrag existiert aber immer auch ein latenter, in dem implizit das Gegenteil der expliziten Forderung enthalten ist. An dieser Stelle erinnere ich an meine Ausführungen über die Kompromißbildung, ihre Entstehung und ihre Bedeutung als Ersatz-Ausdruck für die direkte Äußerung des Befindens in Beziehungen (vgl. Kapitel 1). Ich hatte dort festgestellt, daß dieser Ersatz-Charakter nur empathisch, subjektiv interpretierend bemerkt und verstanden werden kann. Der latente Anteil des Ausdrucks wird im Bewußtsein in der Regel nicht zugelassen, weil er zuviel Angst machen würde. So wird manifest nur ausgedrückt und verstanden, was mit der Abwehr zu vereinbaren ist, d.h. was ohne allzugroße Angst ausgehalten werden kann, hier also die Forderung nach Instandsetzung der im ,,Symptom" unzuverlässig gewordenen Abwehr. Dies ist der Grund dafür, daß der latente Anteil des ,,Symptoms" und des Auftrags nur subjektiv interpretierend zu erfassen ist und deswegen leicht übersehen werden kann.

Der nichtausgesprochene Inhalt des Auftrags an den Therapeuten könnte dann in etwa so lauten: ,,Ich habe ein Symptom X, unter dem ich leide; dieses Leiden möchte ich verlieren;" (soweit noch ausgesprochen, aber dann:) ,,verstehe mein Symptom bitte auch als den für mich lebensnotwendigen Ausdruck meiner Befindlichkeit. Ich wage kaum mehr zu sehen, wie es mir geht. Ich brauche Dich, um meine Angst wieder zu entdecken und zu erleben und um sie wieder zu einem Teil meiner Person zu machen. Ich leide auch darunter, daß ich meine Angst bisher nicht zulassen konnte, darunter, daß ich mein Symptom brauche, um mich auszudrücken." In dieser latenten Aufforderung wird das Gegenteil des expliziten Auftrags geäußert. Während es dort darum geht, die Resignation fortzusetzen und nur die nicht-abgewehrten Teile der Person zu sehen, äußert sich hier auch das gleichzeitige Bedürfnis, sich mit deren bisher abgewehrten Anteilen zu befassen.

Dieser widersprüchliche Auftrag des Einzelnen (oder evtl. auch eines Paares, einer Familie oder einer Gruppe) hat auf der Ebene des Kollektivs, der Gesellschaft, seine Entsprechung: Therapeuten bekommen Ausbildung, Anstellung und Auftrag vom Kollektiv, um Fachleute zu sein, die für die Symptomfreiheit, für die Arbeitsfähigkeit seiner Mitglieder sorgen. Dafür ist es erforderlich, daß diese ,,Spezialisten für Symptombeseitigung" die Ideologie des Kollektivs z.B. von der ,,gesunden" Sexualität selbst auch vertreten. Die Therapeuten sollen leisten, was die Symptomträger nicht geschafft haben, nämlich den im ,,Symptom" enthaltenen Ausdruck des unerwünschten Bedürfnisses, der Angst und des Protests zu vernichten und ungeschehen zu machen. Die Therapeuten bekommen also die Aufgabe zugewiesen, für die Undurchlässigkeit der kollektiven Abwehr und für die Verschließung eventueller Dammbrüche beim Individuum zu sorgen. Im Auftrag des Kollektivs an die Helfer einen latenten Hilferuf nach einer Auflockerung der kollektiven Abwehrstruktur zu entdecken, scheint mir mindestens ebenso schwierig wie im Auftrag des einzelnen Patienten an den Therapeuten. Daß dies dort so schwierig ist, mag vielleicht daran liegen, daß der kollektive Auftrag in hohem Grad institutionalisiert ist, daß jeder Schritt in Ausbildung und Berufsausübung formal und inhaltlich weitestgehend festgelegt ist: die Anerkennung von Psychotherapie durch die Krankenkassen beruht weitgehend auf der Verpflichtung des Psychotherapeuten gegenüber dem traditionellen Krankheitsmodell, deren Aufkündigung durch den Einzelnen weitreichende Konsequenzen hätte (vgl. Kapitel 8). Es liegt hier, in der Beziehung zwischen Therapeut und Gesellschaft, vielleicht noch mehr als in der therapeutischen Einzelbeziehung an der Zivilcourage des Therapeuten, d. h. an seinen Ängsten und an seinen Abwehrnotwendigkeiten, ob er sich in das kollektive Abwehrbündnis einordnet oder nicht, ob er die ,,Rückseite" des Auftrages sehen kann oder nicht, ob er aus ihrer Wahrnehmung Konsequenzen zieht oder ob er sie schnell wieder zu vergessen versucht. Um zusammenzufassen: der Sexualtherapeut (wie jeder andere Therapeut auch) erhält einen Auftrag vom Patienten, dessen manifeste und latente Inhalte für denjenigen, der sie beide sieht und ernstnimmt, widersprüchlich erscheinen müssen, da sie ihn einerseits zur Beseitigung des ,,Symptoms" nötigen und ihn andererseits dazu auffordern, das Symptom als existentiell wichtige Aussage des Patienten über seine gesamte individuelle Realität zu akzeptieren.

Diese ,,Double-bind-Situation" (vgl. Bateson et al. 1969, S. 16–22), in der der Therapeut tun soll, was er gleichzeitig nicht tun soll, stellt für ihn grundsätzlich einen schwerwiegenden Konflikt dar, dem viele Therapeuten dadurch aus dem Weg gehen, daß sie den latenten Auftrag nicht wahrnehmen oder jeden Ansatz einer Wahrnehmung möglichst schnell wieder rückgängig zu machen versuchen. Bei jeder Kompromißbildung besteht grundsätzlich die Möglichkeit, den darin enthaltenen Angst- und Abwehrausdruck zu erkennen oder dies zu unterlassen. Im Umgang mit ,,Symptomen" fällt dieser Konflikt deswegen eher auf, weil dort direkte Aufforderungen ausgesprochen werden, die für die nicht-,,symptomatischen" Kompromißbildungen in der Regel in den Bereich der stillschweigenden Konvention fallen. Mit anderen Worten: bei ,,Symptomen" geht es explizit darum, wie man als Therapeut mit ihnen umgeht, während es für die Unzahl der jeden Moment geäußerten Kompromißbildungen durch Übereinkunft viel durchgängiger festgelegt ist, sie nicht in Frage zu stellen, sondern die manifeste, die ,,objektive" Realität als die ganze anzuerkennen.

An dieser Stelle entscheidet sich sehr viel. Sie ist eine Schlüsselstelle für die Verbindung zwischen kollektiver und individueller Abwehr: geht der Therapeut nur auf den explizit geäußerten Auftrag ein, d. h. konzentriert er sich auf die Beseitigung des ,,Symptoms", und läßt er sich damit als Bündnispartner in den

Kampf um die Erhaltung der Abwehr einspannen, oder kümmert er sich auch um die latente Seite des Auftrags, um die ganze Person des Patienten, und stellt damit die individuelle Abwehr des Patienten und gleichzeitig die kollektive Abwehr in Frage, indem er seinem Auftrag als ,,Symptombeseitiger" zuwiderhandelt?

Das Sichtbarwerden des Verdrängten im Symptom und die darin enthaltene Verweigerung gegenüber der Norm lösen beim Patienten und eventuell auch beim Therapeuten Angst aus. Durch die Präsentation des Symptoms und den manifesten wie den latenten Therapieauftrag stellt sich automatisch für den Therapeuten die Frage nach seinen eigenen Normen. So wird die Entscheidung, ob nur der manifeste Auftrag oder auch der latente vernommen wird, auch von den Ängsten des Therapeuten und deren Abwehr bestimmt sein. Entspricht der manifeste Therapieauftrag in etwa den Abwehrnotwendigkeiten des Therapeuten, dann wird er eher auf ihn eingehen und versuchen, mit irgendwelchen Mitteln das ,,Symptom" seines Patienten zu beseitigen; er kann und will dann aus eigener psychischer Notwendigkeit den Wunsch nach einer Entfernung des ,,Symptoms" nicht in Frage stellen. Für den Fall, daß der Therapeut nicht soviel abwehren muß wie der Patient, wird er sich nicht nur auf den manifesten Therapieauftrag beschränken müssen; dann ist seine Angst nicht so groß, seine Abwehr nicht so starr, als daß er nicht auch vielleicht den latenten Auftrag wahrnehmen und auf ihn eingehen könnte.

Dies wird sich ein Therapeut psychisch nur leisten können, wenn er seine eigenen Kompromißbildungen, seine eigenen Symptome nicht nur als unerwünschtes Verhalten behandelt, sondern sich zumindest teilweise zugestehen kann, sie auch als Teil und als Ausdruck seiner eigenen Person zu verstehen, was wiederum bedeutet, daß er es sich psychisch leisten kann, seine eigene bisherige Abwehr nicht um jeden Preis erhalten zu müssen. Für den Fall, daß sich die Abwehrnotwendigkeiten von Patient und Therapeut an der Stelle, um die es mir hier geht, entsprechen, stellt die entstehende therapeutische Beziehung in diesem Punkt eine Neuauflage der bisherigen Beziehungen des Patienten und auch des Therapeuten dar: es wird wieder zugelassen, was bisher schon zugelassen wurde; und es wird wieder vermieden, was bisher schon immer vermieden wurde. Man einigt sich im Lauf der ersten Therapiephase darüber, was man wie in die Therapie einbezieht und was man draußenlassen will. Wenn ich hier von Übereinkünften und Einigungen spreche, dann meine ich damit natürlich nicht nur Verständigungen, die auf verbaler Ebene explizit getroffen werden, sondern (wie oben bei der allgemeinen Beschreibung von Beziehungen) das Zusammenwirken des gesamten Ausdrucks und der gesamten Wahrnehmung verbaler und nonverbaler expliziter und impliziter Informationen über Wünsche, Ängste und Abwehrnotwendigkeiten, also das Zusammenwirken aller bewußt und unbewußt geäußerten und wahrgenommenen Kompromißbildungen aller beteiligten Personen.

So stellt die therapeutische Beziehung das Ergebnis dar, das sich aus den Möglichkeiten der (beiden) beteiligten Personen ergibt. Der Bewegungsspielraum, den diese Beziehung hat, resultiert aus dem Spielraum, den die Beteiligten in ihrer

Abwehr gemeinsam haben. Genauso, wie der Patient versucht, den Therapeuten in sein Abwehrsystem einzubeziehen, ist auch der Therapeut bestrebt, beim Patienten nichts zuzulassen, was ihm selbst allzugroße Angst machen könnte. Was also in einer therapeutischen Beziehung im Moment entstehen, was sich im Moment entwickeln kann, entspricht dem, was alle Beteiligten zu diesem Zeitpunkt, gemessen an ihrer Angst, zulassen können und was sie abwehren müssen.

Was in der Sexualtherapie geschieht, hängt, wie ich meine, von mindestens zwei – nur äußerlich zu trennenden – Faktoren ab: einerseits von der theoretischen Ausrichtung des Therapeuten, d.h. von seiner auf einer „Schule" oder einer „Denktradition" basierenden Anschauungsweise, die automatisch mit einem bestimmten Vorgehen, einem bestimmten methodischen Ansatz verbunden ist; andererseits hängt das therapeutische Geschehen von der aktuell gestalteten Beziehung zwischen dem (den) Patienten und dem Therapeuten ab. Ich habe mich bisher fast ausschließlich mit dem Aspekt der aktuellen Beziehung befaßt, der mir auch der wesentliche zu sein scheint. Ich halte es jedoch auch für sehr wichtig, den methodischen Aspekt, das technische Vorgehen in dieser Untersuchung zu berücksichtigen. Ich bin jedoch der Überzeugung, daß dieser zweite Aspekt, die Theorie und die Methode, nicht von der Person des Therapeuten zu trennen ist. Ich werde deshalb diese beiden, äußerlich trennbaren Faktoren wohl getrennt darstellen, jedoch auch versuchen, deren gegenseitige innere Abhängigkeit aufzuzeigen.

Unter welchen Bedingungen kann sich etwas verändern?

Die Frage ist nun, welchen Stellenwert der oben dargestellte Auftrag des Patienten an den Therapeuten für die therapeutische Beziehung bekommt, und was durch ihn bewirkt wird. Die Auswirkungen des Auftrags sind in hohem Maß von der Person des Therapeuten abhängig, von seinen Zielvorstellungen, von seiner Ausbildung, von seiner (im weitesten Sinne) weltanschaulichen Orientierung. Ich brauche, nach meinen bisherigen Ausführungen, wohl nicht besonders darauf hinzuweisen, daß ich alle diese „Therapeuten-Variablen" in engstem Zusammenhang mit seiner Person sehe. Was in der therapeutischen Beziehung entsteht und geschieht, hängt weitestgehend davon ab, ob der Therapeut neben dem manifesten Auftrag auch den latenten wahrnehmen kann, ob er bereit ist, die Äußerungen des Patienten, dessen Kompromißbildungen (also auch die Symptome) als dessen Ausdruck zu sehen und zu verstehen. So wird sich z.B. ein Therapeut, in dessen eigener psychischer Problematik es hauptsächlich um die Bereiche „Können", „Beherrschen" und „In-den-Griff-Bekommen" geht, wohl leichter von einem Patienten dazu verführen lassen, seine „Potenz" im Beseitigen des „Symptoms" auf eine besonders schnelle und elegante Art zu beweisen, als ein Therapeut, der in seinem Selbstwertgefühl nicht so leicht störbar ist. In diesem Sinn kann die „Antwort" des Therapeuten auf den Auftrag des Patienten ebenso wie dieser

Auftrag selbst wieder als Kompromißbildung betrachtet werden. Genauso wie beim Patienten hängt auch beim Therapeuten (wie bei jedem anderen) jede Äußerung davon ab, was sich derjenige im Moment vor dem Hintergrund seines Angst-Abwehrgleichgewichts psychisch an Verunsicherung leisten kann.

In jeder Beziehung, also auch in der therapeutischen, beinhaltet jede Äußerung auch eine Aufforderung an den anderen, die eigene Abwehr, die eigenen Abspaltungen mitzumachen. So wird die individuelle und die sich ergebende gemeinsame Abwehrstruktur auch in der therapeutischen Beziehung in jedem Augenblick von allen Beteiligten aufrechterhalten, indem sie immer wieder bekräftigt und nicht in Frage gestellt wird; oder sie wird in Frage gestellt und nicht ganz übernommen, weil die durch sie bewirkte Einengung von mindestens einem Betroffenen als abhängigmachend und einschränkend erlebt wird. Die Bekräftigung oder Erschütterung der Abwehr kann in jedem Moment geschehen, durch jedes Wort, durch jedes Element des Ausdrucks. Jede Äußerung des Therapeuten und des Patienten ist damit ein potentieller therapeutischer Eingriff, durch den sich der Bewegungsspielraum innerhalb der Beziehung für den sich Äußernden und für den jeweils anderen entweder enger oder weiter gestalten kann. Das bedeutet auch, daß jeder an den Reaktionen des anderen auf die eigenen Beziehungsangebote (also auch: auf die Abwehrangebote und die Angebote, Abwehr aufzugeben) mehr oder weniger ablesen kann und auch unbewußt abliest, was der andere davon übernehmen will und kann und was nicht. Dieser oben (vgl. Kapitel 1) schon ausführlich dargestellte Vorgang findet beim Entstehen genauso wie während dem Bestehen jeder Beziehung, also auch jeder therapeutischen Beziehung, ununterbrochen statt. Das (immer wieder veränderbare) Ergebnis solcher Entwicklungen ist die mehr oder weniger einschränkende Beziehungs- und Abwehrstruktur, die in ihrem Inhalt und ihrem Ausmaß aus dem Zusammenwirken der individuellen Abwehrstrukturen von Patient und Therapeut bestimmt ist.

Genauso, wie die Sexualität in einer Beziehung in ihrer Eigenart Ausdruck der Beziehung ist, ist die Art des therapeutischen Umgangs mit der Sexualität und den ,,Sexualstörungen" Ausdruck der therapeutischen Beziehung, d. h. der in ihr wirksamen Bedürfnisse und Abwehrnotwendigkeiten.

Was sich nun in einer therapeutischen Beziehung an Veränderung ergeben kann, resultiert daraus, was beide, Patient und Therapeut an Veränderung zulassen können. Daher gibt es grundsätzlich für jeden Augenblick zwei Alternativen: entweder die vom Patienten (oder vom Therapeuten) angebotene Beziehungsstörung bleibt aufrechterhalten, oder sie kann aufgehoben werden. Für das manifeste Beziehungsangebot des Patienten, sich nämlich nicht mit ihm als ganzer Person zu befassen, sondern seine ,,Symptome" zu beseitigen, bedeutet das, daß der Therapeut daraus entweder ein Bündnis mit dem Patienten gegen die ,,Krankheit" aufbaut oder daß er die Abwehr im Bündnisangebot erkennt, versteht und sich nicht zur Übernahme zwingen läßt. Im ersten Fall, dem Bündnis als Folge gemeinsamer Angst vor der Aufhebung der Abwehr, wird der Therapeut das Anliegen des Patienten in vollem Umfang für gerechtfertigt halten und sich bemühen, den

Kampf gegen das Ängstigende im ,,Symptom" erfolgreich zu schlagen. Er wird dann kaum sehen können, daß er sich dadurch zum Erfüllungsgehilfen der Angstabwehr des Patienten und des Kollektivs macht; er kann es nicht sehen, weil er diesen Kampf auch wegen sich selbst und gegen seine eigene Angst führt. Würde er seine Rolle in diesem Moment erkennen, hätte er den Kampf an dieser Stelle schon nicht mehr nötig. So manipuliert der Patient den Therapeuten, indem er von ihm verlangt, ihn nicht als ganze Person, sondern nur teilweise zu sehen und einige dieser Teile abzulehnen und zu entfernen.

Genauso wie in nicht-therapeutischen Beziehungen wird die Verweigerung dieser Manipulation vom Patienten oft mit dem Abbruch der Beziehung quittiert. Hinter der Aufforderung zum Kampf gegen das ,,Symptom" steht also immer auch die Drohung: ,,wenn Du nicht mitmachst, verlasse ich Dich" und evtl.: ,,dann werde ich allen Leuten sagen, was für ein unfähiger Therapeut Du bist." Es ist verständlich, daß man sich als Therapeut dieser Gefahr nicht gerne aussetzt und sich deshalb lieber zum Symptombeseitiger machen läßt und macht. Ich möchte es aber nocheinmal betonen: zum ,,Symptombeseitiger" wird keiner, der es nicht auch für sich selbst nötig hat, einer zu sein.

Auch der Therapeut versucht im Bündnis gegen die ,,Krankheit" den Patienten zu manipulieren: dieser soll nur noch die Dinge äußern, die in sein Konzept, in seinen Therapieplan passen. Ein Patient, der sich dem therapeutischen Konzept widersetzt, hat eine ähnliche Strafe zu fürchten, wie der nicht manipulierbare Therapeut: er läuft Gefahr, daß die Therapie vom Therapeuten abgebrochen wird, daß er für therapieungeeignet erklärt und für einen hoffnungslosen Fall gehalten wird. Es ist auch hier verständlich, daß der Patient viel Kraft bräuchte, um sich der Manipulation durch den Therapeuten zu entziehen. Wenn er sich in sie einläßt, dann tut er das aber immer auch, weil sie ihm so, wie sie ihm angeboten wird, als Abwehrmöglichkeit auch willkommen ist, weil es für ihn auch leichter ist, sich manipulieren zu lassen, als von sich aus die Manipulation zu durchbrechen und sich zu emanzipieren.

Wenn man die eben geschilderte Situation aus der Sicht des Therapeuten und aus derjenigen des Patienten miteinander vergleicht, dann scheinen sich die beiden Situationen genau zu entsprechen, dann sieht es so aus, als stünden beide vor genau derselben Schwierigkeit in der Auseinandersetzung mit ihrer eigenen Angst und der des Gegenüber, in der Gefangenschaft ihrer Abwehr und derjenigen des anderen. Jedoch ein Unterschied besteht: der Patient kommt als Patient in die Beziehung, der Therapeut als Therapeut. Sie haben verschiedene Rollen. Inwiefern aus dieser unterschiedlichen Rollenverteilung für den Therapeuten eine besondere Verantwortung entsteht, möchte ich im letzten Kapitel (Kapitel 10) untersuchen.

Nun zur zweiten Möglichkeit, wenn nämlich kein Bündnis gegen das Symptom zustandekommt: der Auftrag des Patienten an den Therapeuten, sein ,,Symptom" zu beseitigen, hat neben dem Wunsch, die Beeinträchtigung und das damit zusammenhängende Leiden zu verlieren, auch die Aufgabe, das ,,Symptom" als das ängstigende Sichtbarwerden des Verdrängten wieder loszuwerden. Der Therapeut soll dafür als Verbündeter gewonnen werden, der die ,,heile Welt“ ohne ,,Krankheit“, Angst und störende, beunruhigende Gefühle schaffen soll, ohne die Verweigerung, ohne die Rebellion gegen die Unterdrückung durch die individuelle und kollektive Abwehr, deren Rumoren im ,,Symptom“ schon gefährlich sichtbar geworden ist. Um diese Aufgabe zu erfüllen, müßte der Therapeut Teile des Wahrnehmbaren übersehen, Teile des Patienten und Teile seiner eigenen Person vernachlässigen. Tut er das nicht, dann entsteht eine große Spannung zwischen ihm und dem Patienten. Die Angst, die mit der Unterscheidung in ,,Krankheit“ und ,,Gesundheit“ bisher mehr oder weniger erfolgreich abgewehrt werden konnte, kann nun manifest werden, dann nämlich, wenn der Therapeut sich weigert, diese Unterscheidung mitzumachen, und stattdessen versucht, den Stellenwert und die Bedeutung des ,,Symptoms“ für die Existenz des Patienten zu verstehen und auch diesem verständlich zu machen. Der Therapeut wird das nur können, wenn er sich die Abwehr des Patienten nicht aus eigener psychischer Notwendigkeit zu eigen machen muß; nur wenn er an den entsprechenden Stellen keine oder nicht allzuviel Angst bekommt (d. h. ohne das momentan mögliche Erlebnis und Verständnis abwehren zu müssen), kann er es schaffen, aus der Manipulation durch das Beziehungsangebot des Patienten zu entkommen. Wenn er ein ,,guter“ Therapeut sein will, der als Therapeut funktioniert, dann wird er an irgendeiner Stelle zusammen mit dem Patienten eine gemeinsame Abwehr aufbauen, und zwar genau an der Stelle, an der er in der Verweigerung eines manipulativen Beziehungsangebotes kein ,,guter“ Therapeut mehr sein könnte.

Meist ereignet sich der Aufbau der gemeinsamen Abwehr in der sexualtherapeutischen Beziehung schon ganz zu Anfang, nämlich dort, wo es um den Auftrag an den Therapeuten geht. Er hat es als ,,Sexualtherapeut“ schwer: er soll sich als Fachmann mit ,,der Sexualität“ und ihren ,,Störungen“ befassen; wie soll er es nun plötzlich vor dem Patienten rechtfertigen, wenn er sich nicht mehr nur um die sexuellen Funktionsstörungen kümmern möchte, sondern z. B. auch um seine Ängste und Phantasien? Sich der Einschränkung der Sexualität auf Funktionen zu widersetzen hieße: sich nicht nur dem momentanen Anliegen des Patienten mindestens teilweise zu entziehen, sondern sich auch über die gesamtgesellschaftliche Abwehr hinwegzusetzen, die in jedem von uns mehr oder weniger tief verankert ist. Dazu ist viel psychische Kraft, Angsttoleranz und Risikobereitschaft auf Seiten des Therapeuten erforderlich. Da ist es schon viel leichter und – oberflächlich gesehen – weniger riskant, ein ,,guter“ Therapeut zu sein, der weiterhin an den Dämmen gegen die Flut des Abgewehrten baut und sich dabei durch das, was er von sich und von den anderen wahrnehmen könnte (und oft vielleicht auch wahrnimmt) nicht stören läßt.

Der erste Schritt dazu, daß der Patient seine Angst und seine Abwehr annehmen kann, ist vom Therapeuten zu machen; dieser Schritt besteht nämlich darin, daß der Therapeut die Angst und die Abwehr bei sich selbst und beim Patienten annehmen kann.

Es liegt an der Beziehung zwischen Patient und Therapeut, wie mit der Sexualität und wie mit ihren „Störungen“ umgegangen wird, was gesehen und verstanden werden kann oder was vermieden und beseitigt werden muß. In der therapeutischen Beziehung kann sich nichts ereignen, was nicht von beiden zugelassen wird; es kann sich keine Veränderung ergeben, die nicht beide zulassen können. Der Therapeut kann dem Patienten nur insoweit begegnen, als er sich selbst begegnen kann. Das, was der Therapeut mit dem Patienten macht, macht er auch mit sich selbst. Das, was er bei sich selbst akzeptieren kann, kann er auch beim anderen akzeptieren, nicht mehr, aber auch nicht weniger.

Was geschieht dabei aber mit dem „Symptom“? In der hier beschriebenen Sichtweise bekommt es eine ganz andere Bedeutung als bisher. Es ist nicht mehr nur Ärgernis, Feind, Zu-Beseitigendes. Der hier unternommene Versuch macht das „Symptom“ zu einer Schlüsselstelle für die Veränderung. Am Symptom wird deutlich, worum es geht: um welche Angst, um welche Notwendigkeit, diese Angst zu vermeiden, um welche Mechanismen der Vermeidung. Ich möchte an einem Beispiel diesen veränderten Stellenwert des „Symptoms“ ausführen: ein Ehepaar, beide Mitte dreißig, kommt wegen Partnerproblemen in die Eheberatung. Im Lauf der Beratung, in der es immer wieder um die Selbstwertproblematik beider Partner geht, tritt plötzlich, als „Symptom“ neu, eine Impotenz des Mannes auf. Neben dem Erschrecken darüber äußert der Mann aber auch Erleichterung: endlich würde seine Sexualität mit seinem psychischen Befinden übereinstimmen; bisher hätte er immer den Starken, den Potenten spielen müssen, endlich könne er es sich erlauben, so zu sein, wie er sich meist fühle, nämlich schwach, ängstlich, impotent. In einem symptomorientierten Ansatz, d. h. in einer Therapie, die auf dic Beseitigung von „Symptomen“ angelegt ist, würde man die eben beschriebene Entwicklung als Fehlschlag betrachten: Therapeut und Methode hätten da versagt; anstatt, daß es sich „bessere“, werde alles nur noch „schlimmer“. Bei einem Zugang, der nicht auf der Verhaltensebene ansetzt, sondern auf der Beziehungsebene, ist diese Entwicklung als Therapiefortschritt zu werten: der Mann kann es sich im Lauf der Eheberatung anscheinend immer mehr leisten, er selbst zu sein, zu zeigen und zu leben, wie es ihm geht. Über diese neue Möglichkeit sich zu äußern und zu bemerken, wie es ihm geht, kommt er in näheren Kontakt zu seiner Frau; sie hat es jetzt nicht mehr mit einer funktionierenden Fassade zu tun, sondern ein Stück mehr mit ihm. An diesem Beispiel läßt sich m. E. verdeutlichen, wie das „Symptom“ als etwas anderes angesehen werden kann, nicht mehr als ein unerwünschtes Verhalten, das aufgrund mehr oder weniger zufälliger Ereignisse erlernt wurde; es ist vielmehr zum individuellen, genau verstehbaren Ausdruck geworden, der in seiner verschlüsselten Äußerungsform ebenfalls etwas über die Beziehung aussagt, in der er geäußert wird. Eine Beziehung, in der das „Symptom“ wieder zur Kompromißbildung werden kann, indem es verstanden wird, ist lebendiger und erlaubt den betroffenen Personen einen größeren Bewegungsspielraum und umfassenderen Kontakt.

Für die Sexualität würde das heißen, daß jeder die Sexualität zu leben wagt, die seiner Person entspricht; daß er nicht ,,mehr" sein muß, nicht ,,mehr" können muß, als er ist und als er kann. Dieses Ziel heißt nicht ,,Symptomfreiheit" zu erlangen, sondern Beziehungen zu leben, in denen wir uns seltener dazu zwingen lassen und uns seltener dazu zwingen, ,,Symptome" anstelle von direkten Äußerungen zu bilden. In diesem Zusammenhang bedeutet jeder Schritt auf dieses Ziel hin, d.h. jede genützte Möglichkeit, in Kontakt zu treten und die Kontaktvermeidung in der Abwehr hinter sich zu lassen, ein Stück Emanzipation.

Wozu psychotherapeutische Methoden und Techniken dienen können

Zu Beginn des vorigen Abschnitts habe ich die These vertreten, daß zwischen der Person des Therapeuten und der Auswahl der von ihm verwendeten therapeutischen Methoden ein enger Zusammenhang besteht. Im folgenden möchte ich diese Behauptung begründen, wobei ich noch einmal betonen möchte, daß es mir bei dieser Begründung nicht um einen objektiven Beweis geht, sondern um eine Darstellung meiner Sichtweise.

Neben den ,,sachlichen", scheinbar ,,außerhalb der Personen liegenden" Argumenten für oder gegen die Theorie einer therapeutischen Richtung, für oder gegen eine Therapiemethode besteht auch die Möglichkeit, die individuelle Wahl einer Methode mit der Person des Wählenden, d.h. des Therapeuten in Verbindung zu bringen. Im Gespräch zwischen Kollegen über die Gründe für eine Methoden- oder Theoriewahl wird dieses Problem üblicherweise so gehandhabt: man schaut nicht genauer hin, wenn schon einmal ,,rationale", sachlich verständliche Argumente für die Entscheidung für oder gegen eine Methode ausgesprochen worden sind. Man sagt dann: ,,Er hat seine Gründe" und tut so, als käme derjenige wohl mehr oder weniger zufällig auf diese Begründungen, unabhängig davon, in welcher psychischen Lage er sich selbst befindet, welche Ängste und Abwehrnotwendigkeiten er hat. Ist man jedoch ganz dreist und fragt weiter, wird man irgendwann die Antwort erhalten, die oft als die letzte und nicht mehr hinterfragbare Legitimation für jede Handlung gilt: ,,Ich will es eben so". Dann ist man meist mit seinem Interesse am Zusammenhang zwischen Person und Entscheidung (für eine Methode) an einer Mauer angelangt, bei deren Übersteigung man nicht mit der Hilfe des Befragten rechnen kann; man bleibt nun allein auf seine eigenen Wahrnehmungen vom anderen angewiesen. Doch er hat einem ja einiges gesagt: er hat ,,objektive" Gründe angegeben (z.B. Erfolgsraten, Ökonomie der Kräfte und der Finanzen, soziale Gerechtigkeit); und er hat gesagt, daß er es *so* will und nicht anders. Das kann man alles akzeptieren. Ich kann aber nicht darüber hinwegsehen, daß nicht nur ,,Krankheitssymptome" Hinweischarakter haben, sondern daß auch jede andere Äußerung eine Zeichenfunktion hat, daß in jeder Kompromißbildung, d.h. in jeder Äußerung etwas von der Person, von ihren Bedürfnissen, ihrer Angst und ihrer Abwehr sichtbar wird.

Wenn man, wie ich es oben getan habe, die Trennung von Sexualität und Beziehung, die Definition von Sexualität durch ihre (Körper-)Funktionen als Verdinglichung, als Technisierung zum Zwecke der Abwehr versteht, dann muß man entsprechend die Technisierung der (Psycho-)Therapie ebenfalls als Abwehrform verstehen. So möchte ich behaupten, daß therapeutische Methoden und Techniken dem Therapeuten in aller Regel dazu dienen, die therapeutische Situation, die Unkontrolliertheit einer momentanen Situation in den Griff zu bekommen. So trägt jede Form der Strukturierung neben dem ordnenden Anteil auch die Gefahr in sich, daß das anstehende psychische „Chaos" auf Kosten der in ihm liegenden Veränderungsmöglichkeit vermieden wird. Der Patient spürt ganz genau, wenn es dem Therapeuten zu gefährlich wird, wenn der Therapeut Angst bekommt. Das Herstellen einer „angstfreien" Situation „für den Patienten" dient immer auch dem Therapeuten zur Vermeidung seiner eigenen Angst. Ganz allgemein gesehen meine ich, daß jede Anwendung therapeutischer Methoden und Techniken eine weitere Beziehungs- und Gesundungschance vernichtet, weil sie im Bezwingen einer Schwierigkeit den im Moment anstehenden Konflikt umgeht. In jeder Strukturierung von Seiten des Therapeuten steckt auch dessen eigene Strukturierungsnotwendigkeit, die eine Form von Abwehr bedingt, in der nicht mehr sein kann und sein darf, was ihr im Moment zuwiderläuft, z. B. Sprachlosigkeit, Kontaktlosigkeit, „Agieren", Angst usw., sondern in der alles nach dem „Konzept", d. h. auch: nach der Form der Angstbewältigung des Therapeuten funktionieren muß.

Der Begriff der „Technik" in der (Psycho-)Therapie ist kaum irgendwo eindeutig definiert. Das Wort „Technik" weckt Assoziationen aus dem Bereich naturwissenschaftlicher, ingenieurwissenschaftlicher Bewältigung von Problemstellungen. In diesem Sinn wird der Technikbegriff in medizinischer oder psychologischer Therapie auch oft verwendet, als Bezeichnung für Interventionsstrategien, die einen angestrebten Soll-Zustand herbeiführen sollen. Dagegen wird in den technischen Überlegungen zu einer psychoanalytischen Behandlung der Technik-Begriff oft in einer anderen Bedeutung verwendet, nämlich als Summe der Erfahrungen darüber, was den analytischen Prozeß erleichtern und fördern könnte; genauer: technische Überlegungen dienen dort dazu, rechtzeitig zu bemerken, was den analytischen Prozeß stören könnte (vgl. dazu Greenson 1973; auch im 9. Kapitel der vorliegenden Arbeit befasse ich mich mit diesem Problem). Da die verschiedenen Technikbegriffe nach meiner Übersicht über die Literatur bisher noch nicht befriedigend voneinander unterschieden wurden, möchte ich hier mit einigen Überlegungen zu dieser – wie mir scheint – notwendigen Differenzierung einen Beitrag leisten.

Beim Skifahren ist mir deutlich geworden, daß die richtige, d. h. die adäquate (Fahr-)Technik diejenige ist, mit der ich mich auf die jeweiligen Gegebenheiten am besten einstelle, nämlich auf die Schneeverhältnisse, das Wetter, das Gelände, meine Ausrüstung, meine Kondition. Das erfordert dann z. B. im Nebel, auf einer vereisten Piste, wenn ich unausgeschlafen bin und Skier mit abgefahrenen Kanten habe eine andere Fahr-Technik als etwa bei Sonnenschein, auf einem ideal geneigten Pulver-Tiefschneehang, mit den richtigen Skiern und im momentanen Besitz einer guten Kondition. Das Ziel beim Sich-Einstellen auf die Gegebenheiten ergibt sich aus dem Wunsch, mich bezogen auf die Bedingungen frei, möglichst lebendig zu bewegen, um mit dem, was ich tue zufrieden werden zu können. Das gelingt nicht immer; wenn ich meine Kondition, den Hang oder die Schneeverhältnisse falsch einschätze oder wenn ich eine Vorstellung davon habe, wie ich fahren müßte, wie mein Fahren aussehen sollte, wie der Schnee sein sollte usw. und dabei die wirklichen Bedingungen aus den Augen verliere, dann vergewaltige ich – mich und das Gelände, dann kann ich nicht zufrieden werden, es sei denn, ich halte das Überwältigen der widrigen Bedingungen in mir und in der Umwelt für etwas Befriedigendes. Die Vergewaltigung rächt sich immer, in einem Sturz, in einer Überanstrengung, in einem gebrochenen Bein oder Ski, in meiner Unzufriedenheit oder darin, daß ich die Selbstvergewaltigung als befriedigende Leistung mich zu erleben zwinge. Diese, die letzte Folge der (Selbst-)Vergewaltigung ist schwer als solche zu erkennen, da sie den Charakter einer Ersatzbefriedigung hat und ich dies vor mir und anderen verleugnen muß.

Für psychotherapeutische Techniken gilt ähnliches, nur kommt komplizierend hinzu, daß nicht nur, wie im Skifahrerbeispiel, einer mit sich und der Materie umgeht, sondern daß mindestens zwei Personen miteinander darum ringen, ob sie sich selbst und den anderen vergewaltigen müssen oder nicht. Dem ,,Ich und die Bedingungen beim Skifahren" entspricht hier das ,,Ich und der Patient". Die Schneeverhältnisse, das Wetter und das Gelände entsprechen den psychischen Bedingungen des Patienten, seinen Emanzipationswünschen, seiner Angst vor Veränderung und Verunsicherung sowie seinen Abwehrnotwendigkeiten. Meine Ausrüstung und meine Kondition sind meine Angsttoleranz, meine psychische Stabilität, meine berufliche Ausbildung und Erfahrung und meine eigene Bereitschaft, Veränderungen zuzulassen. Bei schwierigen Bedingungen von Seiten des Patienten oder auf meiner Seite benötige ich eine andere ,,Technik", d. h. ich, muß mich auch als Therapeut vorsichtiger bewegen, die Chancen und Risiken sorgfältiger abschätzen als bei ,,schönem Wetter". Wesentlich dabei ist, daß sich meine ,,Technik" nach den im Moment angetroffenen Bedingungen richtet und nicht nach irgendeinem Ziel oder nach irgendwelchen von der spezifischen Situation unabhängigen methodischen Vorstellungen.

Psychotherapeutische Technik muß dann als Vergewaltigung angesehen werden, wenn sie dazu verwendet wird, die Veränderung des Patienten den Zielvorstellungen des Therapeuten zu unterwerfen, die sich bewegenden Kräfte oder die Kräfte, die sich erst entwickeln und bewegen wollen einem Plan unterzuordnen. Dann werden zwangsläufig und unvermeidlich Bedürfnisse des Patienten *und* des Therapeuten noch stärker unterdrückt; dann kann sich zwischen beiden weniger entwickeln, als wenn man auf diesen Plan verzichten könnte. Nur die Kräfte dürfen sich regen, die der Zielvorstellung entsprechen; diejenigen Kräfte, die der Erreichung des Soll-Wertes entgegenstehen, werden nicht beachtet, oder wenn sie sich allzusehr in den Vordergrund drängen und nicht mehr übersehen werden können, schließlich mit Hilfe irgendeiner Technik erneut unterdrückt und auszuschalten versucht. Auch diese Vergewaltigung rächt sich: in Symptomverschiebungen, in Therapieabbrüchen, in Symptomverlusten als Ausdruck von Anpassung und Resignation, d.h. in ,,gelungenen" Therapien eines ,,Symptoms", wobei die Selbstvergewaltigung im Überwältigen der emanzipatorischen Kräfte als befriedigender Erfolg erlebt werden muß.

Wenn psychotherapeutische Techniken als empathisches Sich-Einstellen auf die Bedingungen in einem selber *und* im Patienten verstanden werden, als Im-Auge-Behalten (aber nicht Aus-dem-Weg-Räumen) der die Gesundung evtl. ,,störenden" Kräfte und als das Verständnis dafür, warum diese Kräfte augenblicklich nötig sind, dann werden die Veränderungen möglich, die anstehen. Veränderungen, die nicht nötig sind, werden dann nicht geschehen. Hier braucht sich nichts zu rächen, weil (im Idealfall) keines der anstehenden Bedürfnisse im Patienten *und* im Therapeuten unterdrückt zu werden brauchte und sich deshalb auch nicht nachträglich auf irgendeine Weise Gehör verschaffen muß.

Für die Unterscheidung verschiedener (psycho-)therapeutischer Techniken führe ich hier also ein Kriterium ein, daß sich darauf bezieht, ob die im Patienten *und* im Therapeuten vorhandenen Kräfte, die Wünsche und die Ängste, damit übergangen und vergewaltigt werden oder ob diesen Kräften mit ihrer Hilfe die Lebendigkeit zugestanden werden kann, die sie haben. Ich sehe wohl, daß ich diese beiden Alternativen hier idealtypisch darstelle, so ,,rein", wie sie wohl nur selten anzutreffen sind. Es wird im Einzelfall immer um Mischungen gehen, jedoch halte ich es für wichtig, zur Klärung, in welcher Dimension man sich bewegt, die dazugehörigen Pole genau zu kennen und deutlich zu sehen. Das wird die Orientierung erleichtern. Ein Hinweis noch, bevor ich meinen Exkurs über die Definition des Begriffs ,,Technik" abschließe: was ich eben beschrieben habe, entspricht letztlich meiner im 5. Kapitel getroffenen Unterscheidung in die provozierte und die zugelassene Sexualität, den provozierten und zugelassenen Orgasmus. Diese Alternativen in ihren verschiedenen Färbungen auszuleuchten ist ein Grundanliegen dieser Arbeit; ich werde darauf in den folgenden Kapiteln immer wieder zurückkommen, wenn ich von der repressiven und der emanzipatorischen Haltung in der (Sexual-) Therapie sprechen werde.

Die Anwendung einer Technik im vergewaltigenden Sinn wendet sich damit also nicht nur gegen das ,,Symptom", sondern sie ist selbst Ausdruck der Beziehungsstörung in der therapeutischen Beziehung, indem sie sich gegen den Patienten und sein Bedürfnis richtet, nämlich im ,,Symptom" verstanden zu werden, wie gegen den Therapeuten selbst, indem er dadurch weiterhin vermeidet, sich mit seiner Angst zu befassen. An dieser Stelle meiner Ausführungen wird, so scheint mir, deutlicher, wie es kommt, daß sich ein Therapeut zu einer bestimmten (psycho-)therapeutischen Methode hingezogen fühlt, u.a. nämlich weil sie ihm und seinen Abwehrbedürfnissen entspricht, weil er sich mit der Methode und mit dem Verweis auf ihre Notwendigkeit gegen jede persönliche Verunsicherung ,,legitim" wappnen kann.

Unsere Gesellschaft macht es ihm leicht, sich derart zu rüsten, ist doch die Rüstung aus „Objektivität", aus Angstvermeidung und Machtausübung das Mittel, mit dem alles „geht", nach dessen Gesetzen anscheinend alles funktioniert. An dieser Stelle wird wieder deutlich, wie eng der einzelne (Therapeut) mit der Abwehrstruktur dieser Gesellschaft zusammenhängt. Ein Beispiel: die verhaltenstherapeutische Methode des Selbstsicherheits- oder Selbstbehauptungstrainings (vgl. z. B. Kockott 1975, S. 26, oder Ullrich de Muynck & Ullrich 1977 und 1978) stimmt in ihrer Form der Beziehungs*bewältigung,* der Lebens- und Problembewältigung genau mit den Formen von Machtausübung überein, die in unserer Gesellschaft üblich sind: dort geht es darum, krass ausgedrückt, nur „bestimmt" genug aufzutreten, den anderen zu überrumpeln, dann wird er schon alles mit sich machen lassen. Dabei findet nicht nur eine Anpassung des Patienten durch den Therapeuten an die Abwehrmechanismen der Gesellschaft statt, sondern auch – und das wird bei einer Kritik der Verhaltenstherapie in der Regel übersehen – eine Bestätigung dieser Abwehrformen als der „gesunden" Interaktion, bei der Beziehungsprobleme durch Tun technisch bewältigt werden.

Man wird mir entgegnen, bestimmte Formen psychotherapeutischer Techniken würden doch die Ausdrucksmöglichkeiten erweitern, würden doch oft erst die Möglichkeiten schaffen, zu sehen und zu verstehen, wie etwa die Methoden der Gestalttherapie (vgl. z. B. Perls 1974 und 1976). Soweit ich es überblicke, werden die von Gestalttherapeuten eingesetzten Techniken nicht in ihrer Bedeutung für die aktuelle Situation in der therapeutischen Beziehung gesehen. Den Einsatz einer solchen Technik zu relativieren, hieße Fragen wie die folgenden zu stellen: wie heißt die Norm in dieser Gruppe, in dieser therapeutischen Beziehung im Augenblick? Ist der vielleicht im Moment der „Größte", der am meisten „durchmacht", der am meisten „rausläßt"? Wenn einer auf dem „heißen Stuhl" sitzt, dann geht es nur manifest ausschließlich um ihn; latent spielen auch seine momentanen Beziehungen zum Therapeuten und zur evtl. beobachtenden Gruppe eine große Rolle. Es könnte z. B. sein, daß in einer Gruppe die implizite Norm besteht, den Einsatz einer Technik als Erweiterung erleben *zu müssen,* das „Tun" als das „Richtige" zu betrachten, während dann doch die Technik und die Verhaltensänderung zur Abwehr des Einzelnen und der Gruppe dient: die „Erweiterung" gerät so zur Einengung. Ob befreiende Erweiterung geschieht oder ob einschränkende Abwehr aufgebaut wird, können hier wie überall nur die Betroffenen aus ihrem Erlebnis heraus entscheiden, wobei nicht gesagt ist, daß ein gemeinsames Erlebnis von Befreiung oder Einschränkung nicht auch auf einer gemeinsamen Erlebnisnorm beruhen kann.

Worum es mir geht, ist folgendes: ich glaube, daß überall dort, wo etwas erzwungen wird, wo der eine den anderen nicht so lassen kann, wie er ist, die Gefahr besteht, daß einer den anderen, der Patient den Therapeuten, und umgekehrt: der Therapeut den Patienten, für seine Abwehrbedürfnisse einspannt. Wer beim anderen etwas verändern will, macht das, weil es ihm schwerfällt, den anderen dort zu lassen, wo er ist, ihn sich selber bewegen zu lassen. Ich halte es auch für eine

Manipulation zur Angstvermeidung des Therapeuten, wenn er durch Anweisung, durch „Stützung", durch eine „Erlaubnis" den Patienten zu etwas bringen will, wo dieser von sich aus noch gar nicht angelangt ist. Man zwingt dadurch den Patienten, Grenzen zu überschreiten, die er von sich aus im Moment noch nicht überschreiten würde, obwohl er doch im Nicht-Überschreiten näher bei sich und bei seinem Befinden wäre als im Überschritten-Haben aufgrund der Nötigung durch den Therapeuten. Der Therapeut wird dabei zum großen Zauberer, der die Überschreitung der Grenze ermöglicht, der aber auch im Aufstellen der „Überschreitungsnorm" („hier kann man Grenzen überschreiten, hier braucht man nicht stehen zu bleiben, hier darf man nicht stehen bleiben") neue Abwehr aufbaut. Der Therapeut tut dabei so, als könne er die Verantwortung für die Grenzüberschreitung übernehmen, als könne er dem Patienten den Entschluß dazu in Wirklichkeit abnehmen. Er kann es nicht! Denn die durch die Angst gesetzte Grenze wird in diesem Moment nicht wirklich überschritten, sondern verleugnet. Der Therapeut gaukelt dem Patienten und sich selbst vor, es gäbe diese Grenze nicht und auch nicht die Angst vor ihr. Jedesmal, wenn eine Methode oder ein Trick angewendet wird, um sich die Konfrontation mit dem, was im Moment ansteht (nämlich die Konfrontation mit den Wünschen, der Angst und der Abwehr) zu ersparen, muß dies als Manipulation *aller* Betroffenen angesehen werden. Der Therapeut manipuliert dabei den Patienten und sich selbst.

Das Argument, man könne Manipulationen nie hundertprozentig unterlassen, kann nicht als Rechtfertigung für manipulatives Therapeutenverhalten benützt werden. Es sagt hauptsächlich etwas über die geringe Möglichkeit und Wahrscheinlichkeit aus, in unserer Gesellschaft mit ihren Beziehungsstörungen manipulationsfreie Beziehungen zu erleben. Mit einer solchen Begründung kann nach meiner Meinung nur jemand argumentieren, der noch nie eine Beziehung erlebt hat, in der nicht manipuliert wurde, oder er konnte es bisher noch nicht zulassen, ein solches Erlebnis bewußt wahrzunehmen. Die Schwierigkeit oder Unmöglichkeit des Erlebnisses manipulationsfreier Beziehungen zeigt sich z. B. in der folgenden Ansicht von zwei verhaltenstherapeutischen Autoren: „Wenn man sich von der negativen Bedeutung des Wortes ‚Dressur' freimachen kann und einsehen lernt, daß Widerstände gegen eine wissenschaftliche Verhaltensforschung und -Therapie oft anthropozentrisch-sentimentaler Natur sind, wird man auch den Begriff der Verhaltenskontrolle ohne Unbehagen betrachten können. Der Begriff besagt ja nicht, daß der Verhaltenstherapeut beispielsweise etwas kontrolliert, über das sonst keine Kontrolle bestünde: Jedes Verhalten ist unausweichlich kontrolliert" (Gottwald & Redlin 1972, S. 139; vgl. dazu auch meine Bemerkungen zum Funktionieren der „Lerngesetze" im 7. Kapitel meiner Arbeit). Ich kann nur aus meiner eigenen Erfahrung berichten, nach der ich auch als Therapeut in Beziehungen zu Patienten Momente von gegenseitiger Manipulationsfreiheit erlebt habe. Daß sich in unseren Beziehungen immer wieder Manipulationen einschleichen, genauer: daß wir immer wieder in unseren Beziehungen uns und die anderen zu manipulieren versuchen, sagt nichts über ein „Naturgesetz der Manipulationsnotwendigkeit" aus, sondern nur etwas über unsere Angst davor, uns und die anderen so zu erleben, wie wir sind. Was Watts für das Anwenden bestimmter Techniken in der sexuellen Beziehung gesagt hat, gilt genauso auch für jede andere, also auch für die therapeutische Beziehung; er schreibt über die Anwendung von Techniken, sie sei „... die Folge und nicht die Ursache einer bestimmten inneren Haltung, welche sich fast ganz natürlich solchen Partnern aufdrängt, die die Liebe so, wie sie kommt, kontemplativ annehmen und es nicht eilig haben, irgendetwas von ihr zu erreichen" (Watts 1962, S. 178). Eines der Hauptanliegen von Watts ist der Hinweis darauf, daß die „Liebestechniken" der indischen Überlieferung nicht Anweisungen sind, wie kontemplative Liebe *gemacht* werden kann, sondern daß die bildlichen und schriftlichen Darstellungen erotischer Handlungen als *das Ergebnis* der Haltung kontemplativer Liebe angesehen werden müssen, als das, was sich in kontemplativer Liebe ergeben kann. Dasselbe gilt meiner Ansicht nach ebenso für therapeutisches Handeln, das immer Ergebnis der therapeutischen Beziehung ist, Ergebnis einer repressiv-vergewaltigenden oder einer emanzipatorisch-freilassenden Haltung. Die Möglichkeit, Abwehr aufzugeben und sich zu emanzipieren, kann deshalb nie durch eine vergewaltigende Technik erzwungen werden.

Es ist ein Anzeichen für die Beziehungsstörungen in unserer Gesellschaft, wenn man glaubt, man könnte über Manipulation zur Freiheit kommen, man könnte, indem man den anderen psychisch abhängig macht und seine empfindlichen Stellen zur Abwehr eigener Angst ausnützt, ihm und sich selbst zur Emanzipation verhelfen. Der Begriff der „Antizipation", der in der Diskussion innerhalb der Studentenbewegung der sechziger und der frühen siebziger Jahre eine wichtige Rolle gespielt hat, ist heute anscheinend wieder ganz verloren gegangen, vielleicht weil er so weitreichende Konsequenzen hat. Mit „Antizipation" ist das Gegenteil zum „Der Zweck heiligt die Mittel" gemeint, nämlich die Forderung, daß in jedem Schritt einer Veränderung die Eigenschaften des angestrebten Ziels sichtbar sein müssen. Das ist m.E. nicht nur eine Aussage darüber, „daß das Ziel im Mittel erkennbar sein muß" (Duhm 1975, S. 27), sondern auch darüber, daß ein Ziel sich ausschließlich aus denjenigen Mitteln bestimmen kann, die zu seiner Erreichung eingesetzt wurden. Mit Manipulation kann nur ein Ziel erreicht werden, bei dem wieder manipuliert wird, das wieder von Unterdrückung gekennzeichnet ist. Es ist eine Illusion, wenn man glaubt, mit Manipulation Freiheit und Befriedigung erzwingen zu können.

Zusammenfassung

- Der Sexualtherapeut erhält von seinem Patienten den manifesten Auftrag, sein Symptom zu beseitigen, sowie den latenten Auftrag, sein Symptom zu verstehen und den im Symptom ausgedrückten unbewußten Konfliktanteilen wieder den Weg zum bewußten Erleben zu öffnen.

- Den durch diesen widersprüchlichen Auftrag entstehenden Konflikt löst der Therapeut entsprechend seinen eigenen Konfliktbewältigungsmöglichkeiten, d. h. soweit er aus eigener Abwehrnotwendigkeit dies muß, wird er das Symptom zu beseitigen versuchen, und soweit er es aus eigenem Emanzipationsbedürfnis riskiert, wird er das Symptom zu verstehen versuchen.
- Der Punkt, an dem sich der Therapeut bewußt oder unbewußt entscheidet, ob er sich mit der Symptombeseitigung oder mit den Konflikten seines Patienten befaßt, ist eine Schlüsselstelle für die Verbindung zwischen individueller und kollektiver Abwehr: hier entscheidet sich, ob ein Angebot zum erweiterten Verständnis und damit zur Emanzipation entsteht oder ob die Notwendigkeit der individuellen und kollektiven Abwehr wieder einmal bestätigt wird.
- Die Behandlungsmethoden, die sich ein Therapeut wählt, und die Art ihrer Anwendung ist ebenfalls als Kompromißbildung zu verstehen.
- Genauso, wie die Sexualität in einer Beziehung in ihrer Eigenart Ausdruck der Beziehung ist, ist die Art des therapeutischen Umgangs mit der Sexualität und mit den „Sexualstörungen" Ausdruck der therapeutischen Beziehung, d. h. der in ihr wirksamen Wünsche, Ängste und Abwehrnotwendigkeiten.
- Es ist für den Therapeuten und für den Patienten riskant, das Bündnis im Kampf gegen die Krankheit aufzukündigen: beide riskieren dabei, vom anderen abgelehnt und entwertet zu werden. Der mögliche Gewinn jedoch besteht in der größeren Lebendigkeit einer als befriedigender erlebten Beziehung.
- Für die Wahl einer therapeutischen Methode werden in der Regel sachliche, objektive, von der Person des Wählenden unabhängige Gründe angegeben. Meine These ist jedoch, daß auch die Methodenwahl eine Kompromißbildung darstellt.
- Die Technisierung der (Psycho-)Therapie stellt einen Versuch der Angstabwehr dar, mit dem die therapeutische Situation vor jedem Entgleiten aus der Kontrolle des dadurch zu verunsichernden Therapeuten geschützt werden soll.
- Psychotherapeutische Techniken lassen sich danach unterscheiden, ob mit ihnen die im Patienten *und* im Therapeuten vorhandenen Kräfte, seine Wünsche und seine Ängste, übergangen und entsprechend einer normativen Zielvorstellung vergewaltigt werden oder ob sie dabei helfen können, diesen Kräften die Lebendigkeit zuzugestehen, die sie haben.
- Vergewaltigende Therapietechniken spiegeln die Konfliktbewältigungsstrategien unserer Gesellschaft wieder und wollen sie gleichzeitig legitimieren.
- Ob eine Therapietechnik freilassende Hilfe oder Vergewaltigung darstellt, kann nicht objektiv entschieden, sondern nur subjektiv erlebt werden.
- Wer meint, ohne Manipulation wäre Psychotherapie nicht möglich, der hat es noch nie riskiert, eine manipulationsfreie Beziehung zu (er)leben.
- Therapeutisches wie sexuelles Handeln ist immer und unvermeidlich Folge einer Haltung; diese kann grundsätzlich emanzipatorisch-freilassend oder repressiv-vergewaltigend sein.
- Das Ergebnis einer psychotherapeutischen Behandlung ergibt sich unvermeid-

lich aus *allen* Mitteln, die zu seiner Erreichung eingesetzt worden sind. Mit Manipulation kann nur ein Ziel erreicht werden, bei dem wieder manipuliert wird, das wieder von Unterdrückung gekennzeichnet ist. Es ist eine Illusion, wenn man glaubt, mit Manipulation Freiheit und Befriedigung erzwingen zu können.

Im nächsten Kapitel möchte ich, auf der Grundlage des bisher Erarbeiteten, am Beispiel von Theorie und Praxis verschiedener Ansätze zur Therapie sexueller Funktionsstörungen untersuchen, inwieweit schon die Theorie den Abwehrbedürfnissen des Therapeuten entgegenkommen kann, inwieweit also die Theorie schon eine Art institutionalisierte Form von Abwehr darstellt, und schließlich, inwieweit in diesen Ansätzen aufgrund der fehlenden oder vorhandenen Abwehrtendenzen in Theorie und Praxis Emanzipation ermöglicht oder verhindert werden kann.

Daß diese Untersuchung zu einer grundsätzlichen Ablehnung der verhaltenstherapeutisch orientierten Ansätze durch mich führen wird, ahnt der Leser inzwischen sicherlich schon, vorausgesetzt, daß er Theorie und Praxis der Verhaltenstherapie wenigstens ansatzweise kennt. Ich möchte aber die im nächsten Kapitel u. a. unternommene Untersuchung und Bewertung der Verhaltenstherapie anhand meiner hier dargestellten Sichtweise und der im folgenden noch im Einzelnen zu formulierenden Kriterien nicht als rhetorischen Kampf verstanden wissen, sondern als einen Versuch, an einem eindeutigen Beispiel noch einmal deutlich die Alternative aufzuzeigen, um die es mir in dieser Arbeit geht.

7. Sexualtherapie, die sich darauf beschränkt Symptome zu beseitigen, verhindert Emanzipation

Auch wissenschaftliche Theorien sind Kompromißbildungen

Im vorigen Kapitel habe ich bei der Untersuchung der therapeutischen Beziehung zwei Bereiche unterschieden: der eine Bereich umfaßt die Beziehung zwischen Therapeut und Patient, die sich aus beider psychischen Abwehrnotwendigkeiten ergibt; auf der anderen Seite steht das theoretisch begründete methodische Vorgehen des Therapeuten, das ich jedoch nur als eine künstlich von seiner psychischen Struktur abgetrennte Dimension betrachten kann. Ich habe ausgeführt, wie diese beiden hier überwiegend getrennt dargestellten Bereiche in einem engen inneren Zusammenhang stehen, wie in der hier vertretenen Sichtweise die therapeutische Methodik in Abhängigkeit von der Persönlichkeitsstruktur des sie anwendenden Therapeuten gesehen werden kann und wie sich ebenso aus der therapeutischen Anwendung von Techniken zwangsläufig psychische Konsequenzen für alle betroffenen Personen, also für den Patienten *und* für den Therapeuten ergeben.

Ebenso wie die individuelle Eigenart von Therapeuten und Patienten im Umgang mit eigener und fremder Sexualität als Indikator für deren Ängste und Abwehr verstanden werden kann, liegt es nahe, auch die verschiedenen Theorien zur Sexualtherapie und das jeweilige (theoretisch begründete) praktisch-therapeutische Vorgehen als Kompromißbildungen zu verstehen; man müßte dann die verschiedenen Versuche, Sexualität zu beschreiben und zu untersuchen, sowie Sexual-„Störungen" zu behandeln, als kompromißhaften Ausdruck der sie formulierenden und durchführenden Personen begreifen. Dabei scheint es mir grundsätzlich einerlei zu sein, ob eine Theorie oder ein praktisches Vorgehen von einem Therapeuten selbst entwickelt oder von einem anderen übernommen und akzeptiert wird; beide Male, bei der Formulierung von Theorie und Praxis ebenso wie bei deren Anerkennung und Nachvollzug durch einen anderen, ist es erforderlich, daß das in Theorie und Praxis manifest oder latent enthaltene Abwehrangebot den Abwehrnotwendigkeiten des formulierenden und des anerkennenden Therapeuten in irgendeiner Weise entgegenkommt. Ich glaube zwar, daß die Theorie einer Therapieform nicht denselben gravierenden Einfluß auf das therapeutische Geschehen hat wie die Ausbildung einer aktuellen gemeinsamen Abwehr zwischen Therapeut und Patient, die meines Erachtens ungleich schwerwiegender bestimmt, was an jedem Punkt der Entwicklung einer therapeutischen Beziehung möglich werden kann oder verhindert werden muß. Eine Theorie gibt immer „nur" einen Rahmen vor, zeigt in ihr enthaltene Möglichkeiten und durch sie abgesteckte Grenzen auf; sie gibt jedoch keine Garantie dafür, daß in der Therapie auch ihr entsprechend gehandelt wird bzw. daß sie in der therapeutischen Beziehung belebt wird.

Doch andererseits sollte der Einfluß von Theorie auch nicht unterschätzt werden: unter ihrem Banner sammeln sich die Gleich-,,Gesinnten", um aus dem durch sie vorgegebenen Blickwinkel die Welt zu interpretieren. Sie gibt quasi die Richtschnur für Verständnis und Handeln ab und dient damit auch als Legitimation für das, was man in ihrem Namen tut. Die Theorie wird in aller Regel als letzte Instanz bei der Frage nach der Begründung für die Wahl der therapeutischen Methode angesehen. Auf Kongressen oder ähnlichen Veranstaltungen wird, wenn überhaupt, höchstens über Methodik diskutiert; meist stehen dann einzelne empirische Beiträge mit z.T. unterschiedlicher zugrundeliegender Theorie relativ unvermittelt nebeneinander. Über die Eigenart und die ,,Berechtigung" der einen oder anderen Theorie wird nie gesprochen, und wenn, dann nur bei Gelegenheiten, bei denen sowieso überwiegend nur Befürworter einer bestimmten Theorie zusammengekommen sind, die sich dann in aller Regel gemeinsam von anderen theoretischen Ansätzen abgrenzen. Es ist auch sehr schwierig, verschiedene theoretische Ansätze miteinander zu vergleichen (vgl. z.B. den Versuch von Ford und Urban 1963). Diese Schwierigkeit liegt vor allem darin, daß verschiedene Theorien unterschiedliche Begriffe verwenden, deren direkter Vergleich meist nicht möglich ist, es sei denn, man verwendet dazu Kriterien, die nicht aus den zu vergleichenden Theorien stammen, sondern die ,,von außen" gesehen formuliert und angewendet werden. Deshalb werden Theorien nur selten mit anderen verglichen oder gar mit der Person des sie Formulierenden oder des sie Praktizierenden in Beziehung gesetzt; solche Versuche wurden z.B. von Theodor Reik und Max Schur angestellt, die die Person von Sigmund Freud mit der Ausformulierung der psychoanalytischen Theorie verbinden und dadurch beides, Person und Theorie, verständlicher machen (vgl. Reik 1976 und Schur 1973).

Die ,,wertfreie" Untersuchung von Theorien nach ihnen immanenten Kriterien kann nie zu einer Überschreitung der durch die Theorien notwendigerweise selbstgesetzten Grenzen führen, sondern nur zu einer weiteren Perfektion der zu ihrer ,,Inszenierung" erforderlichen Techniken. Mir geht es hier nicht um eine solche Perfektionierung, sondern darum, die Grenzen bisher formulierter Theorien zu erkennen und die Gründe dafür zu benennen, daß diese Grenzen jeweils nicht überschritten werden können. Ich möchte deshalb in diesem Kapitel versuchen, am Beispiel einiger sexualtherapeutischer Ansätze solche Grenzen aufzuzeigen. Dies soll mit Hilfe von Kriterien geschehen, die sich aus dem Bisherigen ergeben und die ich im folgenden formulieren werde. Ich möchte dabei zu klären versuchen, welche Abwehrmöglichkeiten in dem jeweiligen Ansatz aufgrund der ihm immanenten Sichtweise enthalten sind und welche Zugeständnisse man als Therapeut bei der Nachformulierung oder Anwendung dieser Theorie machen muß. Es geht mir dabei um die Klärung der in dem jeweiligen Ansatz von vorneherein enthaltenen Bündnisangebote und um die mit dieser Theorie automatisch verbundenen Beziehungsstörungen. Ich werde dabei so vorgehen, daß ich zuerst Kriterien zur Unterscheidung zwischen repressiver und emanzipatorischer Sexualtherapie formuliere. Daran anschließend werde ich ausgehend vom verhaltenstherapeutischen Ansatz verschiedene sexualtherapeutische Vorgehensweisen anhand der von mir aufgestellten Kriterien untersuchen. Diese Untersuchung wird auf die Beurteilung aus meiner Sichtweise beschränkt bleiben müssen; ich möchte nicht mehr, aber auch nicht weniger. Sie wird deshalb keineswegs objektiv, allgemeinverbindlich sein können; jedoch wird sie vielleicht gerade in ihrer Subjektivität Entscheidungsmöglichkeiten aufzeigen, die im Bemühen um Objektivität versperrt bleiben müssen.

Wie man zwischen repressiv-vergewaltigender und emanzipatorisch-freilassender Haltung unterscheiden könnte

Die im folgenden formulierten Kriterien sind ein Versuch, meine bisher dargestellte Sichtweise auf eine Reihe von Fragen einzuengen. Diese Aufteilung in Einzelkriterien ist jedoch künstlich; sie täuscht eine Unterscheidungsmöglichkeit in einzelne Komplexe vor. Ich habe sie nur unternommen, um meine Sichtweise noch einmal in einer Aufgliederung zu verdeutlichen, auch um das in ihr Gemeinte konkreter darzustellen, als es in einer einzigen sehr abstrahierten Frage z. B. nach dem ,,Grad von Emanzipationsmöglichkeit" sichtbar werden könnte. Ich betone, daß ich alle dabei formulierten Einzelfragen in einem engen und umfassenden Zusammenhang sehe, ohne den die einzelnen Fragen nicht gestellt werden könnten. Es ist der Zusammenhang, aus dem heraus ich das bisher hier Dargestellte geschrieben habe.

Eine weitere Eigenschaft dieser Fragen oder Kriterien ist, daß ihre Beantwortung nicht nur objektiv, nicht nur an auf der Verhaltensebene feststellbaren Daten erfolgen kann. Es gibt keine Verhaltensvorschriften, die den Therapeuten dazu veranlassen könnten, seine therapeutischen Beziehungen emanzipatorisch zu gestalten (siehe auch Kapitel 6 und 8). Aus meiner hier dargestellten Sichtweise ergibt sich, daß Fragen nach der Möglichkeit zum Aufgeben von Abwehr in Beziehungen nur aus dem subjektiven Erleben heraus beantwortet werden können. *Aus diesem Grund kann es mir nicht um eine Untersuchung des Therapeutenverhaltens gehen, sondern ,,nur" um die Untersuchung der potentiellen Bedeutung dieses Verhaltens in der therapeutischen Beziehung und im Kollektiv*. Abwehr und die Bedeutung von Verhalten für die Abwehr kann aber nur erlebt, nicht objektiv und ohne subjektive Interpretation erfaßt werden.

Folgende Fragen erscheinen mir als Kriterien für die Unterscheidung zwischen einer repressiven und einer emanzipatorischen Haltung in den verschiedenen Psychotherapieformen sinnvoll:

- Wie geht der Therapeut mit dem Auftrag des Patienten um, d.h. hört der Therapeut nur den manifesten Auftrag, oder kümmert er sich auch um den latenten? Hierzu gehört auch die Frage nach dem Selbstverständnis des Therapeuten und danach, wie er seine Aufgabe in der Gesellschaft und für die Gesellschaft versteht.
- Eng damit in Zusammenhang steht das Verständnis des Therapeuten vom

„Symptom": ist es für ihn „Abweichung", ein „Lernfehler", ein Zeichen für die „Krankheit", die „Krankheit" selbst oder sieht er seinen Charakter als Kompromißbildung und in ihm den Ausdruck früherer und augenblicklicher Beziehungsstörungen? Damit ist auch die Frage nach dem jeweiligen Krankheitsbegriff und d.h. auch nach dem Begriff von Gesundheit verbunden.

- Wie ist der „Inhalt" der Therapie festgelegt? Wie heißen ihre Ziele und Normen, d.h. was wird schon allein durch die Theorie aus dem therapeutischen Geschehen herausgehalten, was wird hereingenommen? Was wird Thema, was nicht? Das bedeutet auch: welche Entwicklungsmöglichkeiten werden durch die Theorie und mit den durch sie begründeten Methoden ausgeschlossen bzw. erschlossen?
- Welche Rolle spielt die therapeutische Technik für die Gestaltung der therapeutischen Beziehung?
- Inwieweit dient die Theorie (und die damit evtl. implizit verbundene Therapietechnik) zur Institutionalisierung und Legitimation von Beziehungsstörungen zwischen Therapeut und Patient?
- Für welche Abwehr welcher Angst und welcher Bedürfnisse übernimmt der Therapeut aufgrund seiner Theorie und der damit implizierten Methoden die Verantwortung?
- An der Beantwortung dieser Fragen entscheidet sich, welche Rolle die jeweilige Therapieform mit ihrer Theorie und mit ihren Methoden für die Aufrechterhaltung oder die Veränderung individueller und kollektiver Abwehr in unserer Gesellschaft spielt, kurz gesagt: inwieweit ermöglicht oder verhindert sie für den Patienten *und* den Therapeuten Emanzipation?

Die im folgenden angestellte Untersuchung verschiedener Ansätze zur Therapie von sexuellen Funktionsstörungen bezieht sich vordergründig auf ausformulierte und niedergeschriebene Theorie und Praxis. Es ist mir jedoch sehr wichtig, an dieser Stelle nocheinmal ausdrücklich zu betonen, daß es mir hier hauptsächlich darum geht, alternative *Haltungen* zu beschreiben und nicht die eine oder andere Therapieform zu verdammen. Trotzdem versuche ich aber sehr deutlich zu werden und die Bedeutung der unterschiedlichen Haltungen für den Therapeuten selbst, den Patienten und das Kollektiv möglichst eindeutig herauszuarbeiten.

Repressive Sexualtherapie – Zur Theorie und Praxis verhaltenstherapeutischer Ansätze

Abweichungen von der Norm sollen korrigierbar sein (Explizite Verhaltenstherapie)

Speziell für die Therapie sexueller Funktionsstörungen hat in den letzten 20 Jahren die Verhaltenstherapie große Verbreitung gefunden. Die Ergebnisse der Erforschung der Lernprozesse bei Tieren zu Beginn dieses Jahrhunderts und danach wurden schon bald auf das menschliche Lernen übertragen. Dabei zeigte sich, daß die Lerngesetze nicht nur bei Tieren wirksam sind, sondern daß durch ihre Anwendung auch beim Menschen Verhaltensänderungen erreicht werden können.

In einer inzwischen unübersehbaren Flut von experimentellen Untersuchungen wurden diese „Gesetze des Lernens" näher erforscht und ihre Anwendung in den verschiedensten Bereichen menschlichen Lernens beobachtet und belegt. Diese Entwicklung kam offenbar einem großen Bedürfnis entgegen, einem Bedürfnis nach relativ leicht zu handhabenden Techniken, die auch relativ ökonomisch (was die finanziellen Aufwendungen, d.h. auch den Kraft- und Zeitaufwand anbelangt) einzusetzen sind. Auch handelt es sich bei der Verhaltenstherapie als einem empirisch-experimentellen Ansatz um eine Therapieform, die mit der Forderung nach Operationalisierbarkeit ihrer Variablen, nach Quantifizierbarkeit und Objektivierbarkeit ihrer Daten dem gegenwärtigen Geist von Wissenschaftlichkeit sehr entgegenkommt. Umgekehrt wurde dieser Geist durch die immer weitergehende Ausformulierung verhaltenstherapeutischer Theorien und Methoden entscheidend mitgeprägt. Im Lauf der letzten Jahre hat die „reine" Verhaltenstherapie in der therapeutischen Praxis nach meinen Beobachtungen ein wenig an Bedeutung verloren; sie wurde zum Teil von modifizierten und differenzierteren Formen therapeutischer Einflußnahme ersetzt, z.B. durch die kognitive Verhaltenstherapie. Auch wurde versucht, Elemente anderer Psychotherapierichtungen mit verhaltenstherapeutischen Elementen zu verbinden; (ich werde im folgenden auf die kognitive Verhaltenstherapie und die sog. integrativen Therapieformen ausführlich eingehen.)

Ich möchte hier trotzdem die Grundzüge der verhaltenstherapeutischen Haltung untersuchen, einmal, so meine These, weil diese Grundhaltung auch bei jeder Modifikation, Differenzierung, Verfeinerung oder Integration verhaltenstherapeutischer Techniken erhalten bleibt, zum anderen, weil eine grundsätzlich verhaltenstherapeutische Haltung auch in manchen anderen Richtungen von Psychotherapie, die auf den ersten Blick nicht danach aussehen, zu finden ist, so z.B. in Teilen der Gestalttherapie (s.u.) oder in manchen Teilen der ichpsychologisch orientierten Psychoanalyse (vgl. dazu die Stellungnahme von Bauriedl 1982). Weil es mir um die deutliche Darstellung und Untersuchung dieser Haltung geht und erst in sekundärer Linie um die daraus resultierende Theorie und Praxis, weil aber auch außerdem die grundsätzlich verhaltenstherapeutische Haltung sich am besten anhand der „reinen" Verhaltenstherapie identifizieren, beschreiben und untersuchen läßt, möchte ich nicht darauf verzichten, mich mit ihr zu befassen. Es handelt sich bei „der Verhaltenstherapie" auch nicht so sehr um *eine* Therapieform, sondern um eine ganze Sammlung von einzelnen Therapietechniken, die auf verschiedenen Prinzipien beruhen. Diese verschiedenen Techniken haben jedoch, was ihre Grundlagen und ihre Anwendung betrifft, einige Gemeinsamkeiten; um diese geht es mir.

Die erste dieser Gemeinsamkeiten ist der Gegenstand des verhaltenstherapeutischen Vorgehens, also der Gegenstand von verhaltenstherapeutischer Diagnostik und Therapie; es ist dies das ,,Verhalten". Die eben angeführten naturwissenschaftlichen Forderungen schränken diesen Gegenstand auf das beobachtbare Verhalten ein, das auf drei Ebenen gemessen wird, auf ,,der verbal-subjektiven, der motorischen und der physiologischen" (Kraiker 1974, S. 15). Die objektive Bestimmung des Gegenstandes von Diagnose und Therapie hat die Aufgabe, das therapeutische Geschehen wissenschaftlich zu erfassen und jegliche subjektive Interpretation zu verhindern. (Daß die Objektivierung selbst eine Form unkontrollierter Interpretation im Sinne einer Auswahl aus dem insgesamt Wahrnehmbaren darstellt, wird dabei grundsätzlich übersehen.). Festgehalten werden kann, daß sämtliche für das verhaltenstherapeutische Vorgehen relevanten Daten unter Verleugnung der Beziehung zwischen Therapeut und Patient erfaßt werden.

Eine zweite Gemeinsamkeit zeigt sich in dem dem verhaltenstherapeutischen Vorgehen zugrundeliegenden Krankheitsmodell. Dort werden in der Abkehr vom ,,medizinischen Krankheitsmodell" (das ,,Symptom" wird dort als Zeichen der zugrundeliegenden individuellen ,,Krankheit" verstanden; vgl. oben Kapitel 2.) die ,,Symptome", d.h. die ,,Verhaltensstörungen als gelerntes Fehlverhalten und in Reiz-Reaktions-Abfolgen definiert" (Kockott 1975, S. 13). ,,Gestörtes Verhalten" wird also als ein Phänomen angesehen, das seine Bedingungen nur in objektiv erfaßbaren Gegebenheiten hat, und das keinerlei Bedeutungen hat, die verstanden werden könnten und müßten. Die Sichtweise in Reiz-Reaktions-Abfolgen erlaubt dann eine weitere grundsätzliche Annahme, nämlich die, daß Verhalten und damit auch ,,Fehlverhalten" gelernt ist, und deshalb auch wieder verlernt werden kann. Diese Annahme sowie die Forderung nach Operationalisierung und Objektivierung verlangen eine weitere Konsequenz, nämlich, daß der jeweilige Verhaltenstherapeut einzelne, bestimmte Verhaltensweisen isoliert diagnostiziert, behandelt und ihre evtl. Änderung überprüft. Die letzte Gemeinsamkeit der verschiedenen verhaltenstherapeutischen Techniken, die mir hier aufzuführen wichtig scheint, ist die Formulierung des Ziels. Das Ziel der Verhaltenstherapie besteht grundsätzlich darin, das störende Verhalten zu ändern, und zwar so, daß (je nach Fall) das behandelte Individuum und/oder seine Umwelt die ,,Störung" als weniger gravierend einschätzt oder ihr Verschwinden feststellt.

Um diese Prinzipien kurz an einem Beispiel zu verdeutlichen: nehmen wir an, ein Mann kommt mit einer erektiven Impotenz zum Verhaltenstherapeuten, dann wird dieser das Ausmaß der ,,Störung" (Dauer, Auftretenshäufigkeit usw.) möglichst objektiv erfassen wollen; er wird versuchen zu klären, welche Gesetzmäßigkeiten ,,das gestörte Verhalten bestimmen und bestehen lassen" (Kockott 1975, S. 13); er wird also z.B. die Situationen genau untersuchen, in denen der Patient Geschlechtsverkehr aufnehmen möchte; als Ergebnis dieser Untersuchung (der Verhaltensanalyse) wird der Therapeut sich auf bestimmte Verhaltensweisen beschränken, die ihm für die Änderung des ,,gestörten" Verhaltens, für die Erreichung des Ziels bedeutsam erscheinen. Er wird die Impotenz als Reaktion auf bestimmte objektiv erfaßbare Stimulussituationen verstehen und im Therapieprogramm versuchen, Stimuli und/oder ,,Fehlreaktion" mit einer verhaltenstherapeutischen Technik zu verändern. Die Therapie wird dann als erfolgreich angesehen, wenn die Impotenz verschwunden ist oder zumindest seltener oder weniger belastend auftaucht.

Der Auftrag an den Verhaltenstherapeuten, das ,,Symptom" zu entfernen, übernimmt dieser, wenn er sich die Behandlung aufgrund seiner Ausbildung, seiner Fähigkeiten und seiner Arbeitssituation zutraut. Neben diesen Voraussetzungen genügt es ihm offensichtlich, wenn der Patient unter seinem ,,Symptom" leidet und es loswerden möchte. Der Verhaltenstherapeut sieht sich und seine Tätigkeit relativ unkritisch; die Möglichkeit, daß der Wunsch nach der Symptombeseitigung aufgrund eines Abwehrbedürfnisses des Patienten zustande gekommen ist, ist für ihn keine Denkkategorie. Er versteht sich als Verhaltensingenieur, der dem Patienten zu helfen versucht, indem er dessen ,,Leiden" beseitigt; ,,Leiden" heißt hier: das Leiden des Patienten unter seiner ,,Unvollständigkeit" aufgrund der ,,Störung", unter seiner ,,Dysfunktion", unter seinem ,,Fehlverhalten" und unter der Auffälligkeit seines Verhaltens gegenüber seiner eigenen und/oder der kollektiven Norm von ,,Gesundheit". Die im Auftrag zur Symptombeseitigung latent enthaltene Aufforderung, den Konfliktausdruck im ,,Symptom" zu erkennen und darin auch die Verweigerung gegenüber der Norm zu verstehen und zu akzeptieren, wird dabei nicht gesehen; das Leiden unter dem Zwang zur Normentsprechung ebenfalls nicht. Mit der Auftragsentgegennahme hängt auch eng die Bewertung des ,,gestörten Verhaltens", des ,,Symptoms" zusammen: ,,Für den Verhaltenstherapeuten ist zum Beispiel das Symptom einer erektiven Impotenz nicht etwa die sichtbare Spitze eines Eisbergs von neurotischen Konflikten im Unbewußten, der als Ganzes behandelt werden muß, sondern die erektive Impotenz, oder, wenn weitere Störungen bestehen, die Gemeinsamkeit dieser Symptome sind das gestörte Verhalten, das durch eine Veränderung der die Symptomatologie aufrechterhaltenden Bedingungen behandelt werden kann" (Kockott 1977, S. 4). Die Betrachtung ausschließlich auf der Verhaltensebene verhindert jegliches Verständnis des ,,Symptoms" als eines kompromißhaften Ausdrucks, der für die jeweilige Person existentiell wichtig ist. Das ,,Störende", das ,,Abweichende" am ,,Symptom" ist Anlaß genug, es von außen zu verändern, so daß es nicht mehr stört, nicht mehr abweicht.

Von dem in dieser Arbeit dargestellten Standpunkt aus gesehen, ist die ,,Störung" keineswegs nur eine Störung, sondern ein Zeichen für das indirekte Ausdrucks- und Kontaktbedürfnis des Patienten und für seine Angst vor diesem Ausdruck. Die Störung paßt genau zu ihm und zu seiner Situation in seinen Beziehungen mit ihren spezifischen Beziehungsstörungen; jeder von uns ist nur von einem normativen Standpunkt aus gesehen mit seinen ,,Störungen" ,,unvollkommen" und ,,auffällig". In Beziehung gesetzt zu seiner ganzen Person mit allen Bedürfnissen, mit aller Angst und Abwehrnotwendigkeit ist jeder von uns erst mit seinen ,,Störungen" vollständig. Der Verlust des Ausdrucksmediums ,,Symptom" oder ,,Störung" ist von einem emanzipatorischen Standpunkt aus gesehen ebenso beklagenswert und tragisch wie die Verschiebung des direkten Kontakts ins ,,Symptom".

Eine ähnliche Eindimensionalität der Sichtweise wie sie im Verständnis der ,,Störungen" nur als Störungen sichtbar wird, zeigt sich auch in der Begründung für die Beschränkung der Verhaltenstherapie auf einzelne eng umschriebene Phänomene. Kockott (1977, S. 4) begründet sie einfach so: ,,Daß eine ,isolierte', das heißt nur auf die Sexualstörung bezogene Therapie möglich ist, zeigen die Behandlungsergebnisse von Masters und Johnson (1973) und darin mag bereits genügend Rechtfertigung für dieses gezielte Vorgehen liegen". Diese, ich möchte sie so nennen, theoretische Bedenkenlosigkeit der Verhaltenstherapie ist ein genaues Abbild der in unserer Gesellschaft vorherrschenden Ideologie von der Machbarkeit der Dinge. Sie spiegelt außerdem auch exakt den kollektiven Umgang mit der Sexualität wider: die einzelnen Funktionen werden nicht als integraler Bestandteil der Person, die Person nicht als integraler Bestandteil der Gruppe und ihrer Situation gesehen.

In Anlehnung an Harry K. Wells (1957) hat Peter Drust in seiner Arbeit ,,Verhaltenstherapie und pragmatische Philosophie" (1973) diesen Zug verhaltenstherapeutischen Vorgehens anhand des Begriffs der ,,allgemeinen pragmatischen Methode" untersucht. Nach Wells (1957) besteht ein entscheidendes Merkmal der pragmatischen Methode u.a. im zweckdienlichen Opportunismus, den Drust (1973, S. 128) versteht als ,,... Ausnutzung günstiger Gelegenheiten oder Umstände bei geringer oder überhaupt keiner Rücksichtnahme auf Prinzipien oder schließliche Folgen. Es ist die Verwendung jeder nur möglichen Mittel, sofern sie zur Erreichung des gewünschten Ziels verhelfen, ... Das Mittel ist eben dann gut, wenn und weil es zum Erfolg verhilft, es ist schlecht, wenn es versagt, wenn es nicht ,wirkt'." In einem Vorschlag zur verhaltenstherapeutischen Behandlung funktioneller Sexualstörungen von Siegfried Schnabl (1975) liest sich das ganz ähnlich (S. 71): ,,Aufgrund der ermittelten Stimulations- und Hemmreize sind die Partner bzw. Partnerinnen der Patienten zu veranlassen, sich so zu verhalten und in der intimen Begegnung zu geben, wie es der Patient wünscht, damit er am stärksten stimuliert und am wenigsten gehemmt wird"; oder noch deutlicher (S. 75): ,,Je weniger eine Frau zum gegebenen Zeitpunkt und nach dem betreffenden Partner sexuelles Verlangen verspürt, umso spezieller müssen Art und Lokalisation der Reizeinwirkung sein, um – wenn überhaupt – eine Stimulation zu bewirken." Oder ein Vorschlag von Schnabl für die Behandlung von Ejakulatio praecox (Schnabl 1975): er rät, die ,,konstitutionelle vegetative Überregbarkeit" (S. 81) durch eine lokale oder zentrale ,,Herabsetzung der Empfindungsschwelle" (S. 83) (er meint wohl: ,,Herabsetzung der Empfindlichkeit" oder ,,Heraufsetzung der Empfindungsschwelle", F. W.) mit den verschiedensten Mitteln zu behandeln, z.B. mit einer anästhesierenden Salbe; ,,die Dämpfung wird von vielen sicherer mit mäßigen Dosen Alkohol erreicht, die überdies durch die enthemmende Wirkung die Reaktion der Frau willkommen beschleunigen" (Schnabl 1975, S. 83). Wenn das Ziel, die Beseitigung der Verhaltens-,,Störung", einmal festgelegt ist, bleibt alles ausgeklammert, was seine Erreichung stören könnte; dann wird alles nur mögliche versucht, um das Ziel zu erreichen. Jedes Mittel ist dafür recht. Der

Zweck heiligt dann alle Mittel. Wie die Technik, so haben sich auch Patienten *und* Therapeuten in ihren Gefühlen, Wahrnehmungen und Wünschen dem Ziel unterzuordnen. Das Bündnis zwischen ihnen gegen die ,,Störung" wird dabei total. Was das Funktionieren dieses Bündnisses ,,stören" könnte (z.B. Ambivalenzen und Ängste), wird eliminiert.

In diesem Bündnis spielt die therapeutische Technik eine wichtige Rolle. Sie richtet sich in ihrer Ausgefeiltheit nach den Erfordernissen des pragmatischen Opportunismus. Sie hat die Aufgabe, zu bewerkstelligen, was geplant ist, nämlich z.B. die Angst zu entfernen, weil sie stört. Dies wird dann z.B. mit einem ,,Assertiveness-Training-Programm" (vgl. dazu z.B. Ullrich de Muynck & Ullrich 1977 und 1978) geleistet, das einem dazu verhilft, in allen möglichen sozialen Situationen ,,selbstsicher" und durchsetzungsfähig zu sein und dabei keine Angst mehr zu bekommen. Erreicht wird das durch die Einübung von ,,selbstsicherem" Verhalten, mit dem man den jeweils anderen, vor dem man evtl. Angst bekommen könnte, mehr oder weniger überfährt und zum Unterlegenen macht. Trainiert wird dabei die Fertigkeit, sich nicht mehr verunsichern zu lassen. *Die Wege zur Angst, der Hauptmöglichkeit unsere Realität und damit diejenigen Stellen bei uns zu finden, an denen wir leiden und an denen wir uns oder unsere Umwelt verändern müßten, sind damit noch umfassender und endgültiger zugeschüttet.*

Die Versuche, die Kontrolle des Therapiegeschehens durch den Therapeuten mittels der Selbstkontrolle des Patienten zu ersetzen, gehen in eine ähnliche Richtung. Dabei wird durch die Einübung von Selbstkontrolltechniken (z.B. ,,Gedanken-Stop", vgl. Hartig 1974, S. 348) versucht, das ,,gewünschte", das ,,gewollte" Bild von sich selbst zu erreichen und das Unerwünschte an sich zu unterbinden. So sehr dies aussieht, als würde derjenige, der sich selbst kontrolliert, die Verantwortung für sich übernehmen, so übernimmt er jedoch nur die Verantwortung dafür, so zu sein, wie er sein ,,will", wobei dieses Wollen in seiner Kompromißhaftigkeit nicht in Frage gestellt wird. Er übernimmt nicht die Verantwortung dafür, wie er *ist.* – Wenn Keupp und Bergold (1972, S. 135) meinen, der Einsatz von Selbstkontrollmethoden würde die ,,Abhängigkeit des Patienten vom Therapeuten verringern" und sich also ,,das Machtgefälle in der Therapie nicht verfestigen", dann kann diese Aussage nur darauf beruhen, daß beide Autoren ,,Abhängigkeit" und ,,Macht" ausschließlich auf der Verhaltensebene definieren und die Bündnisbildung gegen die ,,Krankheit" in der therapeutischen Beziehung vollkommen übersehen. Der Therapeut ist nur auf der Verhaltensebene unabhängiger und mächtiger als der Patient; als Teilnehmer an der Beziehungsstörung gesehen ist er genauso ausgeliefert und abhängig wie jener.

Den ,,Gipfel" verhaltenstherapeutischer Realitätsflucht, von dem ich bisher gehört habe, fand ich bei Drust (1973) erwähnt, der auf Seite 131 von einem Verhaltenstherapeuten berichtet, der, so Drust, soziale Ängste mittels fingiertem Bio-Feedback für nicht existent zu erklären versuche. Die Beteuerung, die Angst sei inadäquat und sinnlos (Selbstsicherheits-Training), das Unerwünschte, das man an sich selbst nicht akzeptiert, sei nicht realitätsangepaßt (Gedankenstop), die eigene

Angst sei in Wirklichkeit nicht existent (fingiertes Bio-Feedback) macht die Patienten verrückt, womit ich meine, daß sie dazu gebracht werden, die Wahrnehmung ihrer eigenen subjektiven Realität einzuschränken oder zu verlieren und zu verleugnen; denn die Realität heißt: die Ängste sind vorhanden, und sie stehen, ebenso wie alle anderen ,,Störungen" in Kontakt zur Person des Patienten und zu seiner Geschichte; und: die ,,Störungen" sind sinnvoll. Nur gilt der Verlust der Wahrnehmung *dieser* Realität als ,,gesund" und als ,,normal", weil er der kollektiven Abwehr entspricht.

Bevor ich eine erste zusammenfassende Stellungnahme zur verhaltenstherapeutischen Haltung und den aus ihr heraus formulierten Theorien und praktizierten Techniken versuche, möchte ich noch auf einige spezielle Fragen eingehen, die mir bei der Durchsicht der Literatur aufgefallen sind. Eine zentrale Rolle spielen dabei die Verhaltensanweisungen, die der Therapeut seinem Patienten gibt. Sie reichen von generellen Geboten oder Verboten (wie etwa dem Koitus-Verbot, z.B. bei Pöldinger 1978, S. 402) bis zu ganz speziellen Anweisungen, wie etwa genauen Anleitungen für Streichelübungen (z.B. bei Arentewicz und Schmidt 1980, S. 219–252). Arentewicz und Schmidt (1980) fragen nach der Bedeutung solcher Verhaltensanweisungen, wobei sie (S. 57) nur die ,,psycho- oder partnerdynamischen Aspekte" (S. 58) *der Patienten* im Auge haben, z.B.: ,,Das Betrachten und Betrachten-Lassen der Genitalien, ihre gezielte manuelle Manipulation nimmt die Angst vor – in der Phantasie – beschädigten oder verletzbaren Genitalien" (S. 58), d.h. ,,Die Verhaltensanleitungen ermutigen die Partner, sich in Situationen zu begeben, die sie ängstigen" (S. 58). Einerseits erscheint mir der Versuch, den Therapieverlauf durch solche oder andere Verhaltensanweisungen zu beschleunigen, recht problematisch, da man, wie ich meine, den Widerstand nicht überrumpeln kann, denn sonst wäre er nicht nötig. Selbst wenn durch solche Beschleunigungsversuche Verhaltensänderungen eintreten, ist dadurch der Konflikt noch nicht aufgelöst, sondern nur ,,verschwunden", d.h. der Konfliktausdruck im Symptom ist verschwunden, der Konflikt, der (im eben genannten Beispiel) die Genitalien als verletzt phantasieren läßt, wird nun nur noch weiter beiseitegeschoben als zuvor. Dann ist das Symptom nicht mehr vorhanden, das bisher Anlaß gewesen wäre, sich mit diesem Konflikt zu befassen.

Es ist mir andererseits ein Anliegen, über die psychodynamischen Aspekte *der Patienten* hinaus auch die Psychodynamik *der therapeutischen Beziehung* zu beachten. Hier bekommen die Verhaltensanweisungen noch eine ganz andere Bedeutung. ,,Eine psychodynamische Bedeutung haben die Übungen, ob die Therapeuten dies wahrnehmen oder nicht. Das Erkennen dieser Bedeutung ermöglicht aber, das therapeutische Potential der Verhaltensanleitungen und der mit ihnen gemachten Erfahrungen viel umfassender ‚korrigierend' auszuschöpfen" (Arentewicz und Schmidt 1980, S. 59). Eine dieser Bedeutungen für die therapeutische Beziehung liegt m.E. darin, daß dieses ,,korrigierend" nicht weiter untersucht wird, nämlich daß es wirklich um Korrektur geht, wobei der eine (der Therapeut) weiß, was wie korrigiert gehört, und der andere (der Patient) sich auf die sog.

Fachautorität des Therapeuten verläßt. Wenn man Verhaltensanweisungen gibt, läuft man immer Gefahr, daß man dabei die Autoritätsabhängigkeit des Patienten ausnützt und damit ebenso die eigene. Dieser Aspekt der therapeutischen Beziehung, d.h. der Psychodynamik von Patient und Therapeut, die Abhängigkeit von Autoritäten zur Vermeidung der eigenen Emanzipation kann nicht über Verhaltensanweisungen aufgelöst werden, sondern wird dadurch nur bestätigt und verfestigt.

,,Sehr viel häufiger aber haben Patienten, die sich wegen sexueller Störungen in Behandlung begeben, virulente psychodynamische oder Partnerkonflikte. In diesen Fällen ist es nun keineswegs immer notwendig, die Konflikte und Ängste aufzulösen, um das sexuelle Symptom zu beheben und die Sexualität befriedigender zu machen. Häufig können die Therapeuten die primären Ursachen im Rahmen einer Paartherapie nicht einmal aufdecken und diagnostizieren ... In diesen Fällen kann es aber gelingen, die unbearbeiteten Konflikte und Ängste aus der Sexualität auszugrenzen und ihre destruktiven Auswirkungen auf die Sexualität zu mildern oder zu beseitigen" (Arentewicz und Schmidt 1980, S. 55). Die Autoren führen verschiedene Beispiele für solche ,,Ausgrenzungen des Sexuellen aus den ursächlichen Konflikten" (S. 56) an. So zitieren sie u.a. ein Beispiel von Leonard Friedman (o.J.), bei dem eine Frau mit Vaginismus durch das selbst getätigte Einführen von Dilatatoren den Scheidenkrampf aufgeben konnte: ,,Bei der fünften Sitzung gab die Ärztin ihr Glas-Dilatatoren, die sie als angenehm empfand und mehrere Tage lang zu Hause benutzte. Dann hatte sie Geschlechtsverkehr und stellte sich dabei bewußt vor, ihr Ehemann benutzte einen Dilatator. Beim nächstenmal war sie imstande, den Koitus auch ohne diese Phantasievorstellung zu akzeptieren. So war in diesem Fall der Dilatator offenbar nützlich gewesen. Sobald sie den Penis des Ehemannes mit dem harmlosen Instrument gleichsetzen konnte, das sie selbst benutzt hatte, konnte sie die Furcht, verletzt zu werden, aufgeben. Auch die Erfahrung, daß sie den Dilatator einführen und wieder entfernen konnte, half ihr, die Phantasievorstellung aufzugeben, die Vagina sei eine grundlose, alles verschlingende Höhle" (Friedman o.J., S. 119). Die Patientin kann zwar das den Koitus bislang verhindernde Symptom aufgeben, jedoch nur unter der Voraussetzung, daß sie den Penis ihres Mannes als Glasstab erlebt, und ferner, daß sie mit dem Wieder-herausziehen-Können des Glasstabs ihre Befürchtungen, ,,eine grundlose, alles verschlingende Höhle" zu sein, rationalisierend beschwichtigt. Wieder ist der Konflikt nicht aufgelöst, sondern er wurde weiter vom Erleben entfernt, und zwar auf eine Weise, die eine kollektive Abwehrform kopiert: das reibungslose Funktionieren der sexuellen Funktionen wird dadurch erreicht, daß die Sexualität von der Person und ihren Beziehungen immer weiter isoliert wird. Dieser Verlust des Zusammenhangs zwischen Person und Sexualität wird aber in unserer kollektiven Abwehr nicht als Symptom gewertet, sondern für einen Ausdruck von ,,Gesundheit", weil Funktionsfähigkeit gehalten.

Als letztes Beispiel für die Gleichsetzung der Sexualität mit ihren Funktionen, für die Funktionalisierung der Sexualität, möchte ich die Technik des Einsatzes von sog. ,,Surrogat-Partnern" anführen. Mit diesem Begriff werden speziell ausgesuchte und auf ihre Aufgabe vorbereitete Ersatzpartner bezeichnet, die nach den Anweisungen des Sexualtherapeuten zusammen mit dem Patienten versuchen, dessen sexuelle Funktionsstörungen mit Hilfe bestimmter sexualtherapeutischer Übungen zu beheben. Die Zeitschrift ,,Sexualmedizin" hat in einer Umfrage unter acht sexualtherapeutisch tätigen Fachleuten deren Meinung zu diesem Verfahren erkundet, das zuerst von Masters, Johnson und Kolodny (1977) angewendet wurde (vgl. Sexualmedizin: ,,Liebe auf Rezept – Pro und Kontra", 1979, S. 200–204 und S. 242–245). Vier der befragten Fachleute sprachen sich positiv über die Möglichkeiten des Einsatzes von Surrogat-Partnern aus und befürworteten ihn weitgehend vorbehaltlos, drei lehnten ihn ab, einer führte Gründe pro und kontra auf. Die Argumente für den Einsatz der Surrogat-Partner beziehen sich vor allem einmal auf die dadurch erzielten Therapieerfolge sowie auf die Indikationsstellung: Ersatz-Partner würden dort benötigt, wo entweder keine Sexualpartner der Patienten existierten oder diese nicht dazu bereit wären, in eine Sexualtherapie mitzukommen, trotzdem aber der Wunsch bestehe, eine sexuelle Funktionsstörung oder die Angst vor der Aufnahme sexueller Kontakte behandeln zu lassen. Die Einwände gegen ein solches Vorgehen berühren hauptsächlich juristische, ethische oder moralische Vorbehalte.

Aus meiner hier dargestellten Sichtweise möchte ich gerne auch zu diesem Problem kurz Stellung beziehen: mein erster Einwand gegen den Einsatz von Surrogat-Partnern bezieht sich auch hier auf die Funktionalisierung der Sexualität. Der dabei implizit enthaltene Gesundheitsbegriff besagt, daß die Sexualität eines Patienten dann intakt sei, wenn sie unabhängig von dem jeweiligen Partner funktioniert, also auch jeweils unabhängig von der spezifischen Beziehung und der bestimmten Situation. Der beobachtete ,,Heilungserfolg" ist wohl u. a. darauf zurückzuführen, daß in einer sexuellen Beziehung zu einem therapeutisch eingesetzten Surrogat-Partner das emotionale Angewiesen-Sein, das emotionale Abhängigkeitsgefühl des Patienten zu minimieren versucht wird. Dann ist es emotional weniger riskant, sich anzunähern, sich als sexuelles Wesen zu zeigen und zu erleben, noch dazu, wenn alles unter der Bezeichnung ,,Therapie" läuft und ,,der Therapeut sowieso die Verantwortung hat", weil er sie durch seine Verhaltensanweisungen zu übernehmen vorgibt. Die funktionell intakte sexuelle Beziehung zu einem Surrogat-Partner ähnelt, so meine ich, sehr den so häufigen kurzfristigen, oft nur eine Nacht dauernden sexuellen Beziehungen, die hauptsächlich dazu dienen, den ,,Selbstwert" als Mann oder Frau zu bestätigen und zu beweisen, daß man noch jemanden finden kann, daß man noch begehrt wird. Die dabei außerdem beteiligten Geborgenheitswünsche werden wohl selten befriedigt. Die Beziehung wird oft nach einem sexuellen Kontakt wieder gelöst; die Angst vor der auch emotionalen Annäherung verhindert eine längere Dauer. Sich emotional näher aufeinander einzulassen, würde ja u. a. auch bedeuten, daß man dabei riskiert, die sexuelle Funktionsfähigkeit zu verlieren. Ich frage mich auch, was mit den Geborgenheitswünschen der Patienten, den Wünschen nach einer näheren Beziehung zum Surrogat-Partner geschieht; müssen sie alle verleugnet werden um das Ziel, die sexuelle Funktionsfähigkeit zu erlangen? Es ist vorstellbar, daß Patienten mit einer eher narzißtischen Problematik leichter „Erfolge" bei der Therapie mit Surrogat-Partnern erzielen, weil es für sie psychisch notwendiger ist, sich das Gefühl der Intaktheit und des sexuellen „Wertes" zu bestätigen, als sich auch auf ihre Geborgenheitswünsche einzulassen.

Nach den im 1. Kapitel angestellten Hauptüberlegungen, nämlich daß jede Handlung und Äußerung den Charakter einer Kompromißbildung hat, sowie nach meinen Ausführungen über Beziehungsstörungen und ihre Aufrechterhaltung im Abwehrbündnis, möchte ich nun versuchen, die bisher gemachten Aussagen über die Verhaltenstherapie auch vor diesem Hintergrund zu untersuchen. So verstehe ich die therapeutische Beziehung in der Verhaltenstherapie als eine von Therapeut und Patient meist stillschweigend akzeptierte Kompromißbildung, die sich aus beider Äußerungs- und Abwehrbedürfnis ergibt (wie jede andere therapeutische Beziehung selbstverständlich auch). Die therapeutische Beziehung ist demnach (vgl. Kapitel 6) als der Ausdruck einer evtl. vorhandenen Beziehungsstörung zwischen Patient und Therapeut zu verstehen. Theoretische Aussagen über die therapeutische Beziehung, theoretische und technische Anforderungen an die Gestaltung der therapeutischen Beziehung können deshalb als Ausdruck einer fixierten, zur Ideologie gewordenen Beziehungsstörung der sich so Äußernden begriffen werden. Ich möchte nun versuchen, diese Verständnismöglichkeit im Einzelnen zu erörtern. Wenn „Beziehungsstörung" bedeutet, daß sich zwischen den an einer Beziehung beteiligten Personen ein Abwehrbündnis herausgebildet hat, mit dem das Erlebnis gemeinsamer Ängste abgewehrt werden soll, dann könnte es hier auch darum gehen, diese Ängste hypothetisch zu benennen; dann ist es auch möglich, die jeweiligen theoretischen Forderungen in ihrer Bedeutung für die Abwehr hypothetisch zu interpretieren.

In der Betrachtung des „Symptoms" nur als einer zu beseitigenden „Störung" formieren Therapeut und Patient ein Bündnis gegen den im „Symptom" sichtbar werdenden Ausdruck von Angst und der gegen die Norm verstoßenden Wünsche. Die isolierte Auswahl eines oder weniger „Symptome" sowie ihre isolierte Betrachtung und Messung soll gewährleisten, daß nichts beachtet und einbezogen wird, was den Kampf gegen die „Störung" stören könnte (‚es sei denn, bei dieser Operation Störendes als neue „Störung" zu bezeichnen'). Die genaue Definition des Therapieziels, die Forderung nach Objektivität und „wissenschaftlicher" Kontrolle hat dabei die Aufgabe, Unvorhergesehenes, nicht in den Plan Passendes möglichst zu unterbinden. Die Forderung nach Objektivität soll die subjektive Beteiligung und Einbeziehung aller nicht erwünschten Gefühle von Patient und Therapeut verhindern; ebenso soll dadurch auch vermieden werden, das, was ich hier „die therapeutische Beziehung" nenne, zum Gegenstand der Betrachtung zu machen, nämlich die Funktion der Beziehungsstrukturen und der therapeutischen Aktionen auch noch über ihre Bedeutung für die „Symptom"-Beseitigung hinaus zu verstehen, evtl. nämlich in ihrer Funktion für individuelle oder gemeinsame Abwehr. Dabei übernimmt der Therapeut durch seine Autorität und mittels seiner

Methoden die Verantwortung für die Beseitigung der ,,Störung". Eine ungeteilte ,,Motivation" zur Therapie (,was immer darunter zu verstehen ist') ist dafür die Voraussetzung beim Patienten. Deshalb wird verhaltenstherapeutisch untherapierbar, wer sich mit seinen Konflikten, seinen Ängsten und Ambivalenzen auseinandersetzen möchte. Nur der wird ,,erfolgreich", ohne ,,Rückfall" und ohne ,,Symptomverschiebung" verhaltenstherapeutisch zu behandeln sein, dessen Angst vor dem Sichtbarwerden seiner Verweigerung, vor dem Erkennen seiner Konflikte im ,,Symptom" zu groß ist, jedenfalls größer ist als sein Bedürfnis, mit sich und mit seiner Situation in Kontakt zu kommen.

So trägt die Verhaltenstherapie mit ihrem Konzept dazu bei, die Auseinandersetzung von Patient und Therapeut miteinander, mit sich selbst, mit ihrer Umwelt und mit den Leiden, Abhängigkeit und Unterdrückung schaffenden Bedingungen zu verhindern. Hier könnte der Einwand erhoben werden, anhand der verschiedenen Formen von Selbstbehauptungstraining (z.B. Ullrich de Muynck & Ullrich 1977 und 1978) werde doch die Auseinandersetzung mit der Umwelt gefördert und ermöglicht. Dies stimmt insoweit nicht, als diese Auseinandersetzung sich darauf beschränkt, die Rollen von Unterdrücktem und Unterdrücker nur auszutauschen, wobei der bisher Unterdrückte sich nun der Methoden des Unterdrückers bedient. Jeder – auch der Unterdrückte – hat seinen Anteil an der Aufrechterhaltung von Beziehungen, in denen es Unterdrückung gibt. Erst dann werden sich repressive Beziehungen wirklich auflösen lassen, wenn alle Beteiligten darunter zu leiden beginnen, daß ihre Lebendigkeit in diesen Beziehungen eingeschränkt ist, auch die Lebendigkeit des Unterdrückers. Wenn dies nicht möglich wird, dann wird die individuelle und die kollektive Abwehr bestätigt und für ,,gesund" erklärt, weil sie von sich selbst nicht abweicht. Die Verhaltenstherapie tut alles dafür, mindestens den Status quo zu erhalten und Emanzipation zu verhindern, weil sie die Kommunikation über das Verständnis der ,,Symptom"-Bedeutungen unterbindet und die therapeutische Beziehung nicht auch als Symptom begreifen bzw. nicht als Kompromißbildung verstehen will.

Aber: therapeutische Handlungsanweisungen stehen in Büchern; sie werden erst dann lebendig und gewinnen erst dann Bedeutung, wenn einzelne Personen, nämlich Therapeuten *und* Patienten sich von dieser Form, mit sich und dem jeweils anderen umzugehen, angesprochen fühlen, wenn Einzelpersonen, Therapeuten und Patienten, damit ihr Leben und sich selbst zu bewältigen versuchen. Sie werden erst dann lebendig, wenn Therapeut und Patient miteinander unausgesprochen und ohne es zu wissen beschließen, in der therapeutischen Beziehung die mögliche und drohende emanzipatorische Veränderung nicht zuzulassen, sondern sich und ihre Umwelt so zu verändern, wie es den Erfordernissen ihrer Angstabwehr entspricht.

Ich möchte noch etwas zu den empirischen Grundlagen der Verhaltenstherapie sagen, zu den sog. ,,Gesetzen des Lernens", die sich in den ,,erfolgreichen" Therapien immer wieder bestätigen lassen. Ich bin der Ansicht, daß sich alle Wirkungsmechanismen der verschiedenen verhaltenstherapeutischen Techniken auf das

Prinzip einer bestimmten Art von „Verstärkung" zurückführen lassen, nicht nur die Technik der Verstärkung selbst. Ich meine folgendes mit „Verstärkung": der Verlust des „Symptoms" ist ein vom Patienten (und vom Therapeuten) auch aus Abwehrgründen angestrebtes Ziel. Der Verlust des „Symptoms" stellt damit die Bestätigung für die „Richtigkeit" und „Realitätsadäquatheit" der Abwehrbemühung dar; er wirkt also quasi als „Verstärker" und zwar als „Verstärker" der Abwehr in dem Sinne, daß die eben erfolgreich gewesene Abwehr nach dieser „Verstärkung" eine größere Auftretenswahrscheinlichkeit hat als zuvor. Das hängt aber nicht mit „Lernen" im Sinne von Einüben, sondern mit „Lernen" im Sinne von: „Es ist psychisch sicherer so als anders" zusammen, also mit Angst und ihrer Bewältigung. Dieses Prinzip der „Verstärkung" der Abwehr wirkt aber nur dort, nur bei denjenigen Patienten, bei denen der Gewinn für die Stabilisierung oder für die Abwehr wegen ihrer Angst größer sein *muß* als der Gewinn an Individuation, Angsttoleranz und Emanzipation. Bei einem Patienten z.B., der seine sexuelle Funktionsstörung als Teil seiner Person verstanden hat und der dieses Verständnis zu seiner psychischen und körperlichen Integration dringend braucht, wird jeder verhaltenstherapeutische Versuch zur Therapie der „Störung" auf Granit beißen. Der Verhaltenstherapeut wird in diesem Fall wohl meinen, daß keine genügende „Motivation" und „Bereitschaft zur Zusammenarbeit" vorhanden sei. Nun, man könnte es auch so formulieren: der betreffende Patient ist an dieser Stelle nicht mehr bereit, die Integration seiner Person stören zu lassen und sich in der Stabilität seiner Abwehr auf die Abspaltung der „Störung" von seiner Person und auf ein Umlernen zu verlassen; hat er doch in der Integration des Konflikts und der damit zusammenhängenden „Störung" *in* seine Person weitaus mehr echte Stabilität gewonnen.

Ich stelle nicht in Abrede, daß die Lerngesetze funktionieren, daß sie wirken; sondern ich meine, daß sie nur dort wirken, wo sie aus psychischen Gründen auch in ihrer Wirkung benötigt werden. Und dort wirken sie ähnlich wie Psychopharmaka, nämlich einengend und betäubend, was den Kontakt zur Realität anbelangt; sie verhindern dann nämlich ein Stück mehr die Auseinandersetzung des Einzelnen mit sich selbst und mit seiner Umwelt. Das Funktionieren der Lerngesetze sagt also nicht so sehr etwas über naturgesetzliche Zusammenhänge aus, sondern – aus der Sicht des hier vertretenen Standpunkts – viel mehr darüber, wie die Beziehung zwischen Patient und Therapeut aussieht. Die verhaltenstherapeutischen Verfahren wirken bei dem Patienten, der sich selbst nicht als Subjekt sehen kann, sondern sich als Objekt betrachtet, das man manipulieren kann, und der sich aus psychischer Notwendigkeit vom Therapeuten als Objekt und nicht als Subjekt behandeln läßt.

Im folgenden möchte ich mich noch mit einem verhaltenstherapeutischen Therapiemodell auseinandersetzen, das speziell für die Therapie sexueller Funktionsstörungen entwickelt wurde, dem PLISSIT-Modell von Annon (1974 und 1975, hier zitiert nach Wendt 1979). Annon versucht mit diesem Modell durch eine Verknüpfung verschiedener Therapietechniken eine möglichst effiziente und ökonomische sexualtherapeutische Versorgung zu erreichen; er schlägt dazu vor, je nach Dringlichkeit und Schwere des Sexualproblems die therapeutischen Kräfte und Kompetenzen gestaffelt einzusetzen. ,,PLISSIT" steht für diese vier Stufen therapeutischer Intensität: P = permission (Erlaubnis); LI = limited information (begrenzte Information); SS = specific suggestions (gezielte Verhaltensanweisungen); IT = intensive therapy (intensive Therapie). Dabei bedeuten diese Stufen im Einzelnen: ,,P als Abkürzung des Wortes ‚Permission' steht für das vorderste Therapieniveau. Bei einem großen Prozentsatz der Hilfebedürftigen wird es ausreichen, daß sie von einer als Autorität anerkannten, kompetenten Person vermittelt bekommen, daß sie mit ihren Sorgen und Nöten nicht alleine stehen, daß sie nichts Ungewöhnliches oder gar Perverses, Abartiges darstellen, daß sie durchaus o.k., sind, so wie sie sind, und daß sie durchaus damit weitermachen können, was ihnen bis zu dem Zeitpunkt angsteinflößend und problematisch erschien. Das kann sowohl verdecktes Verhalten wie Gedanken, Phantasien und Träume betreffen als auch offenes sexuelles Verhalten" (Wendt 1979, S. 77f.). Daß eine solche Erlaubnis oft schon soviel Erleichterung bewirkt, führt Wendt darauf zurück, daß durch den als Autorität erlebten Fachmann das bisher ängstigende Verhalten mit einem ,,anderen Etikett" versehen wird, ,,das angstreduzierend wirkt oder auch neutrale oder gar positive Gefühle auslöst" (Wendt 1979, S. 78).

Auf der zweiten Stufe des Programms geht es darum, über die Erlaubnis hinaus ,,limited information" (begrenzte Information) zu geben, d.h. ,,weitergehende Informationen über sexuelle Fakten, die direkten Bezug haben zu den Problemen des Patienten. Hierzu gehört neben der Darstellung der Fakten über die männliche und weibliche sexuelle Reaktion vor allem die Aufklärung und Richtigstellung von besonderen Mythen und Märchen aus dem sexuellen Bereich: daß es nicht unbedingt auf die Länge des Penis ankommt, daß nicht die vaginale, sondern die klitoridale Reizung die wichtigere ist, daß nicht der gleichzeitige Orgasmus zur Pflichtübung werden muß, sondern vielmehr der ‚Tandem-Orgasmus' die Regel ist, daß Masturbieren nicht das Körperwachstum behindert oder zu Geisteskrankheiten führt usw." (Wendt 1979, S. 79). Reicht das Geben der Erlaubnis und der auf den Fall bezogenen Informationen nicht aus, das Problem zu beheben, dann wird auf der dritten Stufe des Modells versucht, mittels spezifischer Verhaltensanweisungen den Patienten eine Anleitung bei der Lösung ihrer Sexualprobleme zu geben, so ihnen z.B. eine bestimmte Stellung beim Verkehr vorzuschlagen, um Vaginismus oder Anorgasmie zu verhindern. Nützen auch die gezielten Verhaltensvorschläge nichts, wird auf der vierten Stufe des Modells mittels intensiver Therapie (IT), d.h. unter Anwendung der verschiedenen verhaltenstherapeutischen Standardverfahren, wie sie bei Masters und Johnson (1973), Lobitz und Lo Piccolo (1972) oder Kaplan (1974) beschrieben sind, versucht, die sexuellen Funktionsstörungen zu beseitigen. Dieses Stufenprogramm hat vor allem die Aufgabe, nur solche Patienten der intensiven Therapie zuzuführen, denen durch die drei vorhergehenden Stufen nicht geholfen werden konnte (vgl. dazu die ausführlichere Darstellung des PLISSIT-Modells bei Wendt 1979, S. 75–85).

Ich möchte nun von meinem Standpunkt aus zu diesem Modell einer abgestuften Sexualtherapie einiges anmerken. Ich halte es auch für sehr wichtig, daß sich die ,,Mythen“ über die Sexualität auflösen können. Es scheint mir jedoch so, als ob das Einsetzen der ,,begrenzten Information“ (LI), die ihre Bedeutung für den Patienten nicht aus dessen eigener Erfahrung bezieht, sondern aus der dafür eingesetzten ,,fachlichen Autorität“ des Therapeuten, in einer Beziehung stattfindet, die der zwischen Eltern und Kindern ähnelt, in der die Eltern wissen, was für Kinder richtig und gut ist. Die bisherigen Mythen über die Sexualität wurden den Patienten in Abhängigkeitsbeziehungen vermittelt und dort auch aufrechterhalten. Um eine ebensolche Beziehung handelt es sich jetzt wieder: der Therapeut ist kompetent und weiß die Wahrheit, die Fakten; der Patient überläßt ihm die Verantwortung für die Richtigkeit der Informationen. Dasselbe wäre am ersten Schritt des Modells zu kritisieren (Erlaubnis = P): wenn die Autorität des Therapeuten dazu benutzt wird, bestimmte Informationen wichtig werden zu lassen, Bedenken verschwinden zu lassen, Ängste und Befürchtungen für unrealistisch und unberechtigt zu erklären, dann werden dabei eigentlich vor allem die Abhängigkeitsbedürfnisse des Patienten ausgenützt (s. o.). An der Beziehung ändert sich nichts; vielmehr stellt die Haltung des Therapeuten eine Bestätigung des alten Beziehungsmusters dar, in dem einer für den anderen die Verantwortung übernimmt und diesen dadurch für sich selbst als inkompetent und unwissend erklärt. Die psychische Realität des Patienten und damit er selbst wird dabei nicht ernstgenommen.

Die ,,Fakten“, d.h. die Ergebnisse der Sexualwissenschaft werden als letzte Wahrheiten vermittelt, wenn sie auf der Stufe ,,LI“ als verbindlich dargestellt werden. Dabei wird nicht gesehen, daß sie selbst wieder Teile eines neuen Mythos sind, und zwar eines Mythos, in dem an die Erfaßbarkeit der ,,Wahrheit der Sexualität“ von außen, auf der Verhaltensebene geglaubt wird (vgl. dazu auch die Kapitel 2 und 5). Diese ,,Wahrheiten“ wurden weitgehend gewonnen ohne auf die komplexe Gefühls- und Beziehungsdynamik der Personen Rücksicht zu nehmen, ohne überhaupt in Betracht zu ziehen, daß die so gewonnenen Äußerungen der Sexualität Ausdruck der Person und ihrer Befindlichkeit in der Laboratoriumssituation sind. Die Aufklärung über diese ,,Fakten“ entspricht damit der Art, wie sie gewonnen wurden: die Überzeugungen, Wünsche und Befürchtungen, mit denen die Patienten kommen (z.B. ,,mein Penis ist zu klein“, ,,mein klitoridaler Orgasmus ist weniger wert als ein vaginaler Orgasmus“, ,,wir möchten gemeinsam zum Orgasmus kommen“), werden mit ,,Fakten“ zu entkräften versucht, d. h. aber auch: sie werden entwertet. Die evtl. vorhandenen Wünsche der Patienten nach einer befriedigenderen Sexualität, ihr Unbehagen in der bestehenden Situation werden nicht anerkannt, es sei denn als Klagen über die nicht intakten Sexualfunktionen. Jedenfalls werden sie als berechtigte Wünsche nicht ernstgenommen, oder sie werden gar als pathologisch etikettiert wie z. B. von Willi der den Wunsch eines Paares nach einem gleichzeitigen Orgasmus nur als Ausdruck einer ,,narzißtischen Kollusion“ versteht (Willi 1981, S. 255).

Das Argument für diese Entwertung ist die statistische Norm: das, was die meisten haben, können und wünschen, hat für einen selber ebenfalls normal zu sein; das, was die meisten anderen nicht haben oder nicht können, und vor allem die Wünsche, die die meisten schon aufgegeben haben, sollen auch einem selbst nicht mehr als anzustrebendes Ziel erscheinen. So werden Wünsche nach umfassenderem Erleben, direkterem Kontakt und größerer Befriedigung für unberechtigt erklärt.

Es scheint so, als ob, ähnlich wie bei den verhaltenstherapeutischen Standardverfahren (s.o. und Stufe IT), auch bei den drei ersten Stufen (P, LI und SS) die Übernahme der Verantwortung durch den Therapeuten für die richtige Bewertung und Auswahl von Informationen und Begründungen dazu dient, dem Patienten (und dem Therapeuten) seine Konflikte zu ersparen. Die Beziehung zwischen Therapeut und Patient ähnelt auch hier sehr der Beziehung zwischen Eltern und ihrem Kind, dem seine Angst z. B. vor Gespenstern mit der (naturwissenschaftlich belegten) Begründung ausgeredet wird, es gäbe doch gar keine Gespenster. Das Kind reagiert auf solche Argumente entweder dadurch, daß es seine Angst und den dazugehörigen Konflikt verleugnet und damit einen Teil seiner Lebendigkeit und Erlebnismöglichkeit aufgibt. Es übernimmt dann meist auch die rationale, am Konflikt und am Erleben vorbeigehende Begründung ,,es gibt ja gar keine Gespenster“; oder es äußert den Konflikt weiterhin, jedoch in anderer Weise: dann baut es die spürbar gewordene Abwehrnotwendigkeit der Eltern in seine Äußerung ein, d.h. es äußert sich auf eine ,,unauffälligere“ Art, von der die Eltern in ihrem Verständnis von ,,Gesundheit“ nicht mehr gestört sind. Es könnte z.B. anfangen ständig sein Kinderzimmer aufzuräumen. Dann sind die Eltern über die ,,positive“ Entwicklung des Kindes wohl sehr erfreut, weil es, indem es seine eigene Angst durch Aufräumen abwehren kann, auch der Abwehrnotwendigkeit der Eltern in dieser neuen Ausdrucksform entgegenkommt. In der Beziehung zwischen dem Kind und seinen Eltern hat jedoch an dieser Stelle keine Verständigung stattgefunden; zumindest für den Moment ist eine Kontaktmöglichkeit verlorengegangen, und zudem hat sich die Abwehrform der Eltern auf das Kind übertragen, sie hat sich also im Kollektiv weiter ausgebreitet. Alle Beteiligten geben sich nun mit einem Stück weniger an Beziehung ,,zufrieden“ und halten das damit gefundene Maß an Kontakt für ,,normal“, d.h. auch für andere, später noch hinzukommende Beziehungspartner für verbindlich.

Setzt man für ,,Eltern und Kind“ wieder ,,Therapeut und Patient“ ein, dann wird deutlich, wie und warum die ,,Erlaubnis“ (P) und die ,,begrenzte Information“ (LI) wirken können, aber nicht nur, wie Wendt meint, weil die Patienten nun z.B. ,,dem Mythos des idealen gleichzeitigen Orgasmus“ nicht mehr ,,versklavt“ sind (Wendt 1979, S. 79), sondern auch weil sich Therapeut und Patient auf eine weitgehend konflikt- und damit risikofreiere Form von Sexualität geeinigt haben, die weniger Angst macht, weil sie von allen ,,unrealistischen“ Wünschen bereinigt ist – und dies mit Hilfe der Autorität der stärksten und gewichtigsten Eltern, der Wissenschaft.

Ich habe den Verdacht, daß auf dieser Basis, der Konflikt- und Angstvermeidung mittels „objektiver" Fakten, die Wissenschaftsgläubigkeit entstanden ist und bei ihren Vertretern auch heute noch aufrechterhalten wird. Das Gefühl subjektiver Bedrohung, Gefährdung und Einschränkung der Lebendigkeit soll durch „genaue" Wahrscheinlichkeitsberechnungen und ausgeklügelte Absicherungssysteme eliminiert oder zumindest lächerlich gemacht werden. Ob es sich um so „unbedeutende" Dinge wie die Art des Kontakts zwischen einem Patienten und seinem Therapeuten handelt oder um für die Menschheit so existentiell bedrohliche Dinge wie die Risiken der Atomenergie, der rücksichtslosen Zerstörung der Umwelt und der wahnsinnigen Anhäufung gefährlichster Waffensysteme, das Prinzip ist dasselbe: unsere Ängste, die für die Entdeckung der uns bedrohenden Gefahren unverzichtbare Zeichen sind, sollen mittels „Realitäts"-Setzung durch die letzte Autorität „Wissenschaft" entwertet, verwischt und vernichtet werden. Dies ist jedoch nur möglich, wenn es jeder Einzelne von uns zuläßt.

Man soll auch Denken, Fühlen und Wollen in den Griff bekommen können (Kognitive Verhaltenstherapie)

Die Versuche, die sog. „kognitiven Prozesse" mittels Verhaltenstherapie zu beeinflussen, reichen bis zum Beginn der sechziger Jahre zurück (vgl. z.B. Mowrer 1960). Mahoney (1978) begrüßt die, wie er es sieht, Annäherung zwischen den verschiedenen psychotherapeutischen Richtungen, den, wie er es nennt, „Kompromiß zwischen extern und intern orientiertem Determinismus" (Mahoney 1978, S. 68). Diese Annäherung ist, so meine ich, jedoch nur scheinbar ein Kompromiß. Die Verhaltenstherapie hat dabei mit dem ihr eigenen Zugang ein neues Terrain zu betreten versucht, und es auch, nach Meinung ihrer Vertreter, erobert. Die Einbeziehung kognitiver Prozesse (Denken, Erinnerung, Meinungen, Einstellungen, auch Gefühle; vgl. Mahoney 1977) in den Gegenstandskatalog der Verhaltenstherapie stellt nur eine Erweiterung ihres Einflußbereichs dar, dagegen nicht eine Erweiterung ihres Erkenntnisraumes. Es gibt nun mehr und komplexeres, schwieriger zu erfassendes zu untersuchen; jedoch hat sich, meiner Ansicht nach, mit der Hereinnahme der „kognitiven Prozesse" in den Gegenstandskatalog der Verhaltenstherapie nichts Grundsätzliches geändert. Die Methoden sind geblieben, das Menschenbild ebenfalls, nur die Inhalte des therapeutisch Angegangenen haben sich verändert. Dadurch ist meiner Ansicht nach eine graduelle Veränderung geschehen: die Manipulations- und Kontrollmöglichkeiten greifen nun auch auf Teile der Person über, die bisher noch verschont geblieben sind. Der kognitiv-verhaltenstherapeutische Ansatz scheint auf den ersten Blick „menschlicher" zu sein, weil er „das Innenleben" (oder was dafür gehalten wird) und damit mehr einbezieht. Mahoney (1978, S. 74) formuliert das so (und findet es auch nicht problematisch): „wenn wir auch weiterhin einige theoretische Vorurteile ablegen, dann könnten selbst die projektiven Testmethoden eines Tages nützlich eingesetzt werden, wenn es darum geht, Verzerrungen in den Wahrnehmungen von Klienten oder andere kognitive Tendenzen zu identifizieren". An diesem Beispiel wird deutlich, daß dieses ,,Mehr an Erfaßtem" die Aufgabe hat, nichts mehr von dem der Kontrolle entgehen zu lassen, was den ,,Frieden", was die ,,Unverzerrtheit der Wahrnehmung", was die Abwehr stören könnte. Mahoneys Träume erinnern fatal an manche Gesinnungsschnüffelei, in deren Folge das Privatleben und die Vergangenheit eventuell störender Subjekte, nein: Objekte bis ins letzte Detail zu durchleuchten versucht werden. Die sog. ,,Lerngesetze" werden dabei zu psychischen Ermächtigungsgesetzen.

Doch auch dies darf wiederum nicht gesehen werden ohne den einzelnen Wissenschaftler und Therapeuten, der so denken, arbeiten und leben will, der anscheinend die Notwendigkeit hat, durch immer weitergehende Vorhersagegenauigkeit jede Verunsicherung und jede Störung seines psychischen Gleichgewichts zu unterbinden. Dies alles darf nicht gesehen werden ohne den einzelnen Therapeuten und ohne den einzelnen Patienten, die beide aufgrund ihrer individuellen Abwehrbedürfnisse und Bündnisnotwendigkeiten eine solche Form der Lebensbewältigung wählen, in der durch repressive Veränderung die Wahrnehmung eigener und fremder Realität und damit jede Emanzipation immer mehr umgangen wird.

Aus dem bisher Gesagten lassen sich noch folgende Überlegungen ableiten: ist eine Theorie einmal formuliert, hingeschrieben und gedruckt, dann wird sie in der Regel losgelöst von der Person gesehen, die sie formuliert hat, dann wird sie unpersönlich. Genauso scheint dann auch ihre Anwendung möglich zu sein, losgelöst und unabhängig von der Person dessen, der sie anwendet. Doch dies ist, so möchte ich behaupten, ein folgenschwerer Irrtum. Jedes theoretische psychotherapeutische Gebäude benötigt, um lebendig zu werden, die Therapeuten, die es anwenden, und benötigt auch die Patienten, die es an sich anwenden lassen. Ich habe oben (Kapitel 1) beschrieben, wie subtil die Wahrnehmungsprozesse in Beziehungen sind, wenn die Möglichkeiten und Erfordernisse von Abwehrbündnissen zwischen Beziehungspartnern ,,ausgehandelt" werden. Genauso laufen, nach meinen Beobachtungen, auch die Prozesse, die mit dafür verantwortlich sind, ob und wie sich therapeutische Beziehungen entwickeln. Diese werden sich immer aus den Abwehrbedürfnissen (und das heißt auch: aus den Emanzipationsbedürfnissen) von Patient und Therapeut ergeben. Die Beurteilung dieser Entwicklung unter dem Aspekt der ,,Macht" (vgl. dazu Keupp & Bergold 1972) vernachlässigt diesen Gesichtspunkt, d.h. genauer: interpretiert die dabei relevanten Faktoren wie ,,Leidensdruck", ,,Motivation", ,,Abhängigkeit" usw. unter dem sozialpsychologischen Begriff der ,,Macht", in dem die psychischen Bedürfnisse (hier dargestellt durch die Dimension ,,Abwehrbedürfnis vs. Emanzipationsbedürfnis") von Patient und Therapeut vernachlässigt bleiben müssen, weil (s.o.) ,,Macht" und ,,Abhängigkeit" in der Soziologie ausschließlich auf der Verhaltensebene definiert werden.

So betrachte ich jede psychotherapeutische Theorie als den fixierten Ausdruck von Beziehungsformen – und speziell die verhaltenstherapeutische Theorie als den Ausdruck von Beziehungsformen, die typisch sind für unsere Leistungs- und Konsumgesellschaft und für die in ihr üblichen und wirksamen individuellen und kollektiven Abwehrmechanismen.

Wie Repression verschleiert wird – ,,Integrative" Ansätze

Seit einiger Zeit ist eine Tendenz zu beobachten (wie oben schon erwähnt), die ,,reine" Verhaltenstherapie zu verlassen und mit kombinierten Methoden zu arbeiten. Es gibt inzwischen mehrere solcher sog. ,,integrativer" Ansätze (vgl. z. B. Schmid 1979; Rechenberger 1978; Mandel et al. 1971, 1975, 1979; Wendt 1979), in denen versucht wird, z. B. Elemente psychoanalytischer Theorie mit verhaltenstherapeutischer Methodik bei der Behandlung funktioneller Sexualstörungen zu verbinden.

Am Beispiel der sog. ,,Kommunikationstherapie", die sich auch gezielt mit der Behandlung sexueller Funktionsstörungen in Paarbeziehungen befaßt, möchte ich aufzeigen, wie die Hereinnahme von Elementen anderer Psychotherapieformen in ein grundsätzlich verhaltenstherapeutisches Konzept dieses nur scheinbar erweitert (vgl. meine Ausführungen zur ,,kognitiven Verhaltenstherapie") und wie diese Hereinnahme außerdem die der Verhaltenstherapie ursprünglich fremden Elemente zu deren Bestandteil macht, d. h. sie qualitativ umwertet. Ich beziehe mich dabei auf die beiden Bücher von Karl-Herbert Mandel und Anita Mandel sowie deren Koautoren (vgl. Mandel et al. 1971 und 1975). Die Autoren betonen in ihren Arbeiten mehrmals ihren integrativen Ansatz, von dem aus sie versuchen, Elemente der verschiedensten Therapierichtungen zu einer ,,Kommunikationstherapie in verhaltenspsychologischer Sicht" und damit auch zu einer ,,tiefenpsychologischen Verhaltenstherapie für Partnerbeziehungen" (Mandel et al. 1975, S. 181) zu vereinen. An vielen Stellen versuchen die Autoren, das Integrative dieser problemorientierten Mischung mit Beispielen ihrer Arbeitsweise zu illustrieren und zu belegen. Ich möchte jedoch betonen, daß ich den Standpunkt von Mandel und seinen Mitautoren als einen grundsätzlich verhaltenstherapeutischen ansehe.

Ich möchte das kurz begründen: selbst wenn Mandel et al. von Beziehungen und von gestörten Beziehungen sprechen, meinen sie ,,Störungen", die auf der Verhaltensebene definiert sind, d. h. ,,Störungen", die an Individuen festgemacht sind, so z. B. ,,Störungen im Hauptkontakt, im Erlebnis der Berührung, des Gestreicheltwerdens und des Streichelns" (Mandel et al. 1975, S. 43). Diese ,,Störungen" werden als defizitäres Erleben gesehen, als ,,Fehlhaltungen" (Mandel et al. 1975, S. 175), die nicht ,,richtig" sind. Die Autoren müssen, ausgehend von dieser Sichtweise, zwangsläufig zu einer symptomorientierten Behandlung kommen, bei der sie korrigieren, was ,,falsch" ist. Zwar verwenden sie den Begriff der ,,Abwehr", doch wird ,,Abwehr" nicht als verständliches und für den Abwehrenden noch notwendiges Element seiner Person verstanden, sondern als ,,Störung" angesehen, die es zu beseitigen gilt; so heißt es (Mandel et al. 1975) auf S. 203: bis zum „Durchstehen einer tiefgreifenden seelischen und körperlichen Erschütterung ... muß der Therapeut den Patienten in dieser Angstüberflutung halten, sonst läßt er zu, daß das System körperlicher, seelischer und geistiger Fluchtreaktionen abermals verstärkt wird". „Abwehr" wird dabei als Fehlverhalten, als Ausweichverhalten angesehen, das als ausschließlich von den Verstärkungen der Umwelt abhängig betrachtet, das also in ein Reiz-Reaktions-Modell eingebaut wird.

Genauso werden auch andere „Elemente der Psychoanalyse" eingesetzt: die Nomenklatur der tiefenpsychologischen Neurosenlehre wird von Riemann (1961) entliehen; dessen Sicht, die auch die Notwendigkeit und die Verständlichkeit der verschiedenen Abwehrformen betont, wird jedoch vernachlässigt. Die entliehenen Begriffe werden dann ausschließlich als diagnostische Hilfsmittel verwendet, um die Identifikation der zu beseitigenden „Störungen" verläßlicher zu machen. Es geht Mandel et al. (1975, S. 176) darum, die differentialdiagnostischen Kriterien sicherer und objektiver zu machen, „... um therapeutische Verläufe in hohem Maß optimieren zu können", wobei wieder zu beachten ist, daß optimal heißt: im Sinne der Symptombeseitigung. Ebenso verwenden die Autoren „Traumanalysen" um Widerstände zu beseitigen, die sich dem therapeutischen Vorankommen, d.h. den Intentionen des Therapeuten entgegenstellen. Wenn das Grundkonzept, so wie ich es eben am Beispiel der Arbeiten von Mandel et al. darzulegen versucht habe, ein verhaltenstherapeutisches ist (d.h.: symptomorientierte Behandlung; Definition aller Begriffe auf der Verhaltensebene; Definition der „Störungen" auf der Verhaltensebene; „Symptom"-Verlust wird nicht auch evtl. als Abwehr gesehen, sondern „Abwehr" ist nur, was sich der „Symptom"-Beseitigung entgegenstellt), dann werden Elemente grundsätzlich anders orientierter Formen von Psychotherapie wie z.B. der Psychoanalyse nicht „integriert", sondern durch die Herauslösung aus dem Kontext der Sichtweise, aus dem sie stammen, qualitativ verändert und zu verhaltenstherapeutischen Techniken umfunktioniert. So ist dann z.B. „Traumanalyse" nicht mehr Traumanalyse, sondern eine Technik zur Beseitigung der „Widerstände", d.h. der Versuche des Patienten, den Therapeuten bei der Verfolgung seiner Pläne aufzuhalten.

Es ist ein Irrtum, wenn man meint, man könne einen grundsätzlich emanzipatorischen Ansatz (für den ich die Psychoanalyse halte, vgl. Kap. 8) und einen repressiven integrieren. Was man dabei integriert, sind Techniken, Vorgehensweisen, die zusammen dann nur in einem repressiven Sinn verwendet werden können. Man kann Methoden integrieren, Techniken. Was man jedoch nicht ineinander integrieren kann sind Haltungen: man kann sich nicht gleichzeitig so *und* so halten, sondern entweder nur so *oder* so. Auch wenn Gerd Arentewicz und Gunter Schmidt schreiben: „In unserem Projekt haben psychotherapeutisch Tätige verschiedener Schulrichtungen mitgearbeitet: Ärzte in der psychoanalytisch orientierten Zusatzausbildung, Psychologen und Ärzte in der ‚großen' psychoanalytischen Ausbildung, gesprächspsychotherapeutisch und verhaltenstherapeutisch ausgebildete Psychologen. Sie haben über fünf Jahre kooperiert, häufig als Kotherapeuten in der gleichen Therapie wechselseitig voneinander gelernt und immer wieder festgestellt, daß es möglich ist, theoretische Konzepte verschiedener Psychotherapieschulen aufeinander zu beziehen oder wechselseitig zu ergänzen. Alle haben wir auch erfahren, wie praktisch, hilfreich und den therapeutischen Ansatz erweiternd eine psychoanalytisch geleitete Supervisionsgruppe (Balint-Gruppe) für die Durchführung der letztlich verhaltenstherapeutisch orientierten Paartherapie sein kann. Wir wünschen uns, daß der Text dieses Buches etwas von diesen Erfahrungen vermittelt: Vom Sinn eines integrativen Vorgehens bei der Psychotherapie und von der Sinnlosigkeit der angstgestörten Abgrenzungshaltung der Orthodoxen in allen Lagern der Psychotherapie“ (Arentewicz und Schmidt 1980, S. VII). Das, was die beiden eben zitierten Autoren zu integrieren versuchen, sind vielleicht Begriffe, Methoden, Therapeutenverhalten, jedoch nicht Haltungen, denn in der Haltung, die man sich selbst, dem Patienten, der Angst, den Wünschen, den Symptomen, der Welt gegenüber einnimmt, gibt es nur zwei Alternativen: die repressive und die emanzipatorische Haltung.

Der Versuch, Verhaltenstherapie mit den Elementen einer anderen Therapieform zu integrieren, führt zwangsläufig zu einem Verlust der evtl. vorhandenen nicht-repressiven Haltung in der anderen Therapieform. Daß dies nicht nur im Mandelschen Ansatz geschieht, sondern daß dies wohl eine zwangsläufige Folge solcher Integrationsversuche ist, legt auch die Arbeit von Hermann Wendt ,,Integrative Sexualtherapie: Am Beispiel von Frauen mit Orgasmusstörungen“ (1979) nahe. Wendt versucht dort verhaltenstherapeutische und gestalttherapeutische Elemente für die Therapie von sexuellen Funktionsstörungen miteinander zu verbinden. Obwohl er an vielen Stellen den ,,ganzheitlichen“ (Wendt 1979, z.B. S. 13, S. 17 und S. 153) und ,,emanzipatorischen“ (Wendt 1979, z.B. S. 20ff., S. 48 und S. 51f.) Anspruch seiner Arbeit betont, geraten dort die in der gestalttherapeutischen Theorie (nicht in den gestalttherapeutischen Techniken!, siehe dazu oben Kapitel 6) enthaltenen Elemente eines ganzheitlichen Menschenbildes unter das Primat verhaltenstherapeutischer Technologie und Zielsetzung. Dies führt dann bei Wendt dazu, daß der potentiell emanzipatorische Gehalt gestalttherapeutischer Sichtweisen (Erkennen von ,,Kongruenz in Körperausdruck und psychischem Erleben“; Wendt 1979, S. 119) in die Zielsetzung des Therapeuten ,,integriert“, d.h. subsummiert wird. Daraus ergibt sich folgende Vermischung ,,ganzheitlicher“ und verhaltenstherapeutischer Zielsetzungen:

,,Für die Integrative Sexualtherapie gilt als ungefähres Orientierungsmaß folgende Liste von Therapiezielen und Erfolgskriterien in folgender Reihenfolge:

1. Selbstbewußtsein (statt ‚Fremd‘bewußtsein) und positives Selbstwertgefühl (kognitive Ebene)
2. Selbstsicherheit (Verhaltensebene, speziell im sexuellen Verhalten)
3. Selbstverantwortlichkeit und Selbstkontrolle (statt Schicksalsergebenheit und chronischer Partnerorientierung)
4. Positive Beziehung zum eigenen Körper und speziell zu den sexuellen Körperteilen und -funktionen

5. Harmonischer Kontakt zu anderen Menschen in Partnerschaft, Ehe und Familie
6. Sexuelle Zufriedenheit und Ausgeglichenheit
7. Sexuelle Funktionstüchtigkeit (bei der Frauengruppe speziell: Orgasmusfähigkeit zur freien Wahl bei verschiedenen Stimulierungsbedingungen)" (Wendt 1979, S. 154).

Diese Ziele sind ausschließlich „positiv" orientiert, d.h. alles, was an „negativem", diesen Zielen Widersprechendem während der Therapie auftaucht, wird mit allen möglichen verhaltenstherapeutischen Techniken zu eliminieren versucht; so dient wahrscheinlich diesem Zweck auch das therapeutische Umgehen mit den Reaktionen der Patientinnen in einer Frauengruppe auf die Vorführung von zwei Filmen, über die „Squeeze-Technik", eine verhaltenstherapeutische Behandlungsmethode der Ejaculatio praecox, und über die verschiedenen Methoden sexueller Selbststimulierung, die eine Frau an sich selbst durchführt.

„Wie vorausgesehen, lösten die Filme, vor allem der zweite, bei vielen Teilnehmerinnen beim ersten Mal heftigste Reaktionen von Ablehnung, Angst und Panik aus. Das vorher konzipierte Rational dieser psychotherapeutischen Intervention in Form der Darbietung dieses Filmmaterials sah diesen Therapieschritt im Sinne der verhaltenstherapeutischen Angsttherapie vor, wie sie als Reizüberflutung, Implosion oder Habituationstraining entwikkelt und erprobt worden ist (Ullrich & Ullrich de Muynck, 1974). Unbedingt notwendig und für den Erfolg entscheidend ist dabei, daß Flucht und Vermeidung in bezug auf diese funktional aversiven Reizbedingungen verhindert wird. Das heißt, das Verlassen des Raumes, Wegschauen usw. wurde von den beiden Therapeuten verhindert. So wie diese erste Darbietung der beiden Filme der schwerste Krisenpunkt für viele Teilnehmerinnen war, ergibt sich als unbedingte Notwendigkeit, im Anschluß an die Filmvorführung ausgiebig über die Filme und die von ihnen ausgelösten Empfindungen mit den Gruppenteilnehmerinnen zu sprechen; und vor allem die betroffenen Frauen zu ermutigen, jetzt nicht aufzugeben und das nächste Mal wiederzukommen. Auf alle Fälle müssen die beiden Filme dann sofort in der folgenden Gruppensitzung wiederholt werden. Dabei ist es wichtig, die Klientinnen aufzufordern, bei der Wiederholung der Filme genau auf Unterschiede in ihren Reaktionen und Wahrnehmungen zu achten. Ausnahmslos(!) zeigte sich dabei, daß die Krise vorbei ist, daß die Filminhalte ohne Angst, mit größerem Interesse und akkuraterer Wahrnehmungsschärfe erlebt werden können. Wertvoll, auch für den weiteren Therapieverlauf, ist dabei, daß den Teilnehmerinnen daran verdeutlicht werden kann, wie schnell und positiv sich Einstellungsveränderungen ergeben können. Daß Sachverhalte, die heute noch unüberwindlich und beängstigend erscheinen, morgen schon in ganz anderem Licht erscheinen können. Zweifellos wichtig ist dabei jedoch die vorherige Instruktion der Gruppenteilnehmerinnen, daß mit diesen Filminhalten keine neuen oder anderen sexuellen Normen verbindlich gemacht werden sollen und daß niemand von sich selber oder von seiten der Therapeuten die Erwartung spüren soll, gleich mit Lust und Laune auf die Filme reagieren zu müssen. Denn im Sinne der Therapiekonzeption der ersten Phase ist zunächst nur die Beseitigung negativer Affekte und Reaktionen in bezug auf Sexualität anvisiert" (Wendt 1979, S. 177f.).

Der Vorgang, der zu den Einstellungsveränderungen und dem Verlust der Ängste führt, kann aber auch ganz anders verstanden werden. Ich möchte versuchen, mir die Situation einer Frau in dem beschriebenen Therapieabschnitt vorzustellen. Sie kommt mit ihrer Angst, sich auf ihre Beziehung und auf ihre Sexualität in dieser Beziehung einzulassen. Aus unterschiedlichen Motiven (‚die ich hier nicht näher aufzählen möchte, siehe oben, Kapitel 6') sucht sie die Therapeuten auf.

Von diesen wird die alte Norm, unter der sie bisher so gelitten hat und mit der sie sich selbst gequält hat, die Norm: ,,Du darfst dich nicht auf deine Gefühle, nicht auf deine Sexualität einlassen!" durch eine neue Norm ersetzt. Diese neue Norm könnte man vielleicht so in Wort fassen: ,,Du darfst auf keinen Fall mehr ausweichen, wenn du Angst hast; du mußt dich mit allen nur möglichen Mitteln zum Funktionieren deiner sexuellen Funktionen bringen (lassen), und du darfst vor allem nicht merken, daß das wieder eine Norm ist, sondern du mußt alles für die Befreiung halten!". Auch hier ändert sich an der Beziehung nichts: Emanzipation wird durch Setzung einer Norm verhindert. Die Instruktionen der Therapeuten (,,keine neuen Normen aufbauen", ,,bei der Wiederholung der Filme genau auf Unterschiede in den Reaktionen und Wahrnehmungen achten") verschleiern die momentan in der Beziehung gültigen neuen Normen, lassen der Frau unter dem in der Gruppe entstandenen Erwartungsdruck nur die schnelle Verleugnung ihrer Angst und öffnen als Ausweg für die Erhaltung eines positiven Selbstwertgefühls nur die Erfüllung der Leistungsnorm (Angstabwehrleistung, verbesserte Wahrnehmungsleistung). Emanzipation, die heißen könnte, die Angst auch *nicht* aufzugeben, wird ihr dadurch nicht möglich.

Die Veränderung im ,,Habituationstraining" könnte auch noch durch einen anderen Effekt verständlich gemacht werden, den jeder wohl gut kennt: ich meine den Verlust der Gefühle, des Entsetzens und der Angst im Laufe der Zeit, wenn immer wieder z. B. in der Zeitung oder im Fernsehen von Kriegen berichtet wird, die ,,uns doch nichts angehen." Um alles auszuhalten und dadurch nicht zu sehr verunsichert zu werden, gewöhnen wir uns an das, was uns Angst macht. Das Wort ,,Habituationstraining" beschreibt das, was geschieht, recht gut: man trainiert, sich an das zu gewöhnen, was einem Angst macht.

> ,,Die Möglichkeit der Verbindung gestalt- und verhaltenstherapeutischer Elemente in einem integrativen Psychotherapie-Konzept beginnt mit dem grundsätzlichen Verständnis beider Methoden" (Wendt 1979, S. 107). Und: ,,Verhaltenstherapeuten und Gestalttherapeuten können gemeinsame Sache machen, wenn sie sich auf ihre grundlegenden ideologischen und methodischen Prinzipien zurückbesinnen. Wer Perls aufmerksam liest, wird bemerken, daß es dem Gestalttherapeuten letztlich nur um eines geht: die Fähigkeit und Möglichkeit, im Hier und Jetzt des Augenblicks und des Ortes bewußt erleben zu können – ohne durch Angst und/oder Unwissen blockiert zu sein. Im Sinne der zeitgemäßen Verhaltenstherapie, die neben dem äußeren Verhalten auch das ‚innere' Verhalten (coverants, Kognitionen, mediative Prozesse) miteinbezieht, sollte es dem Verhaltenstherapeuten möglich sein, das bewußte Erleben (awareness) als Basis-Verhalten gesunder und befriedigender Lebensweise aufzufassen, das den ihm bekannten Modifikations- und Trainingsmethoden auf der Basis der Lerntheorien zugänglich ist. Bewußtes Erleben, dessen Blockierung und dessen Verwirklichung, ist zweifellos hauptsächlich eine Frage von Angst und Mut, von fehlender oder vorhandener Selbstsicherheit; von dem nämlich, was allgemein als Selbstbewußtsein bezeichnet wird. In diesem Sinne ist Gestalttherapie eine Art ‚Selbstsicherheitstraining'" (Wendt 1979, S. 125f.).

Diese Sichtweise, in der Angst und Hemmung *ausschließlich* als Feind betrachtet und deshalb nicht verstanden werden, bringt mit sich, daß das potentiell emanzipatorische ,,Hier-und-Jetzt" der Gestalttherapie zu einem ,,Hier-und-Jetzt, aber nur des Erwünschten, entsprechend den Zielsetzungen des Therapeuten" wird. Es sieht so aus, als ob jeder Integrationsversuch nicht repressiver Verständnisweisen mit verhaltenstherapeutischen Ansätzen zwangsläufig zum Verlust der emanzipatorischen Elemente führen muß. Emanzipation und Repression sind nicht zu integrieren, sondern stellen absolute Alternativen dar. Doch zurück zum kommunikationstherapeutischen Ansatz von Mandel et al.

Das Ziel der Ehetherapie nach Mandel et al. (1971, S. 25) kann nur sein, ,,durch Auflösung von Ängsten und Zwängen herrschaftsfreie Kommunikation und maximale gleichverteilte Bedürfnisbefriedigung zwischen Partnern, die sich gewählt haben, herzustellen". Doch frage ich mich, wie Mandel dieses Ziel, das so formuliert, gut klingt, erreichen will, wenn er selbst in seinen therapeutischen Beziehungen die Patienten dazu *zwingt,* ihre ,,Fluchtreaktionen" zu unterlassen. Die Autoren errichten auf diese Weise ja gerade ein Machtgefälle zwischen den behandelten Ehepartnern und dem Therapeuten ebenso wie zwischen den beiden Partnern selbst. Der Einsatz der für Mandel et al. bedeutungsvollsten Lernmechanismen ,,Verstärkung" und ,,Löschung" und die Argumentation vor diesem Hintergrund spricht jedem Bemühen um herrschaftsfreie Kommunikation Hohn.

Besonders deutlich wird m. E. dieses Nicht-Ernstnehmen der Beziehungspartner in der therapeutischen Beziehung auch im Umgang mit der ,,Aggression". Mandel versteht darunter eine ,,Verhaltensschwäche" (1975, S. 198), einen ,,auch körperlich schädlichen, biologisch meist unzweckmäßigen Affekt", der ,,minimal gehalten" werden sollte (1975, S. 198). Den notwendigen Ausdruck frustrierter Bedürfnisse in der Wut, der Angst und des Gefühls von Abhängigkeit und Unterdrückt-Sein übersehen Mandel et al. in ihrem Ansatz und versuchen deshalb auch die Äußerung dieser für jede Veränderung zentralen Regungen ihren Patienten abzugewöhnen:

> ,,Tritt aggressives Verhalten destruktiver Art auf, müssen die Partner lernen, dieses Verhalten auf keinen Fall zu verstärken, denn das hieße ja, erfolgreich werden zu lassen und damit in der Häufigkeit zu erhöhen. Beide sollen die Übereinkunft treffen, daß der unfair Angegriffene nicht darauf eingehen, sondern, eventuell nach einem kurzen Hinweis, mit Schweigen reagieren soll. Als günstig hat es sich erwiesen, wenn der Angegriffene nach einigen Minuten ein Gespräch beginnt oder ein Seitenthema aufnimmt in einem Ton, als ob nichts Unangenehmes geschehen wäre. Das entlastet den aggressiven Partner von Schuldgefühlen und reduziert seine Spannung augenblicklich. Durch die Blume auf der Beziehungsebene sagt ihm das: ,Ich nehm das Ganze nicht tragisch. Ich weiß, du meinst es nicht so, du bist jetzt über dich selbst ganz und gar nicht glücklich. Nicht einzusehen, daß wir deswegen uns den Abend verderben sollen!'" (Mandel et al. 1975, S. 197f.).

In diesem Arrangement wird aus meiner Sicht jeder der Beteiligten gezwungen und läßt sich auch zwingen, sich und den anderen mit seiner Wut nicht mehr ernstzunehmen, sondern sich und den anderen als Verstärkungsautomaten zu behandeln, sich und den anderen nur zu akzeptieren, wenn ,,positives" geäußert wird, und dies alles, um das einmal gefundene ,,harmonische" Arrangement für den Abend nicht zu verderben. Dabei wird aber nicht nur die ,,Harmonie" für den Abend nicht verdorben, sondern auch die Grundlage für jede Auseinandersetzung, für das Leben, für das Lebendigerwerden zerstört. Zwischen den Beziehungspartnern, und dazu gehört auch der Therapeut, wird somit Einigung darüber erzielt, daß das dieses „harmonische Arrangement“ Störende nicht mehr beachtet werden soll, d.h. auch: daß jeder weitere Versuch, Angst, Enttäuschung, Frustration oder Wut auf „störende“ Weise zu äußern, weniger Erfolg haben wird, beachtet, ernstgenommen und verstanden zu werden. In dieser Vorgehensweise wird ganz direkt die zwangsläufige Konsequenz des ausschließlichen Umgehens mit dem „Symptom“ auf der Verhaltensebene erkennbar, nämlich die dadurch erzwungene immer weitergehende Einengung des Kontakts auf diejenigen Bereiche und Inhalte, auf diejenigen Äußerungsformen von Bedürfnissen, Angst, Leiden und Wut, die den Beteiligten, den Patienten *und* den Therapeuten, keine Angst machen.

So ist „Grundlegend für die Erneuerung einer Partnerbeziehung ... häufig die Löschung hinderlicher Ängste und Aggressionen bzw. die Befreiung positiver Gefühle“ (Mandel et al. 1975, S. 232). „Erneuerung der Partnerbeziehung“ muß man dann aber so verstehen, nämlich als Ausklammerung des Hinderlichen, der „Störung“, der Angst, sowie Förderung des „Positiven“, des Nicht-„Störenden“, dessen, was keine Angst macht, weil es keine Veränderung erfordert. Das Ziel ist damit vorgegeben und wird durch den Einsatz aller auffindbaren Mittel zu erreichen versucht. Ich möchte hier wieder auf die oben bei der Untersuchung der expliziten Verhaltenstherapie erwähnte Ideologie des Pragmatismus zurückkommen, in der das Ziel die Mittel heiligt. So „verstehen“ Mandel et al. als Psychotherapeuten nur solange, wie das Problem handhabbar bleibt, z.B. zu diagnostischen Zwecken. Hätte weitergehendes Verständnis die Folge, daß die therapeutische Situation, die Patienten und die „Störung“ nicht mehr handhabbar sind, findet es nicht mehr statt. „Verständnis“ wird somit zum Mittel, zur Technik. Dort, wo es existentielle Konsequenzen, nicht nur für den Patienten, sondern auch für den Therapeuten hätte, muß es deshalb aufhören.

Es sieht, an der Oberfläche, so aus, als hätte das pragmatische Verständnis keinerlei existentielle Bedeutung, als fordere es keinerlei existentielle Konsequenzen. Es hat aber, so wie ich es sehe, weitreichende Konsequenzen, z.B. diejenige der Bündnisbildung gegen die „Störung“, gegen das, was jenseits der Pragmatik verständlich und erfahrbar wäre, also die Konsequenz der Einengung und der Vermeidung vieler Möglichkeiten des Lebendiger-Werdens, des Kontakts und damit der grundsätzlichen Veränderung. In der pragmatisch-therapeutischen Sichtweise kann deshalb Psychotherapie in jeder möglichen Form nur Methode und Technik zur Erreichung eines Zieles *im Verhalten des Patienten* sein. Deshalb hat für pragmatisch arbeitende (Psycho-)Therapeuten das, was in der Therapie, in der therapeutischen Beziehung passiert, nichts mit der Person des Therapeuten zu tun, sondern nur mit seinem „Therapeutenverhalten“. Der Therapeut bleibt als Person ausgeklammert, es sei denn, er soll dem Patienten als Modell dienen, also als einer, der die in der Therapie angestrebten Ziele, z.B. „solche Verhaltensweisen, Empfindungen und Gefühle emotional (nicht nur verstandesmäßig) bejaht und in seinem eigenen Leben verwirklicht" (Mandel et al. 1975, S. 52). Der Therapeut ist dabei einer, der „es" kann, der „es" richtig macht. Er befindet sich damit selbst in dem von ihm verordneten System zur Ausrottung der „Störung" und zum Aufbau des „Positiven". So verstanden steht die Kommunikationstherapie der kognitiven Verhaltenstherapie sehr nahe; sie ist dann eine „tiefenpsychologische Verhaltenstherapie" (Mandel et al. 1975, S. 181), aber nicht in dem Sinn, wie Mandel et al. es sehen, nämlich als eine integrative Verbindung von Tiefenpsychologie und Verhaltenstherapie, sondern eine Verhaltenstherapie, die sich der psychischen Tiefen zu bemächtigen versucht.

Zusammenfassung

- Theorien über psychotherapeutische Veränderung sind ebenfalls Kompromißbildungen.
- Theorien geben keine Garantie dafür, daß auch ihnen entsprechend in der Therapie gehandelt wird; vielmehr werden therapeutische Theorien oft als Legitimation für subjektiv motiviertes therapeutisches Handeln verwendet.
- Die Untersuchung von Theorien nach ihnen immanenten Kriterien kann nie zu einer Überschreitung der durch die Theorie notwendigerweise selbstgesetzten Grenze führen, sondern nur zu einer weiteren Perfektionierung der zu ihrer „Inszenierung" erforderlichen Techniken.
- Kriterien für eine Unterscheidung repressiver und emanzipatorischer Sexualtherapie fragen nicht primär nach dem Therapeutenverhalten, sondern nach der Bedeutung dieses Verhaltens für die therapeutische Beziehung und für das Kollektiv.
- Sämtliche für das verhaltenstherapeutische Vorgehen relevanten Daten werden unter Verleugnung der Beziehung zwischen Therapeut und Patient erfaßt.
- Verhaltenstherapeutisches Vorgehen verleugnet den größten Teil der Bedeutungen, den Untersuchung und Behandlung intrapsychisch und interpsychisch haben.
- Die Verhaltenstherapie macht mit ihren Beteuerungen, z. B.
  - die Angst sei inadäquat und sinnlos (Selbstsicherheitstraining),
  - das, was man an sich selbst nicht akzeptiert, sei auch nicht realitätsangepaßt (Gedankenstop), und
  - die eigene Angst sei in Wirklichkeit gar nicht existent (fingiertes Bio-Feedback)

  den Patienten verrückt, d. h. die Patienten werden dazu gebracht, die Wahrnehmungen ihrer eigenen subjektiven Realität einzuschränken, zu verlieren oder zu verleugnen.
- Nur derjenige Patient ist verhaltenstherapeutisch „erfolgreich", ohne „Rückfall" und ohne „Symptomverschiebung" behandelbar, dessen Angst vor dem Erkennen und dem Ausdrücken seiner Konflikte in deutlichen Symptomen zu

groß geworden ist, jedenfalls größer als sein Bedürfnis, mit seinen Konflikten näher in Kontakt zu kommen.

- Die verhaltenstherapeutischen Verfahren wirken bei demjenigen Patienten, der sich selbst aus psychischer Notwendigkeit nicht als Subjekt sehen kann, sondern der sich als Objekt behandelt und der sich deshalb auch vom Therapeuten als Objekt und nicht als Subjekt behandeln läßt.
- Sich auf die objektive Autorität der Wissenschaft zu berufen bedeutet, die subjektiven Momente aus unserer Lebens- und Weltbewältigung zu eliminieren. Dies wird dort äußerst gefährlich, wo es darum geht, die Angst als Zeichen für existentiell bedrohliche Gefahren wissenschaftlich begründet lächerlich zu machen oder wegzubeweisen.
- Die Verhaltenstherapie ist Ausdruck von Beziehungsformen, die typisch sind für unsere Leistungs- und Konsumgesellschaft und für die in ihr üblichen und wirksamen individuellen und kollektiven Abwehrmechanismen.
- Die sogenannten „integrativen“ Ansätze können nur Techniken vereinen, da sich verschiedene Haltungen nicht integrieren lassen. Man kann sich nicht gleichzeitig so *und* so halten, sondern nur so *oder* so. Die „integrativen“ Ansätze verschleiern dies, indem sie vorspiegeln, man könne die grundsätzliche Entscheidung zwischen repressiv-vergewaltigender und emanzipatorisch-freilassender Haltung vermeiden.

8. Die emanzipatorische Haltung ist ein Wagnis für Therapeut und Patient

Zusammenfassung der bisherigen Ergebnisse

In diesem Kapitel möchte ich versuchen, die Voraussetzungen zu beschreiben, die gegeben sein müssen, damit ein emanzipatorisches Umgehen mit den in einer Psychotherapie auftauchenden Aufgaben und Problemen möglich wird. Da dieses Thema von allgemein psychotherapeutischer Bedeutung ist, werde ich es auch allgemein behandeln und nur an wenigen Stellen auf spezielle sexualtherapeutische Fragestellungen eingehen. Ich will hier keine neue Sexualtherapie begründen. Gezielt sich mit der Sexualität befassende Therapieansätze, ausgehend von einer grundsätzlich verstehenden und aufdeckenden Haltung finden sich schon vereinzelt, so z.B. in den Arbeiten von Barbara Vogt und Rolf Vogt (Vogt, B. 1982; Vogt, R. 1977). Worum es mir hier geht, ist, darüber nachzudenken, wie es möglich werden kann, nicht-repressiv mit den Problemen der Patienten umzugehen, und auch: welche Konsequenzen eine solche Haltung hat, individuell für Patient und Therapeut, aber auch für das Kollektiv (vgl. dazu Kapitel 10). Dazu scheint es mir noch einmal erforderlich, die dafür relevanten, hier bisher erarbeiteten Ergebnisse zusammenfassend zu wiederholen.

Ich bin im 1. Kapitel davon ausgegangen, daß jeder Mensch ein ganz grundsätzliches Bedürfnis danach hat, sich bzw. sein Befinden zu spüren, es mitzuteilen und dabei von seinen Beziehungspartnern gehört und verstanden zu werden. Wo Konflikte in Beziehungen nicht bewältigt werden können, muß der Ausdruck von Befindlichkeit und sein Verständnis durch Kommunikationsnormen, d.h. durch gemeinsame Abwehr der Beziehungspartner geregelt werden; dadurch wird die aufkommende Angst vermieden. Soweit direkter Ausdruck und direktes Verständnis nicht mehr möglich ist, kommt es zu sog. Kompromißbildungen, d.h. zu einer Umformung von Ausdruck und Verständnis in der Weise, daß die ursprüngliche Ausdrucks- und Verständnismöglichkeit einerseits durch die Abwehr verändert und eingeschränkt wird, andererseits aber in der Kompromißbildung auch die Angst vor dem abgewehrten Wunsch sowie die momentan wirksame Abwehr und ihre Folgen für den Einzelnen sichtbar, also auch potentiell verständlich werden. So kann jede Äußerung nicht nur auf ihren „manifesten", „objektiven" Informationsgehalt hin untersucht und verstanden werden, sondern auch daraufhin, inwieweit die genannten Anteile (der abgewehrte Wunsch, die Angst, ihre Abwehr und das Leiden) in ihr erkennbar sind. Ob sich der Untersucher um den „manifesten" oder um den „latenten" Inhalt der Äußerung kümmert, liegt ganz alleine an ihm, an seinen „Interessen", d.h. also auch: an seinen psychischen Notwendigkeiten von Wahrnehmung und Kontakt oder von Abwehr und Kontaktvermeidung. In einigen Gedanken über die Denkansätze und Ergebnisse der Psychosomatik habe ich versucht, den kontinuierlichen Übergang zwischen sprachlichem und tätigem

Ausdruck und dem Ausdruck in der körperlichen Funktionsstörung oder gar der organischen Veränderung aufzuzeigen, wobei es mir bei jeder dieser Ausdrucksformen um die Hervorhebung des allen gemeinsamen Kompromißcharakters ging.

Im 2. Kapitel habe ich versucht, die Begriffe ,,Gesundheit" und ,,Krankheit" zu relativieren, d.h. sie (verstanden als Kompromißbildungen der sie verwendenden Personen) als Ausdruck und Mittel kollektiver und damit auch individueller Abwehrnotwendigkeiten zu begreifen. Ebenso schien es mir dann konsequent, den Kampf gegen die ,,Krankheit" und gegen ihre ,,Symptome" als Strategien kollektiver (und wieder auch individueller) Abwehr zu bezeichnen. Dabei wurde auch deutlich, daß die Definition von ,,Symptom" und ,,Krankheit" auf der Verhaltensebene, die diese Begriffe normativ und ohne das Verständnis der dabei wirksamen Beziehungsmuster definiert, eine grundsätzliche Veränderung des Umgehens mit dieser Problematik ausschließt. Erst die Einbeziehung und das Erlebnis der Angst und der Abwehr jeweils *aller* an einer Beziehung Beteiligten, also die Betrachtung auf der Beziehungsebene, vermag eine Entwicklung einzuleiten, in der sich die bis dahin wirksamen Abwehrstrukturen verändern können. Ein Ergebnis dieser Überlegungen war, daß sich in Beziehungen nur diejenige gemeinsame Abwehr auflösen kann, deren zugrundeliegende Angst sichtbar und erlebbar und deren Abwehrnotwendigkeit akzeptiert werden kann.

Anschließend daran habe ich im 3. bis 5. Kapitel ausgeführt, daß demnach die Vorstellung – besser: die Ideologie – von der ,,gesunden", d.h. der in ihren körperlichen Funktionen störungsfrei funktionierenden Sexualität ebenfalls als kollektive Abwehr begriffen werden muß, die sich nahtlos in die anderen kollektiven Strategien zur Bewältigung von Ängsten und Konflikten einfügt. Entsprechend habe ich dann die Ansätze zur Therapie sexueller Funktionsstörungen, die von diesem ideologischen Hintergrund ausgehen, ebenfalls als Abwehrstrategien von Therapeut und Patient bezeichnet, da sie die bisherige individuelle und kollektive Abwehr nicht in Frage stellen.

In meinem 6. Kapitel, in dem ich die therapeutische Beziehung in der Sexualtherapie untersucht habe, habe ich mich vor allem darauf konzentriert, was sich zwischen Patient und Therapeut abspielt, wenn der Auftrag erteilt wird, das ,,Symptom" zu beseitigen: geht der Therapeut auf diesen Auftrag ein (= Aufrechterhalten der individuellen und kollektiven Abwehr) oder wagt er es, den Kompromißcharakter des ,,Symptoms" und des Auftrags zu verstehen und verständlich zu machen (= Infragestellen der individuellen und kollektiven Abwehr)? In diesem Zusammenhang habe ich auch die Bedeutung therapeutischer Techniken und Methoden für die Aufrechterhaltung der Abwehr untersucht.

Im 7. Kapitel schließlich habe ich am Beispiel der Verhaltenstherapie die grundsätzlich repressiv-vergewaltigende Haltung in der Behandlung von sexuellen Funktionsstörungen und von Partnerproblemen untersucht. Dabei wurde deutlich, wie Abwehrstrategien in einem Komplex von Theorie und Praxis zusammengefaßt zur Verteidigung und Aufrechterhaltung der Abwehr in unserer Gesellschaft verwendet werden können.

Im folgenden geht es mir nun darum, diejenigen Voraussetzungen und Konsequenzen zu formulieren, die mit einer therapeutischen Haltung verbunden sind, die die eben zusammenfassend ausgeführten Überlegungen und Erkenntnisse einzubeziehen versucht. Um dies bewerkstelligen zu können, muß ich einen Begriff definieren, den ich bisher mehrmals undefiniert verwendet habe, und von dessen Definition für das folgende Entscheidendes abhängt.

Was alles „Emanzipation" genannt wird – Versuch einer Neudefinition aus beziehungsanalytischer Sicht

Der Begriff „Emanzipation" spielt seit längerer Zeit für die Begründung von Entscheidungen und Zielsetzungen privater wie öffentlich-politischer Art eine wachsende Rolle. Dabei wird unter „Emanzipation", unter „emanzipatorisch" oft Unterschiedliches verstanden. In der Einleitung zu dem von ihm herausgegebenen Buch „Emanzipation – Ideologischer Fetisch oder reale Chance?" zeigt Günter Hartfiel die verschiedenen Möglichkeiten auf, diesen Begriff zu definieren, wobei er die jeweilige Definition aus dem Hintergrund heraus verständlich zu machen versucht, vor dem sie formuliert wurde. Es handelt sich bei den von ihm besprochenen Standpunkten und den dazugehörigen Definitionen von „Emanzipation" um so unterschiedliche Positionen wie z. B. die konservativ-liberale, die progressiv-liberale, die demokratisch-sozialistische oder die orthodox-marxistische Position (vgl. Hartfiel 1975, S. 40ff.). Trotz ihrer zum Teil großen inhaltlichen Unterschiede scheinen mir diese verschiedenen Ansätze doch eine, für meine Untersuchung wichtige Gemeinsamkeit aufzuweisen, die ich nun herausarbeiten möchte.

Ich kann es mir nicht anders vorstellen, als daß die Formulierung aller dieser Ansätze den sie auslösenden Anstoß im subjektiven *Erlebnis* von Abhängigkeit und Unterdrückung, von fehlender oder eingeschränkter Emanzipationsmöglichkeit hatte; jemand, der ein Leiden unter Einschränkung und Abhängigkeit und damit den Wert von Emanzipation erfahren hat, der hat einen Anlaß, über die Leiden oder Befreiung schaffenden Bedingungen nachzudenken, dahingehende Theorien zu formulieren oder seine oder anderer Lebensverhältnisse verändern zu wollen. Ich betone: diese *Erlebnisse* finden *auf der Ebene der subjektiven Erfahrung* von mehr oder weniger einschränkenden Beziehungen statt. Die Schlußfolgerungen aus den dabei angestellten Überlegungen beschränken sich aber, soweit ich sehe, durchweg auf *Konsequenzen auf der Verhaltensebene,* also auf objektiv, sachlich, materiell, organisatorisch usw. erfaßbare Konsequenzen. So z. B. vom konservativ-liberalen Standpunkt aus, dessen „Emanzipations"-Möglichkeiten sich auf einen Bereich erstrecken, in dem sich im Wettbewerb aller die „Begabungen" der Einzelnen „optimal" entwickeln sollen (vgl. Hartfiel 1975, S. 40). Auf diesem Gedanken fußt u. a. die Ideologie vom Segen der Marktwirtschaft, in der nicht nach den Interessen gefragt wird, aus denen heraus sich Bedürfnisse bilden oder gebildet werden, auch nicht danach, inwiefern die Definition von ,,Entfaltung" und ,,Begabtesten" mit dem (im weitesten Sinne) ,,weltanschaulichen" Hintergrund des konservativ-liberalen Standpunkts zusammenhängt. Die Konsequenzen für eine maximale ,,Emanzipation" dieser Art beziehen sich demnach darauf, diejenigen Möglichkeiten zu schaffen, die der ,,freien" ,,Entfaltung" des ,,Begabtesten" nützen.

Noch ein weiteres Beispiel für die Umsetzung subjektiver Erfahrung auf der Beziehungsebene in Konsequenzen auf der Verhaltensebene: der orthodoxe Marxismus sieht die durch Emanzipation zu überwindende Einschränkung in der Entfremdung des Einzelnen von seinen Interessen, d. h. in der Entfremdung der Klasse der Proletarier von ihren Interessen. Die Erfahrung der Entfremdung, der Abhängigkeiten und des Ausgeliefertseins weisen eindeutig die Qualität der Erfahrung auf der Beziehungsebene, d. h. die Qualität der subjektiven Betroffenheit auf. Das Erlebnis dieser Entfremdung wird jedoch in der Theorie und in der Praxis der politökonomischen Analyse dahingehend verändert, daß ausschließlich auf der materiellen Ebene, der Ebene des Verhaltens und der objektiven Gegebenheiten, die Bedingungen für revolutionäre Veränderungen untersucht werden; auch das Ziel der Revolution ist auf der Verhaltensebene definiert, nämlich in der Aufhebung des privaten Egentums an den Produktionsmitteln.

Mit der Erreichung eines auf der Verhaltensebene definierten Ziels ist jedoch nicht gleichzeitig garantiert, daß Einschränkung, Unterdrückung und Abhängigkeit auch auf der Beziehungsebene ein Ende haben. Auf der Verhaltensebene definierte Ziele sind natürlich leichter zu erreichen, die zu ihrer Erreichung erforderlichen Mittel sind leichter zu handhaben, als wenn das Problem auf der Beziehungsebene, d. h. unter Einbeziehung des Erlebens aller Betroffenen, also auch des Abwehraspekts aller, angegangen wird. Selbst ein so vielversprechender Ansatz wie der von Jürgen Habermas kann bei seiner Umsetzung in die ,,Praxis" scheitern, wenn Emanzipation nach der Erfahrung von Herrschaft und Unterdrückung durch ,,herrschaftsfreie Kommunikation" (Habermas 1968, zit. nach 1973, S. 80) geschehen soll; wenn nämlich die Definition ,,herrschaftsfreier Kommunikation" auf der Verhaltensebene geschieht, wo sie also zur Vorschrift wird, zu einer Fähigkeit, die es zu beherrschen gilt, wo sie nicht aus der Bereitschaft der an dieser Kommunikation beteiligten Personen entsteht, sich auf ihr Leiden als Beherrschte *und* auch auf ihr Leiden als gleichzeitig Herrschende einzulassen. Solange nicht gesehen wird, wie repressive Kommunikation zur Abwehr von Angst und Kontakt nötig ist, bleibt auch die Forderung nach ,,herrschaftsfreier Kommunikation" ideologisch. Die Festsetzung von Regeln, die ,,herrschaftsfreie Kommunikation" garantieren sollen, kann letztlich nur wieder die Errichtung neuer Normen bedeuten. Herrschaftsfreie Kommunikation kann also nur unter Einbeziehung *aller* nur erkennbaren und spürbaren förderlichen und hemmenden Momente *entstehen;* sie kann nicht, wie es z. B. in gruppendynamischen Übungen oft versucht wird, verschrieben und mittels irgendwelcher Therapietechniken hergestellt werden.

Für den Begriff „Emanzipation" ergibt sich ähnliches: das, was m. E. Emanzipation ausmacht, nämlich das Erlebnis der Überschreitung und Bewältigung von bisher notwendigen Bündnissen in Beziehungen, die plötzlich aufgrund einer Veränderung der Beziehung überflüssig werden, dieses Erlebnis kann letztlich nicht objektiv, operationalisierbar definiert werden; Emanzipation ist ein Prozeß *in* den jeweils beteiligten Personen, begründet auf ihren subjektiven Erfahrungen, ihren Erlebnisse von Einschränkung und Festlegung einerseits und ihrem Bedürfnis nach Veränderung und Bewegung andererseits. *Eine Beschreibung der emanzipatorischen Haltung kann deshalb nicht auf der Verhaltensebene erfolgen.* Es ist hier also auch nicht möglich, zu sagen: wenn man A tut, dann wird Emanzipation geschehen; oder: um Emanzipation zu erreichen, muß A getan werden. Oder genauer: wenn man als Therapeut will, daß sich der Patient emanzipiert, dann gibt es keine Verhaltensanweisung, die dafür geeignet wäre. Genauso gibt es keine Verhaltensvorschrift, die den Therapeuten dazu veranlassen könnte, seine therapeutischen Beziehungen emanzipatorisch (im hier gemeinten Sinn) zu gestalten. Es kann dabei nie um eine Eigenschaft des Verhaltens gehen, sondern nur um die *Bedeutung* des Verhaltens in der jeweiligen Beziehung, also um eine Qualität der Beziehung. Aus diesem Grund kann eine Untersuchung über den emanzipatorischen Gehalt einer „Therapieform" nie am Therapeutenverhalten ansetzen, sondern sie kann nur über das Erlebnis der *Bedeutung* des Verhaltens von Therapeut *und* Patient *für beide* geschehen. Dabei ist der interpretierende Schritt, die Einbeziehung der Subjektivität wieder unumgänglich. Bedeutung kann nur erlebt und nicht objektiv bestimmt werden.

Die Beschreibung von Emanzipation im hier gemeinten Sinn kann also nur in Beziehungskategorien erfolgen, also in der Artikulation von Beziehungserlebnissen und Reflexionen über die Entwicklung von Beziehungen. Der italienische Psychiater Giovanni Jervis hat dieses Problem bei einer Diskussionsveranstaltung im Sommer 1978 in München kurz und knapp folgendermaßen formuliert: „Es gibt keine Technik der Befreiung". Dies mag vielleicht manchen Leser enttäuschen, der sich jetzt eine genaue Beschreibung des Therapeutenverhaltens erwartet hat, welches emanzipatorische (Sexual-)Therapie garantieren könnte. Dies ist jedoch nicht möglich. Aus dem bisher hier Erarbeiteten gibt es nur diese eine Konsequenz. Mir über diese Konsequenz klarzuwerden, hat auch mich immer wieder sehr „enttäuscht", dies jedoch nur in Momenten, in denen ich das Bedürfnis hatte, eine schwierige (Therapie-)Situation in den Griff zu bekommen oder anderes und „mehr" zu erreichen, als im Augenblick von den beteiligten Personen aus möglich war. Wenn man alles einbeziehen will, was in einer (therapeutischen) Beziehung im Augenblick wichtig ist, also auch die Angst und die Abwehr, aber ebenso auch die Emanzipations- und Individuationsbedürfnisse, dann wird man die oben formulierte Konsequenz nicht als enttäuschend oder gar einengend erleben, sondern sie als die einzig mögliche ansehen.

So könnte also, im hier gemeinten Sinn, Emanzipation etwa folgendermaßen definiert werden: Emanzipation ist der größere Lebendigkeit ermöglichende Veränderungsprozeß von Individuen in Beziehungen aufgrund ihres Bedürfnisses und ihrer Möglichkeit, die individuellen und gemeinsamen Ängste und ihre Abwehr in die Veränderung einzubeziehen. Emanzipation stellt somit kein Phänomen dar, das quasi im luftleeren Raum hängt oder das sich einer aus purer Lust und Laune leistet oder auch nicht leistet; Emanzipation ist vielmehr etwas, was jeder in jedem Moment in allen seinen Äußerungen in Ansätzen wagt und sich selbst dabei aber auch immer behindert. Erst die genannten Voraussetzungen ermöglichen Emanzipation: das Leiden unter der Einschränkung und das daraus resultierende Bedürfnis, sich mit sich selbst und den Anderen auseinanderzusetzen.

So ist das Ziel der Emanzipation nicht auf der Verhaltensebene, etwa im „Symptom"-Verlust (im weitesten Sinn) zu erkennen, sondern ausschließlich in der von den Partnern in der Beziehung erlebten Erweiterung der Erlebnis-, Kontakt- und Entwicklungsmöglichkeiten. Emanzipation ist somit ein Prozeß, der nie abgeschlossen ist. Als Ziel sehe ich also auch nicht die vollständige Freiheit von Abwehr, sondern die immer weiter abnehmende Abwehrnotwendigkeit in Beziehungen; das bedeutet für die dabei beteiligten Personen, immer lebendiger zu werden und immer mehr Kontakt zueinander zu bekommen, denn die Notwendigkeit zur Abwehr ist gleichbedeutend mit der Einschränkung der Lebens- und Kontaktmöglichkeiten.

Eine emanzipatorische Haltung hat weitreichende Konsequenzen

Ob Emanzipation in einer Beziehung möglich wird oder nicht, liegt ausschließlich an den Möglichkeiten und Notwendigkeiten der beteiligten Personen. Für eine Psychotherapie, die emanzipatorisch sein will, die also therapeutische Veränderung nicht auf Verhaltensveränderungen beschränken will, sondern als einen Prozeß begreift, bei dem es sich in jedem Moment von neuem entscheidet, ob die gegenseitige, aktiv und passiv herbeigeführte Unterdrückung und Abhängigkeit in der gemeinsamen Abwehr aufgegeben werden kann oder aufrechterhalten bleibt, für solch eine emanzipatorische Psychotherapie geht es nun nicht darum, bei wem sie „erfolgreich" „angewendet" werden kann und bei wem sie „versagen" muß. Sie ist keine Methode, die man sich als Therapeut je nach Fall und Problemstellung aus seinem Sortiment von Interventionstechniken herausziehen kann wie aus einer Kartei, sondern vielmehr eine Haltung, eine Beziehungsform, die sich ergeben kann oder auch nicht, die entsteht oder auch nicht, die aber jedenfalls nicht machbar ist.

Mancher Leser wird mir jetzt vielleicht entgegenhalten, es sei doch auch meine Entscheidung, ob und wie ich mit einem Patienten arbeite; es läge doch auch an mir und an meiner Entscheidung, ob ich den Patienten für eine emanzipatorische (Sexual-)Therapie für „geeignet" oder ausreichend „motiviert" halte. Zugegeben, aber: diese Entscheidungskriterien sind nicht objektivierbar; sie hängen von mir ab, von meinen Ängsten und von meiner Abwehr und davon, was ich zeit- und kräfteökonomisch für vertretbar halte. Dabei geht es nicht nur um die vom Patienten geäußerte Motivation und meine bewußte Einschätzung derselben, sondern, und das ist wohl weitaus wirksamer, um die zwischen dem Patienten und mir stillschweigend getroffene und immer wieder erneuerte Übereinkunft darüber, was wir in die therapeutische Arbeit einbeziehen und was wir lieber nicht anrühren, worüber wir sprechen und worüber nicht, worauf wir uns einlassen wollen und worauf lieber nicht. Der wesentliche Unterschied zwischen dem Einsatz einer (im üblichen Sinne) indizierbaren Therapietechnik und dem Versuch, emanzipatorisch zu arbeiten, besteht darin, daß man üblicherweise bei der Anwendung einer Technik *vorgibt,* diese Entscheidung und Auswahl hätte für den Therapeuten keinerlei Konsequenzen. Die Notwendigkeit und der Entschluß emanzipatorisch zu arbeiten und schließlich die Umsetzung dieses Bedürfnisses in der Beziehung impliziert das Risiko unausweichlicher existentieller Konsequenzen für den Patienten *und* den Therapeuten.

Weniger pathetisch formuliert: der bewußt oder unbewußt gefällte Entschluß des Therapeuten (nicht nur einmal zu Beginn der Therapie getroffen, sondern in jedem späteren Augenblick immer wieder anstehend und immer wieder getätigt), emanzipatorisch zu arbeiten oder auch nicht, hat, weil es dabei nicht nur um die Aufrechterhaltung oder das Aufgeben der Abwehr und damit der Abhängigkeiten und Bündnisversuche des Patienten, sondern auch derjenigen des Therapeuten geht, Konsequenzen für beide. Und zwar entscheidet sich dabei schrittweise immer wieder, ob bisher verschlossene Beziehungsarreale erschlossen, ob neue Lebensmöglichkeiten, neue Äußerungs-, Verständnis- und damit Kontaktmöglichkeiten gefunden werden oder ausgeschlossen bleiben.

Der Entschluß, Emanzipationsschritte zu unterlassen, Emanzipation und Auseinandersetzung nicht zu suchen, dient damit dann nicht nur dazu, den Patienten nicht zu überfordern, sondern ,,schont“ gleichzeitig auch den Therapeuten. Er stellt somit aber auch für beide einen Schritt zu weiterer Resignation gegenüber der Angst und der Abwehr dar. Man kann deswegen auch nicht von einer ,,Indikation“ zur emanzipatorischen Psychotherapie nur für einen bestimmten Patienten sprechen, sondern muß mindestens genauso fragen, ob sie *für den Therapeuten* ,,indiziert“ ist. Nach dem, was ich oben formuliert habe, müßte es genauer heißen: die Frage nach der ,,Indikation“ ist die Frage nach den Voraussetzungen bei Patient und Therapeut, aus denen heraus eine therapeutische Beziehung entstehen kann, in der *beider* Emanzipation möglich wird. Aus allen diesen Gründen kann ich im folgenden das Bild einer emanzipatorischen Psychotherapie nicht als die Beschreibung einer Methode, einer Technik oder eines Settings geben; ich kann ,,nur“ versuchen, die Voraussetzungen zu beschreiben, die gegeben sein müssen, damit eine therapeutische Beziehung entstehen kann, in der die Möglichkeit zur Emanzipation besteht.

Die Voraussetzungen beim Therapeuten ...

Wenn man sich die wichtigsten Schritte des Emanzipationsprozesses, des Veränderungsprozesses in einer Psychotherapie vergegenwärtigt, ergeben sich daraus bestimmte Voraussetzungen für den Therapeuten. Ich möchte zuerst von den psychischen Bedürfnissen des Therapeuten ausgehen: nur wenn er selbst unter den Einschränkungen seiner Emanzipation gelitten hat und noch leidet, wird er ein Sensorium entwickelt haben, mit dem er manipulative Beziehungsangebote spüren und als solche erkennen kann. Nur das Leiden unter dem Zwang zu gemeinsamer Abwehr, unter der sie erzwingenden psychischen und/oder materiellen Abhängigkeit ermöglicht es ihm, eine ausreichende Motivation für den Versuch zu entwickeln, diese Abhängigkeit auflösen und diesem Zwang entkommen zu wollen. An dieser Stelle wird deutlich, wie wichtig für den Therapeuten seine eigene psychische Problematik wird, wie sie auch eine Voraussetzung dafür ist, mit ihr besser zurechtzukommen. Die Notwendigkeit für den Therapeuten, manipulative Beziehungsangebote zu erkennen und sich aus ihnen zu befreien, kann wohl nur aus seiner individuellen Genese abgeleitet werden, aus seinen Erfahrungen in seinen eigenen relevanten primären Beziehungen und aus seinen daraus entstandenen Konfliktlösungen. Erst das eigene Emanzipationsinteresse bringt den Therapeuten auch dazu, sich in seinen therapeutischen Beziehungen emanzipieren zu wollen. Die Frage, ob es sich bei diesem Bedürfnis nicht seinerseits wieder um ein noch nicht aufgelöstes manipulatives Beziehungsangebot des Therapeuten handelt, entscheidet sich daran, ob er es zu seiner Abwehr verwendet oder nicht. Wenn es ihm also z.B. dazu dient, sich dadurch aus jedem Angerührtsein, aus jeder Regression und eigenen Veränderung, aus jedem Kontakt herauszuhalten, oder dazu, sich zum glühenden Kämpfer für die Emanzipation *nur der Patienten* zu machen und sich selbst in der Abhängigkeit von seiner Rolle des ,,Emanzipators" festzuhalten, dann ist anzunehmen, daß seine ,,anti-manipulativen" und ,,pro-emanzipatorischen" Tendenzen eher zur eigenen Abwehr dienen als zur Hilfe bei gemeinsamer Emanzipation in seinen (therapeutischen) Beziehungen. Das Interesse am anderen, am Patienten und an seinem Schicksal hat seine Wurzeln im Interesse an sich selbst und am eigenen Schicksal. Vor dem Hintergrund dieser grundsätzlichen Voraussetzung, dem Bedürfnis des Therapeuten nach nicht-manipulativen, emanzipatorischen Beziehungen, sind alle folgenden Punkte zu sehen.

Der Begriff ,,Empathie" spielt hier eine wichtige Rolle. Empathie als die Fähigkeit zur Wahrnehmung und zum Verständnis des anderen und seines Befindens, zur Einfühlung in ihn ist eine Grundvoraussetzung für therapeutische Kontaktaufnahme. Oft wird ,,Empathie" für eine angeborene Begabung gehalten, die in ihrem Ausmaß höchstens geringfügig durch Training erweitert werden kann. Beim Nachdenken über diesen Begriff wird meist vergessen, daß die momentane Fähigkeit dafür, sich auf den anderen einzulassen, von der momentanen Angst und Abwehrnotwendigkeit des Sich-Einlassenden abhängt. So wird sich z.B. jemand, der gegen seine eigene Depression ständig ankämpfen muß, nur schwerlich empathisch auf die Depression des anderen einlassen können, es sei denn, sein ,,Sich-Einlassen“ dient ihm dazu, seine Depression im anderen festzumachen; doch dann ist das keine Empathie mehr, sondern eine Form der Abwehr, bei der nicht alles so gesehen werden darf, wie es ist, sondern bei der Rollen verteilt werden und die psychische Realität dann entsprechend umkonstruiert werden muß. Empathie, so widersinnig sich das auch anhört, Empathie kommt nicht ohne die Wahrnehmung der eigenen psychischen Befindlichkeit aus, zu der das am anderen empathisch Wahrgenommene in Bezug gesetzt werden kann. Auch hier, für die Empathiefähigkeit, wie zuvor beim Umgang mit dem eigenen Emanzipationsbedürfnis, ist es deshalb für den Therapeuten unverzichtbar notwendig, daß er sich selbst, seine Regungen, seine Ängste und seine Notwendigkeiten zur Abwehr und deren Äußerungsform kennt, so gut es eben geht, und dies alles (in der Regel) intrapsychisch verarbeiten und in sein Handeln einbeziehen kann. Dies ist notwendig, damit er dem Patienten nicht selbst manipulative Beziehungsangebote macht, die sich aus seinen eigenen unaufgelösten Übertragungsmustern ergeben; (vgl. die ausführliche Diskussion dieser Fragestellung für die psychoanalytische Familientherapie bei Bauriedl 1980). Wäre dem nicht so, liefe er zum Beispiel Gefahr, die beim anderen wahrgenommenen Gefühle für seine eigenen zu halten oder umgekehrt nur beim Patienten zu sehen, was sich zumindestens auch in ihm selbst abspielt. Es geht also darum, den Patienten und sich selbst wahrzunehmen und damit die Trennung zwischen sich und dem anderen zu sehen, wenn sie existiert, und es auch wahrzunehmen, wenn und inwieweit sie nicht vorhanden ist.

Ich möchte hier noch einmal ausdrücklich betonen, daß sich ein Therapeut beim Patienten nur auf diejenigen Bereiche der Gefühle und Ängste wirklich einzulassen imstande ist, in die er sich auch bei sich selbst einlassen kann. An den Stellen, an denen er in der therapeutischen Beziehung selbst Angst bekommt – oft wohl ohne das zu bemerken, ohne sich der Angst auch auszusetzen und mit ihr umzugehen – wird er zwangsläufig irgendeine Abwehr aufbauen müssen. Das sind dann oft die Stellen, an denen bei der Diskussion unter Psychotherapeuten über einen Fall ,,therapietechnisch“ argumentiert wird. Dabei dient dann dem Therapeuten die Technik als Mittel oder als Trick zur Bewältigung der ängstigenden Situation; sich ganz auf seine ,,therapeutische Technik“ zu verlassen ist, eine große Verführung; d. h. darauf, sich als Person aus der Veränderung herauszuhalten und eigene Gefühle höchstens wieder aus ,,technischen“ Gründen einzubeziehen. Der Therapeut macht sich damit zum großen Macher, zum großen Zauberer, der die Auseinandersetzung mit seiner eigenen Angst in seinen (therapeutischen) Beziehungen aufgegeben hat.

In diesem Zusammenhang möchte ich auf die Arbeit von Wolfgang Schmidbauer (1977) verweisen, der in seinen Überlegungen zum sog. ,,Helfer-Syndrom“ die Folgen eines falschverstandenen – genauer: eines zu kollektiven und individuellen Abwehrzwecken verwendeten – Hilfe-Begriffs darstellt, nämlich die Unfähigkeit der Helfer (Ärzte, Psychologen, Sozialarbeiter, Krankenschwestern usw.) sich selbst zu helfen. Die Helfer lassen, so Schmidbauer, stellvertretend den Patienten diejenige Hilfe zukommen, die sie selber bräuchten. Die objektiv erfaßbaren Folgen davon sind, daß z. B. die Selbstmordrate, die Alkoholismusrate, die Suchtrate oder die Scheidungsrate der Helfer oft weit höher liegt als in der Durchschnittsbevölkerung. Ich verstehe diese Folgen als das Ergebnis einer Entwicklung, in der das Helfen professionalisiert wurde, d. h. immer mehr für machbar gehalten wird. Das Helfen ist jedoch nur dann machbar, wenn die Person des Helfers auswechselbar ist, wenn seine Person keine Rolle spielt, wenn er im Helfen scheinbar unberührt bleiben kann. Dies anzunehmen ist jedoch eine Illusion. Der Helfer, der nichts braucht, betrügt sich und seine Patienten. Nur wenn er während der ganzen Dauer der Hilfestellung auch seine eigenen Bedürfnisse wahrnimmt und so weit wie möglich zu befriedigen versucht, wird er verhindern können, ein ,,Helfer-Syndrom" auszubilden. Dieses wäre somit ein Ausdruck der gestörten Beziehung zwischen dem ,,Hilfebedürftigen" und dem ,,Helfer", wobei die Störung durch die Festlegung gerade dieser beiden Rollen konstituiert wird, die sich nach meiner Meinung nur aus individuellen und kollektiven Ängsten und ihrer Abwehr, hier z. B. der Ideologie von der Möglichkeit selbstloser Hilfe ergeben. Der ,,Helfer" kann jedoch in Wirklichkeit nicht unberührt bleiben; er ist nicht auswechselbar. Die Entstehung solcher gestörter Hilfe-Beziehungen und ihre Folgen, die Festlegung von Geber- und Empfangender-Rolle und daraus resultierend: das Entstehen eines ,,Helfer-Syndroms" ist nur zu verhindern, wenn Helfen, also Psychotherapie, ein Prozeß wird, in dem sich auch der Helfer, der Psychotherapeut persönlich einbezieht, wenn dabei auch für ihn eine Veränderung notwendig wird.

Hier berühre ich wieder die Stelle, an der sich alles entscheidet, worum es mir in dieser Arbeit geht: macht sich der Therapeut zu dem, der ,,es" kann, der ,,fertig" ist, oder ist er bereit, nicht nur die Abwehr des anderen in Frage zu stellen, sondern auch sich selbst und die eigene Abwehr in Frage zu stellen und in Frage stellen zu lassen. Es ist die Stelle, an der sich entscheidet, ob der Therapeut sein Bild von der Realität für abgeschlossen erklärt, für stimmig, für modellhaft für den Patienten, ob er eine Verunsicherung seiner Sicht der Dinge durch ,,Störungen" von außen oder von innen zuzulassen bereit ist oder ob er auf seiner Interpretation der Welt beharren muß. Emanzipation aus der bisherigen kollektiven Abwehr (damit ist auch die gemeinsame Abwehr in der therapeutischen Beziehung gemeint) ist nur dort möglich, wo der Therapeut in seinem Beziehungsangebot spürbar werden läßt, daß er ebenfalls das Bedürfnis hat, immer wieder neue emanzipiertere Interpretationen der Welt zu finden.

In diesem Zusammenhang wäre noch einmal das Problem zu nennen, wie ,,Symptome" verstanden werden. An der Bedeutung, die man ihnen beimißt, wie man sie interpretiert, wie man mit ihnen umgeht, entscheidet sich auch, ob die bisherige Interpretation durch den Patienten (und das heißt auch in der Regel: durch das Kollektiv) beibehalten wird oder nicht. Der Therapeut sitzt dabei an einer wichtigen Entscheidungsstelle: wenn er die bisherige, nur zum Teil mit der *gesamten* psychischen Realität des Patienten übereinstimmende Interpretation des ,,Symptoms" (der Abweichung, der ,,Störung", der ,,Krankheit" usw.) mit allen ihren

Folgen übernimmt (Kampf gegen das „Symptom", Bestätigung der individuellen und kollektiven Abwehr), dann verhindert er damit sein eigenes und des Patienten Lebendiger-Werden. An dieser Stelle wird ein Teil der Verantwortung sichtbar, die der Therapeut in seiner Tätigkeit übernimmt, für sich selbst und damit auch indirekt für seinen Patienten und für das Kollektiv; (zur Frage nach der Verantwortung des Psychotherapeuten vgl. auch Kapitel 10). Seine eigene Beweglichkeit, sein aus seinem Leiden in der therapeutischen Beziehung und ihrer Beziehungsstörung erwachsendes Bedürfnis nach Veränderung gestaltet seinen Anteil am Bewegungs- und Entwicklungsraum in dieser Beziehung.

Der gemeinsame Spielraum für Veränderungen innerhalb der therapeutischen Beziehung ist direkt abhängig vom Ausmaß der gemeinsamen Abwehr. Im Abbau oder in der Vergrößerung seiner eigenen Abwehrnotwendigkeiten übernimmt der Therapeut die ihn betreffende Verantwortung für die Erweiterung oder für die Einengung des eigenen Spielraums und damit auch für die Möglichkeit an gemeinsamer Entwicklung. Wenn der Therapeut sich nicht auf seinen Verantwortungsbereich in der therapeutischen Beziehung beschränkt, sondern Verantwortung für den Patienten übernimmt, indem er dessen Risiko in der Beziehungsaufnahme durch Verbote, Anweisungen oder die Erteilung von Erlaubnis beschneidet, macht er sich zu dem, der fälschlicherweise vorgibt, dieses Risiko anstelle des Patienten übernehmen zu können. Die Klärung der Grenzen seiner Verantwortlichkeit bedeutet für den Therapeuten das meiner Meinung nach wichtigste Element der therapeutischen Beziehung, gleichzeitig auch das schwierigste. Jeden Moment können sich die Grenzen der Verantwortung verschieben, d. h. kann vom Patienten oder vom Therapeuten der Versuch unternommen werden, diese Grenze zu verschieben. Hierzu gehört auch, daß es für den Therapeuten, besonders für den Sexualtherapeuten wichtig ist, eigene befriedigende Beziehungen zu haben, in denen auch seine Sexualität ihre Ziele und ihre Befriedigung findet. Ist dies nicht gegeben, dann besteht die Gefahr, daß therapeutische Kontakte zur Befriedigung der Nähebedürfnisse und der sexuellen Bedürfnisse des Therapeuten dienen müssen.

Auch dieses Problem verlangt wie die oben erwähnten, daß der Therapeut sich kennt, daß er sich wahrzunehmen, sich weiterkennenzulernen bereit ist. Damit ist gemeint, was man üblicherweise mit „Selbsterfahrung" umschreibt, jedoch, so meine ich, kann diese nie abgeschlossen sein. Dort, wo sie für beendet erklärt worden ist, wo sich z. B. jemand für „durchanalysiert" hält, ist mit dem Verlust der Leidensmöglichkeit auch Lebensmöglichkeit verloren gegangen. Das Bedürfnis zur Selbsterfahrung setzt die Fähigkeit zum Leiden voraus, bei Patient und Therapeut. Der vielzitierte Leidensdruck, nicht nur global, sondern auch in den kleinsten Einheiten des Beziehungserlebens, ist *die* Voraussetzung für die Bereitschaft *beider* zur Selbsterfahrung und Veränderung. Wer sein Leiden nicht (oder als Therapeut evtl. nicht mehr) aufkommen lassen kann, für den gibt es kein Motiv, sich mit seiner Abwehr zu befassen, sich auf sich selbst einzulassen.

Das hier skizzierte Bild des Therapeuten, dem emanzipatorische Psychotherapie ein Bedürfnis ist, ergibt scheinbar ein Idealbild, das nie zu erreichen ist. Es ging mir nicht darum, ein solches Idealbild zu zeichnen, sondern vielmehr darum, die Zusammenhänge zwischen den Emanzipationsbedürfnissen und Emanzipationsmöglichkeiten des Therapeuten einerseits und den Veränderungsmöglichkeiten von Patient und Therapeut innerhalb der therapeutischen Beziehung andererseits aufzuzeigen. Ich wollte darstellen, daß Emanzipation nicht beliebig gemacht, hergestellt werden kann, sondern daß sie „nur" in direkter Abhängigkeit von der psychischen Beweglichkeit, also von den Bedürfnissen, den Ängsten und den dazugehörigen Abwehrnotwendigkeiten der betroffenen Personen entstehen kann. Den „idealen" Therapeuten im hier gemeinten Sinn gibt es somit überhaupt nicht, denn „ideal" würde ja bedeuten: alles zu können, d.h. über jeder Angst und Abwehrnotwendigkeit zu stehen und keine Bedürfnisse zu haben. Ein „idealer" Therapeut, der alles kann, wäre tot, weil er nicht mehr um seine Lebendigkeit, seine Emanzipation zu kämpfen hat, weil er keine Notwendigkeit mehr spürt, sich zu verändern. So werden die oben formulierten „Voraussetzungen" für den Therapeuten, der sich emanzipieren will und der emanzipatorisch tätig sein will, nur für den zur Forderung und damit auch automatisch zur Überforderung, der seine momentanen Grenzen nicht erkennen kann und will, der deshalb diese Voraussetzungen als Vorschriften auf der Verhaltensebene mißverstehen muß.

Die Voraussetzungen beim Patienten ...

Ich habe auf den vorigen Seiten, auf denen ich über die Voraussetzungen beim Therapeuten zur emanzipatorischen Psychotherapie gesprochen habe, oft auch den Patienten erwähnt; immer wieder habe ich dabei darauf hingewiesen, wie nach meiner Meinung für Patient und Therapeut im Grunde genommen dieselben Voraussetzungen dafür gelten, daß eine Veränderung geschehen kann und Grenzen überschritten werden können. Da das im vorigen Abschnitt Gesagte deshalb grundsätzlich auch für den Patienten gilt, werde ich mich im folgenden relativ kurz fassen und nur an den Stellen ausführlicher werden, an denen Ergänzungen erforderlich scheinen, die über das zu den Voraussetzungen beim Therapeuten Gesagte hinausgehen.

Der wichtigste Begriff, der in diesem Zusammenhang, der Frage nach der „Indikation", immer wieder auftaucht, ist die „Motivation" des Patienten, also das Interesse des Patienten an der Therapie. In meinem hier entwickelten Konzept, der Einbeziehung von individueller und gemeinsamer Angst und Abwehr in der therapeutischen Beziehung, kann „die Motivation" nicht als eine feststehende und von äußeren Bedingungen unabhängige Eigenschaft des Patienten angesehen werden, sondern muß auf ihre Bedeutung für den Patienten in seinen Beziehungen untersucht werden. Tut man das, dann wird deutlich, daß mit der Frage nach dem Leidensdruck der Hintergrund der Motivation genauer ausgeleuchtet werden kann, als es durch die Untersuchung der „Motivation" als einer nur objektiv zu erfassenden Verhaltensdisposition allein geschehen könnte, da dieser Begriff leicht dazu verführt, bei den Beobachtungen und Überlegungen auf der Verhaltensebene zu bleiben. Aus der Frage danach, worunter der Patient leidet, ergibt sich zwangsläufig, welche Veränderungen er wünscht, also auch, was er sich von der Therapie erhofft und was der Therapeut für ihn tun soll. Die Leidensmöglichkeit und die Äußerung des Leidens entscheidet somit über die Art und das Ausmaß der Motivation.

Für die Möglichkeit zu leiden, d. h. auch: zu einer bestimmten Art von Leiden zu kommen, ist aber nichts anderes verantwortlich, als die Ängste des Patienten und deren Abwehr. Zur Verdeutlichung: ein Patient, der große Angst davor hat, von seiner Bezugsgruppe, in der er lebt, ausgeschlossen oder isoliert zu werden, und der deshalb verschiedene Anpassungsmechanismen entwickelt hat, um diese Ängste möglichst nicht aufkommen zu lassen oder nicht erleben zu müssen und um nichts erkennen zu lassen, was seinen Ausschluß rechtfertigen könnte, dieser wird wohl vor allem dort leiden, wo er, bezogen auf die Normen seiner Bezugsgruppen, ,,abweichendes Verhalten" – also ,,Symptome" – entwickelt oder entwickeln könnte. Er wird dann darunter leiden, daß er abweicht, daß er nicht so ist, wie er sein müßte, um von den für ihn wichtigen Beziehungspartnern akzeptiert zu werden. Er wird dann wohl seine ,,Motivation" (hier: die Abwehr seiner Individuationsbedürfnisse) eher darauf richten, seine ,,Symptome" zu verlieren; diese sind für ihn nicht Ausdruck seiner Person, sondern störendes ,,Fehlverhalten" und Ergebnis ,,falsch" gelaufener Lernprozesse.

Ein anderer Patient, der unter dem Anpassungsdruck der Gruppe mehr leidet als unter dem drohenden Ausschluß aufgrund der Abweichung, den also der Zwang ins Abwehrbündnis mehr ängstigt als seine unkonventionellen, von der Norm abweichenden Regungen, wird auch eher die eigene Emanzipation anstreben und geschehen lassen können; er wird auch eher von seinem Therapeuten Hilfe beim Auffinden der Bedeutung seiner ,,Symptome" als zu ihrer Unterdrükkung und Beseitigung erwarten und annehmen. Er kann eher seine ,,Symptome" als Kompromißbildungen begreifen und ihre Notwendigkeit momentan so und nicht anders zu sein akzeptieren.

Ich habe diese beiden fiktiven Patienten deshalb so idealtypisch dargestellt, um die Dimension deutlich zu machen, auf die es mir bei der Untersuchung der Begriffe ,,Motivation" und ,,Leidensdruck" ankommt. Es geht dabei um die Frage, inwieweit der jeweilige Patient unter seiner Abwehr leidet bzw. inwieweit er zulassen kann zu merken, daß er psychische Bedürfnisse nach Wahrnehmung und Äußerung hat, die über den Bewegungsspielraum hinausgehen, den ihm seine momentane Abwehr – genauer: den er sich im Augenblick in seiner Abwehrnotwendigkeit – läßt. Nur das Leiden unter den Einschränkungen durch die Abwehr kann einen dazu veranlassen, sich von ihnen emanzipieren zu wollen.

In diesem Zusammenhang ist auch die Frage wichtig, inwieweit die momentane Abwehrform und mit ihr das ,,Symptom" vielleicht einen psychischen ,,Gewinn" für den Patienten bewirken kann. Der üblicherweise ,,Krankheitsgewinn" genannte Vorteil ergibt sich aus der psychischen Stabilisierung, die dadurch erreicht wird, daß mit der Hilfe der Abwehr und der Eigenart der durch sie herbeigeführten Kompromißbildungen die Entstehung von allzugroßer Angst und Leiden vermieden werden kann. Die Kompromißbildung bietet (siehe ihre Definition) einerseits die Möglichkeit sozialer Anerkennung in ihrer Entsprechung gegenüber der kollektiven und individuellen Abwehrnorm, und andererseits auch Befriedigung in ihrer teilweisen Integration und damit Befriedigungsmöglichkeit des abgewehrten, nun verstümmelten Bedürfnisses. Wo die in der Kompromißbildung ermöglichte Stabilisierung und Befriedigung für den Patienten subjektiv wichtiger wurde und geblieben ist als das Leiden unter der Einschränkung in der Abwehr und das Bedürfnis nach Veränderung und Erweiterung des Erlebnis- und Ausdrucksspielraums, ist zu bezweifeln, ob eine (im umfassenden Sinn) emanzipatorische therapeutische Beziehung entstehen kann. Für den Bereich der Sexualtherapie bedeutet das dann: die ,,Indikation" zu einer emanzipatorischen Sexualtherapie entscheidet sich an der Antwort auf die Frage, ob der einzelne Patient seine Sexualität als Ausdruck seiner Person wenigstens in Ansätzen annehmen kann, d.h. sie als *seine* Sexualität begreifen kann, und ob er es sich dabei angesichts seiner psychischen Stabilisierungsnotwendigkeiten leisten kann, seine Ängste und seine Bedürfnisse auch in seiner Sexualität zu erkennen und zu verstehen, oder nicht; ob ihm also z.B. jedes ,,Versagen" sexueller Funktionen schwere Belastungen schafft oder ob er dies, zumindest in Ansätzen, als eine ihm wichtige erweiterte Ausdrucksmöglichkeit akzeptieren kann.

Angesichts der sichtbaren Außenseite der kollektiven Abwehrbildungen und ihrer überwältigenden Auswirkungen in der uns umgebenden Außenwelt (aber auch in unserer Innenwelt), angesichts also der fast totalen Bemühung um Perfektion, um Überlegenheit, um Können und um Haben könnte man meinen, daß es wohl nur ganz wenige potentielle Patienten gibt, die sich auf ihre Emanzipation von dieser Übermacht einzulassen bereit sind. Doch es sieht nur scheinbar so trostlos aus. Emanzipation und die Entwicklung des Bedürfnisses nach Emanzipation genauso wie das Verlieren dieses Bedürfnisses ist ein Prozeß, der nur in Beziehungen stattfindet; und dort findet er ständig statt, in beiden Richtungen. Auch wird man meist unter der Tünche der alltäglichen Abwehr die Leidensmöglichkeiten (die eigenen und die des anderen) eher unterschätzen. Das Beziehungsangebot des Psychotherapeuten, für den selbst Emanzipation ein elementares Bedürfnis ist, wird Leidensmöglichkeit und Lebensbedürfnis oft auch dort sich entwickeln helfen, wo auf den ersten Blick nichts dergleichen für möglich gehalten wird. Daß man dazu neigt, solche Bedürfnisse beim anderen und auch bei sich selbst leicht zu übersehen oder zu unterschätzen (obwohl deren Äußerung in den Kompromißbildungen ständig erfolgt), hängt, so meine ich, mit der Resignation des sie übersehenden Diagnostikers zusammen, mit seiner eigenen Angst vor dem Risiko in der Veränderung, mit seiner eigenen Abwehr, die von ihm erzwingt, keine Hoffnung mehr zu haben, keine Grenzen mehr zu überschreiten und nichts mehr in Frage zu stellen, am wenigsten die eigene ,,Stabilität".

So besteht für den Therapeuten, der emanzipatorisch arbeiten will, jedesmal eine große Schwierigkeit, wenn er den Leidensdruck, die Motivation und das Emanzipationsbedürfnis eines neuen Patienten einschätzen möchte. Er kommt in Schwierigkeiten mit seiner eigenen Abwehr und mit derjenigen des Patienten. Diese Faktoren (Leidensdruck etc.) lassen sich, auch wenn es vielfach versucht und für möglich gehalten wird, letztlich nicht objektiv bestimmen, sondern immer ,,nur" subjektiv erspüren. Die Entscheidung, mit einem Patienten nicht arbeiten zu wollen oder zu können, wird mit der Einbeziehung der emanzipatorischen Dimension nicht erleichtert. Der Therapeut kann aber seinem potentiellen Patienten dessen Anteil an dieser Entscheidung erleichtern, wenn er ihm seine Art zu arbeiten in der Vorbesprechung zumindest erläutert. Die Entscheidung, ob es ein Patient und ein Therapeut miteinander versuchen, ist immer eine Entscheidung von beiden, auch wenn üblicherweise so getan wird, als würde nur der Therapeut entscheiden. Ein halbherziger Entschluß zur Therapie von Patient oder Therapeut wird sich immer irgendwie rächen, auch wenn man das dann später nicht bemerken sollte. Was in der Vorbesprechung zu einer Therapie beim Patienten sichtbar und verständlich werden, aber auch neu entstehen kann, hängt auch wieder sehr stark von der Atmosphäre ab, die der Therapeut verbreitet. So resultieren diese Faktoren in ihrer Ausprägung und Eigenart aus der Situation, in der sich der Patient befindet.

Letztlich meint die Frage nach der Indikation zur emanzipatorischen Psychotherapie eigentlich die Frage danach, was zwischen einem bestimmten Therapeuten und einem bestimmten Patienten, was in deren Beziehung an Emanzipation möglich und notwendig ist, oder umgekehrt formuliert: was dort an gegenseitiger Repression möglich und notwendig ist. Da Emanzipation nicht gemacht werden kann, kann man sich auch nicht zu ihr entschließen, ohne die eigene existentielle Notwendigkeit dazu zu spüren. Aus meinen bisherigen Ausführungen ergibt sich dann auch zwingend, daß diese Notwendigkeit für den Einzelnen immer nur in Beziehung zu einer erlebten Repression, Desintegration und gemeinsamen Abwehr entstehen kann. Die Frage nach der ,,Indikation" zur Emanzipation ist also letztlich genauso unsinnig wie die Frage nach der Indikation zu gemeinsamer Trauer oder Freude in einer Beziehung.

... beide haben Konsequenzen für die therapeutische Beziehung

Aus den Voraussetzungen, die der Therapeut und der Patient (natürlich kann das auch heißen: die Therapeuten und die Patienten) einbringen, entsteht das, was ich hier die therapeutische Beziehung nenne. Das, was beide sind, mit allem, was zu ihnen gehört, konstituiert die therapeutische Beziehung. Auch nur über die Vermittlung durch diese beiden Personen können Einflüsse von ,,außen" in die therapeutische Beziehung eindringen, z.B. Einflüsse wie diejenigen, die man als ,,gesellschaftliche Strukturen" bezeichnet. Ein solcher Einfluß kann in der therapeutischen Beziehung nur dann Raum gewinnen, wenn ihm von den beteiligten Personen Raum gegeben wird. So gesehen bestimmen beide, Patient und Therapeut, was in der Therapie geschehen kann, was geschehen muß, was nicht geschieht, das

Ausmaß an Abhängigkeit genauso wie das Ausmaß und die Eigenart einer eventuellen Veränderung. Damit ist jede Form von Beziehungsaufnahme in der Therapie (aber nicht nur dort) mehr oder weniger „therapeutisch“ wirksam – und zwar entweder in Richtung auf Emanzipation oder in Richtung auf den Aufbau gemeinsamer Abwehrbündnisse und damit gegenseitiger Abhängigkeiten. Je nach dem Spielraum, dem Emanzipationsraum, dem Entwicklungs- und Lebensraum, den sich Patient *und* Therapeut selbst *und* gegenseitig zugestehen können, wird sich die therapeutische Beziehung mehr oder weniger emanzipatorisch gestalten.

Wenn eine (therapeutische) Beziehung emanzipatorisch werden konnte, kann jeder sich und dem Anderen alle möglichen Gefühle, Ängste und Veränderungen zugestehen. Voraussetzung dafür ist, sich selbst und den anderen dort zu lassen, wo man bzw. er gerade ist, sich selbst und den anderen nicht zu irgendetwas bringen zu müssen, wo man bzw. er im Moment nicht von sich selbst aus hin will und kann. Erst, wenn jeder seinen eigenen Standort, „seine Stelle“ (vgl. Castaneda 1973) gefunden und eingenommen hat, kann *er* sich bewegen; erst dann ist echte Bewegung und Veränderung möglich. Wenn man nicht weiß, wo man steht, meint man, man stünde woanders; dann wird jede Bewegung eine Scheinbewegung, nur eine Bewegung von Personenteilen und nicht der ganzen Person.

Eine weitere Konsequenz in einer (therapeutischen) Beziehung, die emanzipatorisch werden konnte, besteht in der Erkenntnis, daß man soweit kommen kann, wieweit man fähig ist bzw. sich erlaubt zu kommen. Das mag vielleicht fatalistisch klingen; es soll jedoch genau das Gegenteil einer schicksalsergebenen Haltung ausdrücken. Zu entdecken, was man kann und will, kurz: wer man ist, ermöglicht einem neben dem Auffinden der eigenen momentanen Grenzen auch, und dort liegt das Gegenteil zum Fatalismus, die Möglichkeiten für und die Bedürfnisse nach Veränderung zu entdecken, die sonst meist übergangen oder nur verzerrt wahrgenommen und genutzt werden. Dabei kann dann immer deutlicher werden, daß jeder Weg, d. h. der Einsatz bestimmter Mittel, nur zu dem ihm zugehörigen Ziel führen kann, und umgekehrt, daß jedes Ziel durch die zu seiner Erreichung eingesetzten Mittel zwingend vorausbestimmt ist. Ich komme hier noch einmal auf einen Gedanken zu sprechen, der mich schon weiter oben beschäftigt hat: der von Dieter Duhm (1975, S. 27) aufgestellte „allgemeingültige und verbindliche Grundsatz revolutionären Handelns ..., daß das Ziel im Mittel erkennbar sein muß“, ist nur dann als Forderung nötig, wenn nicht gesehen wird, daß jedes Mittel sowieso nur zu *seinem* Ziel führen kann. Es ist nicht möglich, manipulativ Emanzipation herzustellen. Oft kann man die Eigenart der Mittel, die zu einem bestimmten Ziel geführt haben, erst aus den Qualitäten des Ergebnisses erschließen. Die Mittel, die Ziele und ihre Bedeutung (und das heißt auch: sich selbst) kennenzulernen, ist der einzige Weg, deren Zusammengehörigkeit oder Wesensfremdheit zu begreifen. So paradox es auch klingen mag, es ist die einzige mögliche Konsequenz: wir können unsere Hoffnungen, unsere Wünsche und „Utopien“ ihrer Realisierung nur näher bringen, wenn wir uns selbst in unseren Beziehungen realistischer – und das soll heißen: umfassender – sehen und verstehen lernen.

Ich möchte im folgenden noch einige mir wichtig erscheinende Eigenschaften der (therapeutischen) Beziehung beschreiben, in der sich Emanzipation im hier gemeinten Sinn ereignen konnte:

Ich habe an anderer Stelle schon einmal darauf hingewiesen, wie das Erlebnis in einer Beziehung aussehen kann, in der Manipulation nicht mehr notwendig ist, in der also eine Emanzipation von der bisher wirksamen gemeinsamen Abwehr möglich geworden ist: es ist das Erlebnis, daß man so sein kann, wie man ist, daß man nichts „machen" muß, daß man nicht irgendwelchen Erwartungen entsprechen muß und daß man trotzdem akzeptiert wird. In einem Moment, in dem den beteiligten Personen dieses Erlebnis möglich wird, ist zwangsläufig jeder nur noch für sich selbst verantwortlich, nicht weil es aus einem Therapiekonzept heraus so gefordert wurde („jeder ist sein eigener chairman"), sondern weil es sich so ergeben hat. In einem solchen Beziehungsmoment kann dann auch jeder den anderen ernstnehmen und sich deshalb dem anderen und sich selbst zumuten, mit allem, was zu ihm gehört.

In einer solchen Beziehung können allmählich die einzelnen Kompromißbildungen, d. h. auch die jeweilig momentane therapeutische Beziehung, in ihrer Bedeutung verstanden werden. Speziell für die Sexualtherapie (aber nicht nur für sie) heißt das, daß die „Symptome" im Lauf einer solchen therapeutischen Beziehung begriffen werden können als *adäquater* Ausdruck der Person in ihren Beziehungen; adäquat bezogen auf alle Anteile der Kompromißbildungen: die Bedürfnisse, die Angst, die Abwehr und das Leiden. Dabei wird sich auch die Beziehungsstörung, die zur Kompromißbildung geführt hat, in der therapeutischen Beziehung wiederbeleben (zumindest als Beziehungsangebot des Patienten) und kann dort erlebt und evtl. auch aufgelöst werden. Kann der dafür verantwortliche, bisher nicht mehr wahrgenommene Konflikt dadurch ins Bewußtsein treten und dort ausgetragen werden, dann ist die Abwehr an dieser Stelle nicht mehr im bisherigen Umfang nötig, und zwar weil es in der therapeutischen Beziehung möglich geworden ist, die beteiligten Konfliktanteile, nämlich Bedürfnis, Angst, ihre Abwehr und das Leiden wieder zuzulassen und zu erleben. Wenn die Konflikte wieder in vollem Umfang erlebt und ausgedrückt werden können, dann ist in aller Regel der Ersatzausdruck des Konflikts im Symptom nicht mehr erforderlich. Dann kann das Symptom genau in dem Ausmaß aufgegeben werden, als es die Funktion einer ersatzweisen Kommunikation hatte (vgl. B. Vogt 1982).

Eine Bemerkung noch um einem Mißverständnis vorzubeugen: das eben beschriebene Beziehungserlebnis ist nicht als der Endzustand einer erfolgreichen Therapie zu verstehen, der dann für alle Zeiten so erhalten bleibt. Ich möchte es vielmehr so verstanden wissen, daß sich in jeder (therapeutischen) Beziehung im Prinzip in jedem Moment dieses Beziehungserlebnis einstellen kann, wenn es nur von allen Beteiligten zugelassen wird. Ziel einer immer weitergehenden emanzipatorischen Beziehung könnte es dann sein, in immer mehr Bereichen der Beziehung dieses Erlebnis, diese Form von Kontakt zuzulassen. Eine solche Form von Beziehung einmal erlebt zu haben gibt für die Zukunft noch keine Garantie, daß sie auch erhalten bleibt. Vielleicht gibt das Erlebnis aber für die Zukunft einen Punkt, von dem man dann weiß, daß er einmal war, und damit die Hoffnung, daß dieser Kontakt wieder entstehen kann, wenn man sich nur auf sich selbst und den anderen einläßt. Dies hin und wieder zu erreichen, wäre schon viel.

Im psychoanalytischen Ansatz läßt sich die Möglichkeit finden, emanzipatorisch zu arbeiten

In den verschiedenen Kapiteln dieser Arbeit habe ich grundsätzlich zwischen der Theorie und der Praxis psychotherapeutischer Ansätze unterschieden oder, um es noch einmal klarer zu sagen: zwischen dem, was ein Psychotherapeut zur Legitimation seines therapeutischen Handelns an theoretischen Sätzen anführt und dem, was zwischen ihm und seinem Patienten als therapeutische Beziehung entsteht. Ich habe versucht, zwischen diesen beiden Komplexen zu unterscheiden; ich habe jedoch auch an anderer Stelle aufgezeigt, wie nach meiner Meinung beides, Theorie und Praxis, eng miteinander zusammenhängen, wie einerseits Theorie auch ein Abbild der Haltung ist, die der Theorie formulierende Psychotherapeut gegenüber seinem Patienten einnimmt, und wie andererseits die Theorie auch Auswirkungen auf die Praxis hat. Wenn ich nun in diesem Abschnitt auf die Möglichkeiten der Psychoanalyse bezüglich der hier untersuchten Fragestellungen eingehen möchte, dann meine ich zunächst die Theorie, nicht die jeweils konkreten Ausformungen in der Praxis, auf die ich daran anschließend eingehen werde. Ich betrachte dabei die Psychoanalyse nicht als Psychotherapie*form* mit dem ihr eigenen Setting: der Patient liegt, der Analytiker sitzt hinter dem Patienten; vielmehr betrachte ich das Insgesamt der psychoanalytischen Sichtweise mit ihrem spezifischen Menschenbild. Diese Sichtweise möchte ich im folgenden an einigen der im 7. Kapitel formulierten Kriterien emanzipatorischer Psychotherapie darstellen.

Die Frage, wie die Psychoanalyse mit dem Auftrag des Patienten zur ,,Symptom"-Beseitigung umgeht, ist nicht zu trennen von der Frage, wie sie das ,,Symptom" versteht. Dem Leser wird nicht entgangen sein, daß ich mich in meinen Ausführungen zum Begriff des ,,Symptoms" (vgl. Kapitel 1 und 2) auf die psychoanalytische Theorie stütze, besonders dort, wo ich den Begriff der Kompromißbildung verwende, in dem die Auffassung der psychoanalytischen Theorie vom Symptom und seiner Entstehung besonders deutlich wird: an der Definition der Kompromißbildung als einer ,,Form, der das Verdrängte sich bedient, um ins Bewußtsein zugelassen zu werden" (Laplanche & Pontalis 1972, S. 255), in der ,,gleichzeitig der unbewußte Wunsch und die Abwehrforderungen befriedigt werden" (Laplanche & Pontalis 1972, S. 255), läßt sich ablesen, daß die Psychoanalyse die Kompromißbildung als das Ergebnis eines Konflikts begreift. Aus diesem Grund kann die, Psychoanalyse *in der Theorie,* auch nicht auf den Auftrag zur ,,Symptom"-Beseitigung blind eingehen, sondern muß sich darum bemühen, den zugrundeliegenden Konflikt wieder erlebbar zu machen. So kann die Beseitigung einer störenden Kompromißbildung, eines ,,Symptoms" nicht Aufgabe der Psychoanalyse sein. Dem ist hinzuzufügen, daß in neuerer Zeit einige Bestrebungen im Gange sind eher fokal orientiert zu arbeiten (vgl. z. B. Bellak & Small 1972; Balint et al. 1973; Malan 1972). Solche Versuche, die lange Dauer einer ,,großen" Analyse abzukürzen, um die Psychoanalyse als Behandlungsmöglichkeit auch bei Patienten und Problemstellungen einsetzen zu können, bei denen sie als lange Einzelbehandlung nicht indiziert oder erwünscht wäre, und ihren Gegenstand auf einen umgrenzten Fokus einzuengen, können nur solange als emanzipatorisch gelten, als der Fokus nicht durch ein ,,Symptom", sondern durch den Konflikt repräsentiert wird. Das Spezifische an der Psychoanalyse ist demnach, bezogen auf dieses Kriterium, nicht die Dauer oder das Setting der Behandlung, sondern die Sichtweise, die sich auf die Dynamik des Konflikts und nicht auf das Verhalten konzentriert.

Das Ziel der Psychoanalyse ist also, die ins Unbewußte verdrängten Konflikte wieder bewußt erlebbar zu machen. Die oft zitierte und oft mißverstandene Äußerung Freuds, das Ziel der Psychoanalyse sei ,,lieben und arbeiten" zu können (zitiert nach Erikson 1953, S. 8), wurde oft als Beweis für die anpassende und damit anti-emanzipatorische Funktion der Psychoanalyse verwendet, denn wenn eine Psychotherapieform dazu diene (so die Argumentation), die Patienten wieder zum Arbeiten zu bringen, dann könne sie nur und unvermeidlich im Dienste des Kapitals stehen. Solche Kritik hat übersehen, daß Freud von ,,Lieben *und* Arbeiten" gesprochen hat. Die Verbindung der beiden Worte durch ein ,,und" (und nicht etwa durch ein ,,oder") verknüpft sie untrennbar miteinander, indem es sie sich gegenseitig relativieren läßt. Arbeit *und* Liebe, zusammen, läßt keine Entfremdung zu. Arbeit *und* Liebe führt in einer Gruppe, in der nur Arbeit *oder* Liebe gilt, unvermeidlich zum Konflikt und nicht zur Anpassung. Das Ziel der Psychoanalyse ist nicht ein Mensch, der funktioniert und der keine Konflikte mehr auszutragen hat, sondern ein Mensch, der *seine* Konflikte wieder hat und auszutragen versucht. Das Ziel, das Austragen dieser Konflikte meint Freud wohl auch, wenn er in einem Brief an Ludwig Binswanger 1911 schreibt: ,,. . . während es mein Schicksal geworden ist, den Frieden dieser Welt zu stören" (zitiert nach Loch 1972, S. 94).

Der Weg der Psychoanalyse, diese Konflikte wiederzubeleben, geht über die Analyse der ,,Übertragung" und des ,,Widerstandes", d. h. der Aktualisierung bisher unbewältigter, unbewußt gewordener Konflikte in bezug auf die Person des Analytikers und der Hemmnisse, die sich dem analysierenden Zugang zum Unbewußten entgegenstellen. Mit ,,Analyse" ist dabei das von Freud so formulierte ,,Erinnern, Wiederholen und Durcharbeiten" (Freud 1914) gemeint, und das bedeutet für die therapeutische Beziehung, daß der Patient in ihr die unbewußt gewordenen Konflikte wieder auftauchen läßt, daß sie sich wieder neubeleben können und daß sie in der Auseinandersetzung mit dem Analytiker allmählich aufgelöst werden können. Vor allem auch in der analytischen Therapie von Paarbeziehungen oder Familienbeziehungen besteht damit die Möglichkeit, die gemeinsame Abwehr von Beziehungspartnern zu erkennen, zu verstehen und aufzulösen.

Das Entstehen einer gemeinsamen, nicht aufgelösten Abwehr zwischen Analytiker und Patient gilt als Kunstfehler (vgl. z.B. Greenson 1973, S. 357ff.). Die jeder psychoanalytischen Ausbildung als wesentlichstes Element zugehörende Lehranalyse (also die eigene Analyse des Ausbildungskandidaten) hat unter anderem die Aufgabe, mittels der Durcharbeitung der Konflikte des angehenden Analytikers die Übernahme manipulativer Beziehungsangebote des Patienten und damit den Aufbau einer gemeinsamen Abwehr zu verhindern. Allerdings stellt diese ,,Vorsichtsmaßnahme" noch keinerlei Garantie für die Vermeidung eines Abwehrbündnisses von Patient und Analytiker dar.

Nach der Darstellung Ralp Greensons (Greenson 1973) dienen die technischen Überlegungen innerhalb der psychoanalytischen Theorie dazu, als Analytiker rechtzeitig zu bemerken, was die Analyse stören könnte. Wenn man ,,Technik" als Sammlung bisheriger analytischer Erfahrung betrachtet, dann wäre von einem emanzipatorischen Standpunkt aus gesehen, an ,,technischen" Überlegungen nichts auszusetzen. Jedoch dort, wo die ,,Technik" dazu dient, unabhängig von der Person des Patienten und der analytischen Beziehung (und das heißt auch: unabhängig von der Person des Analytikers) eine ,,Störung" der Analyse zu beseitigen, handelt es sich um eine repressive Technik in dem Sinn, wie ich diesen Begriff oben bei der Besprechung verhaltenstherapeutischer Techniken verwendet habe. Dann dient sie als Mittel, das ,,störende" ,,Symptom", die Abwehr des Patienten zu eliminieren, anstatt auch diese als Kompromißbildung zu verstehen, die in Zusammenhang mit der momentanen therapeutischen Beziehung steht; dann dient die Technik als Mittel gegen den Patienten, gegen seine Emanzipation, und damit auch als Kampfmittel gegen die gemeinsame Emanzipation von Patient und Analytiker im analytischen Prozeß.

Nach diesem knapp gehaltenen Versuch, die Theorie der Psychoanalyse dahingehend zu untersuchen, ob sie grundsätzlich emanzipatorisch wirksam sein kann, bleibt zusammenfassend folgendes zu sagen: weil die Psychoanalyse das Symptom als Kompromißbildung versteht, d.h. weil sie neben der Abwehr, also neben den individuellen und kollektiven Kommunikationsnormen auch das Individuationsbedürfnis des Einzelnen zumindest theoretisch in jeder Äußerung berücksichtigt, weil sie also versucht, bestehende Konflikte (wieder: zumindest von ihrem theoretischen Ansatz her) zu entdecken und auszutragen, weil dies das ureigenste und unverzichtbare Merkmal der Psychoanalyse ist, deshalb hat sie, jedenfalls nach meinem Überblick, als einzige Psychotherapieform ein grundsätzlich emanzipatorisches Anliegen. Die von ihr angestrebte therapeutische Beziehung könnte deshalb für den Patienten *und* für den Therapeuten einen Veränderungsspielraum eröffnen, der theoretisch unbegrenzt ist, dessen Grenzen sich erst aus den Grenzen der beteiligten Personen, d.h. aus den Ängsten und den Abwehrnotwendigkeiten einerseits sowie aus den Emanzipationsbedürfnissen von Therapeut und Patient andererseits ergeben.

Ob diese emanzipatorischen Möglichkeiten jedoch ausgeschöpft werden bzw. werden können, ist eine andere Frage. Je nach der Abwehrnotwendigkeit der betroffenen Personen (der Patienten und der Analytiker) *kann* ,,die Psychoanalyse" nämlich auch als repressive Form von Psychotherapie eingesetzt werden. Freud hatte wohl ähnliches im Sinn, als er schrieb: ,,Nicht nur die Ichbeschaffenheit des Patienten, auch die Eigenart des Analytikers fordert ihre Stelle unter den Momenten, die die Aussichten der analytischen Kur beeinflussen und dieselbe nach Art der Widerstände erschweren" (Freud 1937c, S. 378). Auch der Analytiker ist, – wie der Patient – kränkbar, verletzlich und zu verunsichern. Wie der Analytiker auf solche Verunsicherungen reagiert, wie sie in der Analyse in jedem Augenblick eintreten können, daran entscheidet sich, ob er seine eventuell nun notwendig werdende Abwehr dem Patienten überstülpt und damit ein repressives Beziehungsangebot – wenn nicht Beziehungsgebot – macht oder ob er seine Konfliktanteile aus dem therapeutischen Geschehen heraushalten kann. Eine Abwehrmöglichkeit wird dem Analytiker durch die psychoanalytische Theorie fast nahegelegt, nämlich eine solche evtl. durch den Patienten provozierte Verunsicherung seinerseits ausschließlich als Problem des Patienten, als dessen Übertragung, als dessen Abwehr abzutun und nur bei ihm zu analysieren. Dazu wider Freud: ,,Es scheint, daß zahlreiche Analytiker es erlernen, Abwehrmechanismen anzuwenden, die ihnen gestatten, Folgerungen und Forderungen der Analyse von der eigenen Person abzulenken, wahrscheinlich indem sie sie gegen andere richten, so daß sie selbst bleiben, wie sie sind, und sich dem kritisierenden und korrigierenden Einfluß der Analyse entziehen" (Freud 1937c, S. 388f.).

Wenn der Analytiker seine Angst und Verunsicherung nicht als solche erkennt und bei sich selbst analysieren kann, wenn er die Auslöser dieser Angst nur beim Patienten als Abwehr und Widerstand, als Übertragung analysiert, dann weicht er seiner ,,drohenden" Emanzipation aus. An der Grenze der Emanzipationsmöglichkeit, des Emanzipationsbedürfnisses des Analytikers entscheidet sich auch die Emanzipation des Patienten. Selbst wenn darüber nicht kommuniziert wird, so wird doch der Patient die Angst und die Abwehr des Analytikers (ebenso wie damals bei seinen Eltern) zumindest unbewußt spüren und seine Konsequenzen daraus ziehen. Diese Konsequenzen werden dann in der Regel wohl so aussehen, daß der Patient an den für den Analytiker anscheinend gefährlichen Stellen ebenfalls vorsichtig werden wird, genauso wie es ihm in seiner Genese mit seinen Eltern gegangen ist. Was der Analytiker in der therapeutischen Beziehung zu seinem eigenen Lehranalytiker nicht aufgearbeitet hat, wird, bei entsprechender Konfliktlage eines nun eigenen Patienten, mit diesem wieder zum Beziehungsproblem werden, wenn es nicht von beiden in gemeinsamer Veränderung und Emanzipation durchgestanden werden kann; (vgl. dazu die Arbeit von Thea Bauriedl 1980, die diesen Aspekt, nämlich die Bedeutung der therapeutischen Beziehung in eine grundsätzliche Diskussion der Psychoanalyse einbezieht). So bestehen die Fähigkeiten eines Psychotherapeuten zu emanzipatorischer Psychotherapie nicht darin, daß er alles kann und ihm nichts etwas ausmacht oder daß er grenzenlos

,,belastbar“ ist, sondern darin, daß er sich auf sich selbst *und* auf den Patienten einlassen kann und daß er gleichzeitig zwischen sich und dem Patienten unterscheiden kann. Denn therapeutisch wirkt nicht das, was der Therapeut macht, sondern das, was er ist, und das heißt auch: was er zu erleben wagt, was er zulassen kann, bei sich und damit auch in der Beziehung zum Patienten. Bei diesen Überlegungen wird immer deutlicher, ,,daß die analytische Therapie nichts machen kann, was nicht unter günstigen normalen Verhältnissen von selbst geschieht“ (Freud 1937c, S. 367).

So gesehen hat der Analytiker und jeder andere Psychotherapeut eine Funktion, die in seinem expliziten, offiziellen Berufsbild nicht enthalten ist: für die Emanzipation seiner Patienten wird er durch die Art und das Ausmaß seiner eigenen Emanzipation zur zentralen Figur, zum Katalysator oder zum Hemmnis. Der Psychotherapeut *hat,* nicht: bekommt, sondern hat damit eine Verantwortung, ob er das nun will oder nicht, ob er das nun sieht oder nicht.

Zusammenfassung

- Emanzipation bleibt solange potentiell repressiv, als sie auf der Verhaltensebene definiert wird. Eine Beschreibung der emanzipatorischen Haltung ist deshalb nur auf der Beziehungsebene, also in Kategorien des Erlebens möglich.
- Es gibt keine Verhaltensvorschrift, die den Therapeuten dazu veranlassen könnte, seine therapeutischen Beziehungen emanzipatorisch zu gestalten. Aus diesem Grund kann eine Untersuchung über dem emanzipatorischen Gehalt eines Therapieansatzes nie am Therapeutenverhalten ansetzen, sondern sie kann nur über das Erlebnis der Bedeutung des Verhaltens von Therapeut und Patient für beide geschehen. Dabei ist der interpretierende Schritt, die Einbeziehung der Subjektivität unumgänglich. Bedeutung kann nur erlebt und nicht objektiv bestimmt werden.
- Emanzipation im hier gemeinten Sinn ist der größere Lebendigkeit ermöglichende Veränderungsprozeß von Individuen in Beziehungen aufgrund ihres Bedürfnisses und ihrer Möglichkeit, die individuellen und gemeinsamen Ängste und ihre Abwehr in die Veränderung einzubeziehen.
- Die emanzipatorische Haltung in der Psychotherapie kann nicht wie eine Therapie-Technik eingesetzt werden, sondern sie kann sich nur ergeben, wenn die Voraussetzungen dafür günstig sind.
- Der bewußt oder unbewußt zugelassene Entschluß, emanzipatorisch zu arbeiten, hat Konsequenzen für den Therapeuten und den Patienten.
- Die emanzipatorische Haltung wird nur für denjenigen Psychotherapeuten zum Anliegen, dem seine eigene Emanzipation zwingende Notwendigkeit ist.
- Die ,,Motivation“, d. h. die Bereitschaft des Patienten, sich auf seine Emanzipation einzulassen, ist nicht zu trennen von den in seinen Beziehungen geltenden Verhaltens- und Erlebnisnormen.

- Es ist nicht möglich, manipulativ Emanzipation herzustellen. Jedes Mittel führt nur zu *seinem* Ziel. Oft kann man die Eigenart der Mittel, die zu einem bestimmten Ziel geführt haben, erst aus der Qualität des Ergebnisses erschließen.
- In einer (therapeutischen) Beziehung, die emanzipatorisch werden konnte, wird es jedem Beteiligten möglich, sich und den anderen so zu lassen, wie er ist.
- Genau in dem Maß können Symptome aufgegeben werden, wie ihr Charakter als Ersatzausdruck erkannt und verstanden worden ist, und die bisher damit ausgedrückten Konflikte wieder erlebt werden können.
- Die Psychoanalyse hat ein grundsätzlich emanzipatorisches Potential, weil sie sich mit dem Wiederauffinden der verlorengegangenen Konflikte beschäftigt.
- Versuche, die psychoanalytische Haltung auf einen Behandlungsfocus zu begrenzen, sind nur dann noch emanzipatorisch, wenn der Focus durch einen Konflikt und nicht durch ein Symptom repräsentiert wird.
- Ob die emanzipatorischen Möglichkeiten des psychoanalytischen Ansatzes ausgeschöpft werden, entscheidet sich auch aufgrund der Veränderungsmöglichkeiten des Analytikers.
- An der Abwehrnotwendigkeit und der Emanzipationsmöglichkeit des Analytikers entscheidet sich, ob, wann und wie die von ihm praktizierte Psychoanalyse emanzipatorisch-freilassend oder repressiv-vergewaltigend wird.

9. Ein Konflikt wird wiedergefunden (Fallbeschreibung)

Zum Abschluß dieser Darstellung der Konsequenzen aus meinen bisherigen Überlegungen für eine emanzipatorische Psychotherapie möchte ich eine Fallbeschreibung anfügen, die den Verlauf einer Therapie nachzeichnet, die ich im Rahmen meiner Tätigkeit an einer öffentlichen Sexualberatungsstelle durchgeführt habe. Dieser Fall stellt ein Beispiel dafür dar, wie unter günstigen Bedingungen für Therapeut und Patient auch innerhalb einer kurzen Behandlungsdauer eine Bewegung entstehen kann, die der im eben skizzierten Entwurf beschriebenen Veränderung recht nahekommt. Es könnte sein, daß sich mancher Leser jetzt freut und denkt: jetzt muß er es endlich einmal hinschreiben, wie er es macht. Wer dies erwartet, den muß ich wieder enttäuschen. Ich habe in dieser Arbeit zu klären versucht, wieso es nicht möglich ist, Emanzipation zu *machen,* wieso es nicht möglich ist, zu beschreiben, wie man es *macht,* sich auf sich selbst und den anderen einzulassen, sich und den anderen freizulassen. Alles dies ist nicht auf der Verhaltensebene zu beschreiben; es ist nicht zu objektivieren; man kann nur versuchen, es in Kategorien des Erlebens zu fassen.

Fallbeschreibung (Daten, durch die der Patient identifiziert werden könnte, wurden von mir verändert)

Herr S. ist 39 Jahre alt, seit 10 Jahren verheiratet und hat zwei Töchter im Alter 6 und 9 Jahren. Seine Frau ist nicht berufstätig. Er hat ursprünglich Germanistik studiert, ist aber seit einigen Jahren im Management einer großen Firma tätig. Sein Berufsleben hat er sich anders vorgestellt. Er muß jetzt viel verhandeln und organisieren; er hat kaum mehr die Möglichkeit, sich mit den Dingen zu befassen, die ihn an seiner Tätigkeit interessieren. Er setzt sich in seinem Beruf sehr ein, fühlt sich aber unzufrieden und oft bis über die Grenzen seiner Leistungsfähigkeit hinaus überfordert.

Anlaß dafür, daß er die Beratungsstelle aufsucht, ist eine seit einem Vierteljahr aufgetretene Impotenz (Impotentia coeundi); solche Schwierigkeiten habe er noch nie gehabt, berichtet er; er sei deswegen sehr beunruhigt. Auch seine Frau sei zuerst sehr erschrocken, dann habe sie jedoch versucht, seine Situation zu verstehen. Herr S. sorgt sich aber trotzdem sehr um den Fortbestand der Ehe: er sehe zwar die Geduld und Verständnisbereitschaft seiner Frau, doch könne er sich nicht vorstellen, daß diese noch sehr lang anhalten würde; er befürchte, daß seine Frau ihn mit der Sexualstörung nicht mehr lieben könne. Er selbst könne sich übrigens nicht erklären, wie diese Störung entstanden sei.

Erster Eindruck des Therapeuten: Herr S. ist ein sensibler, differenzierter, mir sehr sympathischer Mann. Er erscheint mir recht ängstlich, versteht es aber, jeder momentanen Verunsicherung mit geschickten Worten auszuweichen. Meine Versuche, sonstige Probleme außer der Sexualproblematik zu finden, bleiben in der ersten Stunde fruchtlos. Er schildert seine Ehe als glücklich; er und seine Frau hätten immer häufig und befriedigend Verkehr gehabt. Sie würden sich lieben und alle auftauchenden Probleme besprechen. Er hätte sie auch gebeten, wegen seiner Sexualprobleme Geduld mit ihm zu haben. Auch mit den Kindern gebe es keine Schwierigkeiten, außer den im jeweiligen Alter üblichen. Die erste Stunde endet mit dem von Herrn S. und mir gefaßten Vorsatz, einige Stunden lang (4 bis 5) gemeinsam noch genauer zu suchen, ob denn nichts zu finden sei, was das plötzliche und unverständliche Auftreten der Impotenz verständlicher machen könne.

Meine (des Therapeuten) Reaktion auf diese erste Stunde ist ein Gefühl des Unvermögens, diesem Mann schnell aus seiner für ihn schwierigen und belastenden Situation zu helfen. Ich fühle mich genötigt, schnell und gut als Sexualtherapeut zu funktionieren. Obwohl mir auch zu diesem Zeitpunkt die Problematik des Auftrags der „Symptom"-Beseitigung schon „voll" bewußt ist, fühle ich mich verpflichtet, mich diesem mir so sympathischen Mann gegenüber als „fähigen" Psychologen zu zeigen. Sobald ich dieses Gefühl als den Ausdruck meiner Angst verstehe, von einem mir sympathischen Menschen als Psychologe nicht akzeptiert zu werden, erkenne ich, damit zusammenhängend, auch meine Bereitschaft zur symptombeseitigenden „Hilfe" als das Übergreifen einer Abwehrnotwendigkeit von Herrn S. auf mich, in der es nötig wird, Verunsicherungen mit Leistungen und großen Anstrengungen zu verhindern.

In der 2. Stunde, eine Woche später, macht mich Herr S. darauf aufmerksam, wie schwierig es für ihn aus Zeitgründen sei, in die Beratungsstelle zu kommen. Ich verstehe dies einerseits als Äußerung über sein großes Interesse an der Behandlung, aber auch andererseits als Appell an mich, mich anzustrengen, denn er, als so wichtiger und vielbeschäftigter Mann, könne nicht allzuviel Zeit „für mich" aufbringen. Ich bekomme das Gefühl, als wolle er zu mir sagen: „streng Dich gefälligst an, mach schnell; wenn Du Dich nicht um mich in meinem Sinn bemühst, bin ich schnell wieder weg." In dieser zweiten Stunde setze ich meine Suche nach auslösenden Momenten für das Auftreten der Impotenz fort. Seine Reaktionen auf meine suchenden Fragen sind in der Regel Beschwichtigungen mit dem unausgesprochenen Inhalt, die von vorneherein doch zur Erfolglosigkeit verdammte Suche einzustellen. Ich spüre dabei aber auch latent ein großes Interesse an dieser Suche, das Herr S. aber nicht direkt zeigen kann. Manifest zeigt er sich als jemand, der, weil er weiß, was sich gehört, den anderen bei dessen Bemühungen nicht stört. Ähnlich verläuft auch die 3. Stunde.

In der 4. Stunde beginnt Herr S. damit, daß er von seiner beruflichen Überforderung ausführlich erzählt. So hat er u. a. schwierige Verhandlungen hinter sich, in denen er sich trotz einiger Erfolgsaussicht wieder total überfordert fühlte. Ich spüre, daß es für Herrn S. anscheinend sehr wichtig ist, mir von seiner beruflichen Überforderung zu erzählen. Diese 4. Stunde ist mit der Schilderung der Arbeitssituation und Nachfragen meinerseits angefüllt, die sich hauptsächlich auf den Arbeitseinsatz von Herrn S., dessen Ursachen und das daraus resultierende Gefühl der Überforderung beziehen. Die nächste Stunde sagt Herr S. ab, weil er zu Verhandlungen ins Ausland muß.

In der 5. Stunde, nach einer Pause von zwei Wochen, beginnt Herr S. wieder von seinem Gefühl der Überforderung im Beruf zu erzählen. Ich habe dabei plötzlich den Einfall, daß dieses Gefühl und die Notwendigkeit für Herrn S. so ausführlich immer wieder darüber zu sprechen, irgendwie in Zusammenhang mit der Sexualproblematik stehen muß. Ich frage ihn, ob er denn auch zuhause, bei seiner Frau und seinen Kindern das Gefühl habe, mehr geben zu müssen, als er könne und wolle. Wir nähern uns mit der Untersuchung dieser Frage immer mehr dem Gefühl von Herrn S., daß er sich immer anstrenge, auch wenn er nicht mehr könne. Im Lauf dieser 5. und der folgenden 6. Stunde wird immer deutlicher, wie sein ,,Symptom", die Impotenz, auch als ein Ausdruck seines Bedürfnisses verstanden werden will, sich auch einmal verweigern und ,,versagen" zu dürfen. Außerdem zeigt sich in seiner Bitte um die Beseitigung des ,,Symptoms" neben dem Bedürfnis, wieder vollständig und ,,gesund" zu sein, auch seine Form der Abwehr, mit der er versucht, seine Angst vor der Ablehnung durch die anderen (Ehefrau, Kinder, Vorgesetzte, Kollegen, mich) in den Griff zu bekommen. Eine solche Ablehnung würde er befürchten, falls er es wagen sollte, sich diesen Bezugspersonen zu verweigern. Das Verständnis seines ,,Symptoms", die Klärung der damit verbundenen Fragen (Wie läßt sich die Überforderung ändern? Wie ist es für Herrn S. möglich, befriedigendere Arbeiten zu finden? usw.) beansprucht weitere fünf Stunden. Immer wieder versucht Herr S. mir zu beweisen, daß er gar nichts ändern könne, daß er dem System ,,Management", der fordernden Ehefrau und den ihn beanspruchenden Kindern nicht entkommen könne. Ich habe es dabei sehr schwer, nicht in die Gegenposition zu seinen Beweisversuchen hineinzugeraten, also in eine gut zuredende, überzeugen wollende Haltung. Ich versuche immer wieder, zusammen mit Herrn S. diese Argumentation als den Versuch zu verstehen, nichts ändern zu müssen. Das immer wieder erarbeitete Verständnis des ,,Symptoms" als eines ersten wieder direkten Ausdrucks seiner Veränderungswünsche hilft Herrn S., langsam immer mehr Stellen zu bemerken, an denen er Änderungsbedürfnisse entdecken, äußern und schließlich auch z.T. akzeptieren kann.

Nach einem mehrwöchigen beruflich bedingten Auslandsaufenthalt kommt Herr S. wieder in die Beratungsstelle, um von seinem Befinden zu erzählen. Es ist ihm anscheinend gelungen, den bislang fast vollkommen aus seiner bewußten Wahrnehmung verbannten Konflikt wieder in sein bewußtes Erleben zurückzuholen, den Konflikt, in dem es für ihn darum geht, eigene Bedürfnisse zu haben, deren Befriedigung er aber aufgrund der Angst vor der Ablehnung durch die Berufskollegen, die Vorgesetzten, durch seine Frau und seine Kinder immer wieder hinausgeschoben hat und schließlich ,,vergaß". Das ,,Symptom" erinnerte ihn schließlich eindringlich, aber auch nicht so leicht verständlich daran, daß er neben seiner Leistungsbereitschaft auch das Bedürfnis hat, nicht immer nur zu funktionieren, sondern an den Stellen auch ,,nein" zu sagen, an denen er nicht mehr konnte oder wollte. Unter anderem erzählt er in dieser Stunde ganz beiläufig davon, daß die Impotenz verschwunden sei. Sie ist nun als Ausdrucksmöglichkeit anscheinend wieder in den Hintergrund getreten; Herr S. braucht sie nicht mehr als „Gedächtnisstütze". In drei weiteren Stunden besprechen wir die Konsequenzen dieser Veränderung, die nicht nur dazu geholfen hat, das Symptom aufgeben zu können, sondern auch Bewegung in der Ehe von Herrn S. bewirkt, die bisher als für alle Zeiten in gleicher Weise festgelegt (besser: eingefroren) zu sein schien. Auch die Beziehung zu seinen Kindern wie zu seinen Berufskollegen und zu seinen Vorgesetzten beginnt sich dadurch zu verändern, und zwar in eine Richtung auf direkteren Kontakt hin, also einerseits auf bessere Verständigung hin, andererseits aber auch in Richtung auf direktere Konfrontationen (Gesamtdauer der Behandlung: 15 Stunden).

Der in dieser Behandlung möglich gewordene Veränderungsprozeß ist wohl auf die überaus günstigen Ausgangsbedingungen zurückzuführen, die ich noch einmal kurz zusammengefaßt darstellen und erläutern möchte. Der Patient stand unter großem Leidensdruck: das Symptom, die Impotenz, ängstigte ihn sehr; er sah dadurch seine Identität als Mann, als Ehemann in Frage gestellt; er begann um seine Ehe zu fürchten, als er merkte, daß seine Frau unter seinem Symptom (aber wohl nicht nur darunter) zu leiden begann. Ferner hatte der Patient die Möglichkeit und Fähigkeit, im Kontakt mit mir immer mehr bisher abgewehrte Teile seiner Person zuzulassen, d. h. es ging ihm trotz überwiegend im Sinne von „Leistungsanstrengung" funktionierender Abwehrstruktur nicht nur um die Beseitigung der ängstigenden Impotenz, sondern auch um eine weitergehende Integration seiner Person.

Von mir, als dem Therapeuten, waren die Voraussetzungen für Emanzipationsschritte darin begründet, daß mir die Angst und die Abwehr des Patienten verständlich war, daß ich ähnliches von mir selbst kenne, daß meine eigene Verstrickung in das System von Angst und Abwehr (Angst vor dem Versagen, Angst vor der Verweigerung und Abwehr dieser Ängste durch Leistung und Unterdrückung der eigenen Bedürfnisse) in der Beziehung zu diesem Patienten nicht überwältigend wurde, so daß mir selbst in der therapeutischen Beziehung die Emanzipation aus diesem System wieder zur eigenen psychischen Notwendigkeit werden konnte. Die Abwehr durch Leistung („Wenn ich mich nur genügend anstrenge, dann merkt niemand, auch ich selbst nicht, daß ich mich überfordert fühle und daß ich mich lieber verweigern würde") drohte zu Beginn der Behandlung auf mich überzugreifen, d. h. sie hatte auf mich schon übergegriffen: „Damit ich mich als Psychologe akzeptiert fühle, muß ich dem Mann, der mir so sympathisch ist, schnell helfen, und zwar ohne ihn in Frage zu stellen"; sie wurde so zur gemeinsamen Abwehr zwischen dem Patienten und mir. Diese gemeinsame Abwehr konnte sich nur dadurch lockern und schließlich auflösen, daß einer von uns beiden es zulassen konnte zu merken, wozu sie notwendig war, daß sie eine Einschränkung der Beziehung, eine Einschränkung von uns beiden bedeutete. Nur in dem Maß konnte ich mich auf die Angst des Patienten einlassen (und sie und ihn schließlich verstehen), als sie mir selbst für mich erlebbar geworden war.

Ich betone es nocheinmal ausdrücklich: es kann mir bei dem hier unternommenen Versuch, eine im emanzipatorischen Sinn geglückte Therapie zu beschreiben, nicht darum gehen, was der Therapeut *tut* oder zu tun unterläßt, sondern ausschließlich darum, worauf er sich einlassen kann, bei sich selbst und beim Patienten. Was der Therapeut sagt und tut, ist dann zwar nicht Nebensache, weil er ja nur im Sein und Handeln Beziehung aufnehmen kann; das Sagen und Tun des Therapeuten ist vielmehr Ausdruck seiner Beziehung zum Patienten, Ausdruck dessen, was in dieser Beziehung vom Therapeuten her möglich und unmöglich ist.

10. Psychotherapie hat immer eine politische Bedeutung

Im Gespräch mit beraterisch oder psychotherapeutisch tätigen Kollegen geht es oft um die Frage, wieweit denn die Verantwortung des Psychotherapeuten reiche; ob er z.B. im Umgang mit einem akut suizidalen Patienten diesen vor nichts zurückhalten solle, was evtl. auch das Risiko einzugehen bedeute, daß dieser sich umbringt, oder ob er alles nur mögliche tun solle, um den Selbstmord zu verhindern. Zwischen diesen beiden gegensätzlichen Positionen liegen viele Standpunkte, wahrscheinlich ebensoviele wie es Psychotherapeuten gibt. Doch die Frage nach dem Ausmaß und der Art der Verantwortung des Therapeuten sollte sich nicht nur für den Extremfall ,,Suizid" stellen. Das Problem, wieweit der Therapeut Verantwortung übernehmen sollte, und vor allem: welche Verantwortung er übernimmt, stellt sich in jedem Moment jeder Form von (Psycho-)Therapie. Ich möchte deshalb von meinem hier formulierten Standpunkt aus zu dieser Frage noch kurz Stellung beziehen; kurz deshalb, weil ich die Frage nach der Verantwortung letztlich nur als Neuformulierung der ganzen bisherigen Fragestellung dieser Arbeit verstehe. Schließlich möchte ich in diesem letzten Kapitel meiner Untersuchung auf einen Aspekt der therapeutischen Verantwortung ausführlicher eingehen, nämlich auf die Frage nach der politischen Relevanz psychotherapeutischer Arbeit, d.h. auch: nach der politischen Verantwortung des Psychotherapeuten.

Ich habe oben Emanzipation als den Veränderungsprozeß von Individuen in Beziehungen beschrieben, bei dem diese durch die zunehmende Einbeziehung ihrer Wünsche und ihrer Ängste ihre manipulativen Beziehungsangebote immer mehr aufgeben können, und somit die gemeinsame Abwehrnotwendigkeit abnimmt, was wiederum für alle Beteiligten eine Erweiterung der Erlebens-, Kontakt- und Äußerungsmöglichkeiten bedeutet. Wenn ich wieder von dieser Definition ausgehe, dann bleiben für den Therapeuten, der bei seiner Arbeit eine emanzipatorische Haltung einzunehmen versucht, m.E. nur die im folgenden formulierten Konsequenzen.

Da die emanzipatorisch-therapeutische Beziehung, in der der Patient seine bisherigen Abwehrnotwendigkeiten aufzuarbeiten versucht, neben dem partnerschaftlichen Verhältnis zwischen Therapeut und Patient für ihn auch ein Element des Abhängigwerdens beinhaltet (das für die Wiederbelebung der Übertragung unumgänglich ist, vgl. dazu z.B. Loch 1972, S. 177), unterscheidet sich die therapeutische Beziehung in einem wichtigen Punkt von der nicht-therapeutischen Beziehung, und zwar was die Einbeziehung der Person des Therapeuten betrifft. Die Einbeziehung der Bedürfnisse, Ängste und der Abwehr *aller* Beteiligten in die Auseinandersetzung in einer emanzipatorisch-therapeutischen Beziehung erfolgt dann in der Regel so (siehe auch oben Kapitel 8), daß der Therapeut versucht, aus der Verarbeitung seiner Wünsche, Ängste und seiner Abwehr für den Patienten keine manipulativen Beziehungsangebote entstehen zu lassen, während die Wünsche, die Ängste und die Abwehr des Patienten zum Thema der therapeutischen Arbeit werden. Die Verantwortung des Therapeuten besteht nun eben darin, daß er keine manipulativen Beziehungsangebote macht (vgl. dazu Bauriedl 1980), daß er also, indem er für sich und seinen Anteil an der Beziehung die volle Verantwortung übernimmt und dem Patienten seine eigene Verantwortung für dessen eigenen Beziehungsanteil übernehmen lassen kann. Das hört sich jetzt, so knapp und trocken hingeschrieben, vielleicht recht belanglos und unbedeutend an, es hat jedoch weitreichende Folgen.

Die wichtigste Folge davon ist, daß die in der Beziehungsstörung unklare Verteilung von Verantwortung, d. h. daß die in der Bündnisbildung notwendige gegenseitige Verantwortung für die Aufrechterhaltung der Abwehr durch das eindeutige nichtmanipulative Beziehungsangebot des Therapeuten einen Anfang für ihre Auflösung finden kann. In jedem Moment in der therapeutischen Beziehung, in dem der Therapeut zwischen der Verantwortung für sich selbst und der eigenen Verantwortung des Patienten zu unterscheiden vermag und diese Unterscheidung auch Folgen für seine Beziehungsangebote an den Patienten hat, in jedem solchen Moment entsteht ein Ansatzpunkt für die gemeinsame Emanzipation. Wie nun jeweils der Patient mit den um Manipulationsfreiheit bemühten Angeboten des Therapeuten umgeht, ist eine andere Frage. Für die Verantwortung des Therapeuten jedenfalls bedeuten diese Überlegungen (will er emanzipatorisch arbeiten), sich darüber Klarheit zu verschaffen, daß er nur für sich selbst die Verantwortung übernehmen *kann.* Was der Therapeut nun *tut,* um nur für sich die Verantwortung zu übernehmen und nicht auch für die Selbstbestimmung des Patienten, ist damit in keiner Weise festgelegt. Die emanzipatorische Bedeutung eines Verhaltens entsteht ausschließlich in der aktuellen Beziehung mit dem für sie spezifischen Bedeutungsgefüge. Auch an dieser Stelle kann ich nur wieder darauf hinweisen, daß sich das spezifisch Emanzipatorische nur aus Erlebnisqualitäten in Beziehungen bestimmen läßt und nicht aus Verhaltensweisen mit einem objektiv und eindeutig zuzuordnenden Bedeutungsgehalt.

Eine weitere Folge, die besonders für die unten angestellten Überlegungen wichtig ist, sind die Veränderungsmöglichkeiten, die der Patient in einer solchen therapeutischen Beziehung finden kann. Mit dem Angebot des Therapeuten an ihn, die Verantwortung für sich selbst zu übernehmen, und an den Stellen, an denen dem Patienten dies noch nicht gelingt, die Notwendigkeit der Verantwortungsvermischung zu klären und, wenn möglich, aufzulösen, werden für den Patienten zunehmend diejenigen Bewegungsräume frei, die in seinen bisherigen Beziehungen von der Aufgabe besetzt waren, gemeinsame Abwehr zu bilden und aufrechtzuerhalten. Indem diese Bewegungsräume frei werden, gewinnt der Patient ein erweitertes Potential an Wahrnehmungs- und Äußerungsmöglichkeiten. Dieselben Konsequenzen ergeben sich natürlich auch für den Therapeuten, und zwar genau insoweit, als er sich selbst freilassen kann, d. h. als er seine Wünsche und seine Ängste zulassen und verarbeiten kann.

Zwischen dem Therapeuten und seinem Patienten besteht, wenn man sie beide als Personen mit ihrem Leiden und mit ihrer Entfremdung sieht, kein grundsätzlicher Unterschied; da könnten die beiden Namen wegfallen, weil es für beide in gleicher Weise um Emanzipation, um die Erweiterung ihrer Beziehungs- und damit ihrer Lebensmöglichkeiten geht. Erst dort ist die Verwendung der Bezeichnungen ,,Patient" und ,,Therapeut" gerechtfertigt und auch notwendig, wo der eine von beiden gegen Bezahlung die Rolle des Therapeuten übernimmt. Diese Rolle ist für eine emanzipatorische Psychotherapie dadurch definiert, daß der Therapeut derjenige in der therapeutischen Beziehung ist, der die Anstöße für emanzipatorische Veränderungen gibt, der als Person zum Anlaß für die Auflösung von Abwehrstrukturen wird. Aus dieser Beschreibung der Rolle des Therapeuten ergibt sich zwangsläufig seine oben ausgeführte Verantwortung.

In diesem Zusammenhang, der Frage nach der Verantwortung des Psychotherapeuten, interessiert mich auch die Frage nach seiner politischen Verantwortung, genauer: nach der politischen Bedeutung von Psychotherapie. Ich möchte versuchen, mich mit diesem schwierigen Problem im letzten Abschnitt meiner Untersuchung zu befassen.

In einem Aufsatz ,,Über die politische Relevanz psychoanalytischer Praxis" befaßt sich Peter Fürstenau (1977) mit dieser Frage. Die Ergebnisse von Fürstenau sollen hier als Ausgangspunkt für weiterführende Gedanken dienen; ich möchte sie deshalb kurz zitieren. Fürstenau geht von der Überlegung aus, daß der psychoanalytischen Praxis – also der Psychoanalyse als Therapie – in der Beziehung von Analytiker und Analysand höchstens indirekt politische Bedeutung zukommt, ,,indem erwartet werden kann, daß Menschen, die durch die Psychoanalyse erwachsener, reifer, gesünder, freier und kreativer geworden sind, sich auch klarer, bewußter, entschiedener und mit größerer psychosozialer Kompetenz der Frage einer politischen Betätigung stellen werden als weniger erwachsene, reife, gesunde, freie und kreative Bürger" (Fürstenau 1977, S. 149). Fürstenau beschränkt diese indirekte politische Wirkung auf die psychoanalytische Praxis in der therapeutischen ,,höchstpersönlichen Beziehung" (Fürstenau 1977, S. 148), wie sie sich in der Einzelanalyse und höchstens noch in der Gruppenanalyse ergeben könne. Alle anderen Formen von möglicher Betätigung des Analytikers wie z.B. die theoretische Vermittlung analytischer Einsichten, die Institutionenberatung, die Mitarbeit des Analytikers in politisch relevanten Planungsprojekten oder die politische Betätigung des Analytikers als eines intellektuellen Bürgers rechnet Fürstenau nicht zur analytischen Praxis, ,,weil hier die Verwertung von Psychoanalyse im Rahmen von primär nicht psychoanalytischen Tätigkeiten erfolgt" (Fürstenau 1977, S. 169).

Er kommt dann zu folgendem Ergebnis:

> ,,Diese Untersuchung ist aus der Sorge entstanden, daß unter der Devise einer möglichst weitgehenden ‚politisch relevanten' Anwendung von Psychoanalyse die Psychoanalyse selbst und die ihr primär zugeordnete Praxis verunklärt werden und unter dem Druck der Dringlichkeit, der Selbstverständlichkeit und unmittelbaren Überzeugungskraft dieses Motivs selbst Psychoanalytikern die Einsicht verloren gehen könnte, daß die Psychoanalyse – entge-

gen der Auffassung der Vertreter der neomarxistischen analytischen Sozialpsychologie – eine ausgesprochen unpolitische wissenschaftliche Kompetenz darstellt. Denn aus der hier vorgelegten Untersuchung folgt, daß die Psychoanalyse als von psychoanalytischen Prinzipien und Methodenkriterien bestimmte Praxis nur so weit reicht, wie die Spannweite der psychoanalytischen Situation, in der Psychoanalytiker mit bestimmten Menschen konkret verändernd umgehen, indem sie ihren Partnern Gelegenheit geben, neue Beziehungsmuster aufzubauen und ihre überkommenen unbewußten Triebabwehrformationen aufzulösen. Trotz ihrer umfassenden Perspektive auf die gesellschaftlich-geschichtliche Welt des Menschen ist die Psychoanalyse nicht politisch anwendbar im Sinne einer Verwertung für kollektive Neunormierungen menschlicher Lebensverhältnisse" (Fürstenau 1977, S. 170f.).

Daß Fürstenau zu diesem Ergebnis kommt, liegt meines Erachtens hauptsächlich daran, daß er, wie es sehr häufig geschieht, den Begriff des ,,Politischen" sehr eng faßt. Er befindet sich mit dieser Einschränkung in einer, ich möchte es einmal so nennen, typisch deutschen Tradition, die Kultur und Politik säuberlich getrennt halten möchte, in der es keine politische Kultur geben darf und in der auch keine Kultur des Politischen gepflegt wird. Politik gilt dort als ,,schmutziges Geschäft", mit dem man als gebildeter Bürger nichts zu tun haben möchte. Gekennzeichnet ist diese Haltung durch das Sich-Heraushalten, durch das Nicht-betroffen-Sein, durch die Angst vor dem Sich-Exponieren, vor der Emanzipation. Das hatte in der deutschen Geschichte schon oft schlimme Folgen. In der üblichen Beschränkung dieses Begriffs wird als politische Arbeit nur betrachtet, was auf der Verhaltensebene ansetzt; politisch relevant ist nach dieser Auffassung nur, was sich in Begriffen von Verhalten, Materie, Struktur und Organisation fassen läßt. Diese Beschränkung des ,,Politischen" hängt meines Erachtens damit zusammen, daß es meist nur um das ,,politisch Machbare" geht. Man gibt vor, politisch relevant sei nur das, was auch zu machen, zu organisieren ist. Dabei wird aber übersehen, daß es nicht die Sachen, nicht die Strukturen sind, die wirken, sondern einzig und allein deren Bedeutung für den Einzelnen und die Gruppe. Die Bedeutung jedoch ist nicht vollständig von außen zu manipulieren.

Was für ,,politisch relevant" gehalten wird, resultiert aus dem Standpunkt, aus dem Gesichtsfeldausschnitt dessen, der es für ,,politisch bedeutsam" hält. Wenn man meint, dabei würde es primär um die Machbarkeit der Dinge gehen, dann ist es verständlich, daß ,,das Politische" auf die Ebene des technisch Handhabbaren beschränkt bleibt. Im Begriff ,,Lebensqualität", der Anfang der 70er Jahre in die politische Diskussion aufgenommen wurde, war die Möglichkeit enthalten, sich für den Bereich des ,,Politischen" nicht mehr nur auf das zu verlassen und zu beschränken, was auf der Verhaltensebene zu erfassen war. Es hätte dabei um Qualitäten des Erlebens gehen können. Doch hat sich auch für diesen Begriff inzwischen die Vorstellung durchgesetzt, ,,Lebensqualität" sei etwas, was vollständig zu machen, zu organisieren und zu bezahlen ist.

Ich möchte an dieser Stelle der Argumentation an meine Ausführungen im 7. Kapitel zum Begriff des Pragmatismus erinnern. Ich habe dort am Beispiel der Verhaltenstherapie aufzuzeigen versucht, daß pragmatisches Vorgehen, verstanden als der Einsatz jedes möglichen Mittels zur Erreichung eines gesteckten Ziels ohne Berücksichtigung irgendwelcher sonstiger Auswirkungen, als direktes Abbild der kollektiven Abwehr in unserer Gesellschaft angesehen werden muß. Es handelt sich bei dieser Abwehrformation nach meiner Meinung um den Versuch, die individuellen und kollektiven Ängste vor dem Gefühl zu bewältigen, nicht über alles verfügen zu können und ohne Einflußmöglichkeiten den Dingen ausgeliefert zu sein. Vor diesem Hintergrund wird nun auch verständlicher, wieso der Begriff des „Politischen" auf die Ebene des Materiellen, des Machbaren beschränkt bleibt, wenn sich doch Politik um die Bewältigung der Probleme kümmern muß, die in der Konfrontation mit den verschiedensten „Mächten" auftauchen. Wollte man sich auf die Erlebnisebene, auf die psychischen Probleme im Zusammenhang mit den sog. „politischen" Problemen einlassen, dann, so glaube ich, könnte man als Politiker leicht verzweifeln, weil dort die Machbarkeit bald an ihre Grenzen stoßen würde. Politiker müssen „gesund" sein, d.h. sie dürfen nicht den Anschein erwecken, daß sie versagen könnten. Sie müssen diejenigen sein, d.h. vorgeben diejenigen zu sein, die alles im Griff haben, denen nichts etwas ausmacht, die nichts berührt. Ein Bundeskanzler in Psychotherapie wäre unvorstellbar und für die jeweilige Opposition ein gefundenes Fressen. In einer solchen kollektiven Abwehr muß „das Politische" zwangsläufig auf das Machbare beschränkt bleiben. Politische Entscheidungen werden deshalb nicht als auch *psychische* Konfliktlösungen (Kompromißbildungen) der Politiker angesehen.

Die Definition politischer Ziele und der Wege, die zu ihnen führen, auf der Verhaltensebene, die Einschränkung der Begriffe „Arbeit", „Denken" usw. in unserer Gesellschaft auf Objektivierbares machen die Beziehungen, in denen dies stattfindet, automatisch zu Verhältnissen, in denen Macht ausgeübt und erduldet wird; Definitionen auf der Verhaltensebene erzwingen Normen für „das Richtige" und damit auch für „das Falsche". So gesehen muß Macht und Herrschaft als Ergebnis eines Entfremdungsprozesses, einer Beziehungsstörung verstanden werden, bei der Verhalten und Erleben den Kontakt zueinander verloren haben. Die anscheinend untrennbare Verkoppelung von „Politik" und „Macht" findet in diesen Überlegungen ihre Erklärung: beide Begriffe und ihre Verbindung samt den daraus entstehenden Konsequenzen entstammen einer Sichtweise, in der das Erlebnis von Beziehungen und von Bedeutungen keinen Platz haben darf, weil die dadurch entstehende Verunsicherung zu groß wäre. Dies ergibt sich aus der „Konzeption, Politik sei ein Sachgebiet. Während es doch ein besonderer Intensitätsgrad von allem und jedem ist, jedem alltäglichen Gefühl, jeder Praxis" (Kluge 1979, S. 61).

Ich habe eben versucht, die übliche Einschränkung des Begriffs „politisch" darzustellen und sie aus der kollektiven Abwehr in unserer Gesellschaft abzuleiten. Wenn nun Peter Fürstenau zu dem Ergebnis kommt, Psychoanalyse (, die ich als eine Psychotherapieform definiert habe, die von ihrem Ansatz her die Möglichkeit hat emanzipatorisch zu sein') könne nicht direkt „politisch" wirksam werden, sondern könne höchstens indirekt über die in der Psychoanalyse erreichte Veränderung der Patienten zu mehr und erweiterten Handlungsmöglichkeiten führen, wenn er zu diesem Schluß kommt, dann akzeptiert er damit die m. E. auf kollektiver Abwehr beruhende Definition des „Politischen"; (vgl. dazu auch Füchtner 1980, der sich in ähnlicher Weise mit den Aussagen von Fürstenau auseinandersetzt). Übersehen wird dabei auch von ihm, daß nicht nur die materiell-organisatorischen Bedingungen und ihre Veränderung dafür verantwortlich sind, wie es den einzelnen Menschen geht, sondern, und wie ich meine in viel größerem Umfang, die Art und Weise, wie in Beziehungen Kontakt möglich oder verhindert wird. Jede verändernde Praxis („politisch", therapeutisch, pädagogisch usw.) hat es mit dem Erleben des Individuums zu tun. Wo sie das erlebende Subjekt verleugnet, wo sie seine Wünsche, auch seine pervertierten Wünsche, seine Ängste als Motive für sein Handeln verleugnet und übergeht, wird die verändernde Praxis nur immer wieder Bedingungen schaffen, in denen das erlebende Subjekt nur schwer einen Platz finden kann. So gesehen ist die Subjektverleugnung politisch äußerst relevant, da sie die Bedingungen für eine Politik der Unmenschlichkeit entstehen läßt. Wenn ich nun frage, ob und inwiefern Psychotherapie politisch relevant ist, muß ich danach fragen, welche Bedeutung psychotherapeutische Tätigkeit für die Gesellschaft hat.

Der am Symptom orientierte Psychotherapeut hat ausschließlich die Absicht, das „Symptom" zu beseitigen. Er arbeitet damit, wie ich schon ausgeführt habe, entsprechend den kollektiven Abwehrnotwendigkeiten. Selbst wenn er sagt, er arbeite „an der Beziehung", dann meint er damit, daß er z. B. den Partner des Symptomträgers mit dem Ziel in die Therapie einbezieht, ihn zum Kampfgenossen gegen das „Symptom" zu machen. Der Dienst des symptomorientiert arbeitenden (Psycho-)Therapeuten für die Gesellschaft besteht nun darin, daß er sich und ihr den Anblick des „Symptoms" und die Auseinandersetzung mit ihm ersparen möchte. Er ist als Agent der Norm und der kollektiven Abwehr nahtlos in das Gesundheitssystem eingebunden, d. h. er bindet sich selbst ein. Symptomorientierte Therapie ist damit politisch äußerst relevant, weil sie die normativen Strukturen in unserer Gesellschaft anerkennt und alles dafür tut, daß sie bestehen bleiben. Wenn ich wie hier den Begriff des Politischen über den Bereich des politischen Verhaltens hinaus auf die nach meiner Überzeugung für das Zusammenleben eines Kollektivs überaus relevanten Faktoren des Erlebens erweitere, dann stellt Psychotherapie einen Bereich zwischenmenschlichen Handelns dar, der eminent politische Bedeutung und Wirkung hat. Das Verschwinden des „Symptoms" aufgrund repressiver Psychotherapie-Technik, d. h. die Veränderung auf der Verhaltensebene erschwert deshalb eine grundsätzliche Veränderung der Repression erzwingenden individuellen und kollektiven Abwehrstrukturen. Die bei Peter L. Berger und Thomas Luckmann geäußerte Ansicht, Psychotherapie sei eine Kategorie sozialer Kontrolle (vgl. Berger & Luckmann 1970, S. 121), trifft deshalb *für die symptomorientierten* (Psycho-)Therapieformen zu, weil es dort um die Angleichung von Abweichungen an die Norm geht.

Der emanzipatorisch arbeitende Psychotherapeut hat als Hauptziel die gemeinsame Emanzipation des Patienten und seiner selbst aus dem Gewirr individueller und kollektiver Abwehr in der Beziehungsstörung vor Augen. Daß diese Arbeit nie vollkommen, sondern immer „nur" ein Bemühen sein kann, habe ich oben ausgeführt. Aber eben diese Bemühung um die Auflösung der Abwehrnotwendigkeit macht das emanzipatorische Element aus. Emanzipatorische Psychotherapie ist Therapie der Beziehungen, der Beziehungsstörungen und damit der Grundlagen der Gesellschaft. Der Versuch, Antizipation zu verwirklichen, also den Gedanken, daß das Ziel (die Emanzipation) in jedem Schritt auf dieses Ziel hin enthalten sein muß, zu verwirklichen, würde bedeuten, jegliches manipulative Element aus der therapeutischen Arbeit zu eliminieren. So gesehen ist auch emanzipatorische Psychotherapie in hohem Maß politisch relevant und wirksam, weil sie immer ein Anfang für grundsätzliche Veränderungen ist. Der Therapeut solidarisiert sich dabei nicht mit der Norm gegen sich selbst und den Patienten, auch nicht mit dem Patienten gegen die Norm; denn beide Male wäre dies ein Bündnis gegen die Selbstbestimmung des Patienten und des Therapeuten.

Für emanzipatorische Psychotherapie bestehen die Schwierigkeiten nicht nur *in* der therapeutischen Beziehung; bei jedem Versuch, einen neu gewonnenen Bewegungsspielraum auf den Bereich außerhalb der Therapiesituation auszudehnen, werden sich für den Patienten (und den Therapeuten) neue Schwierigkeiten in der Auseinandersetzung mit individueller und kollektiver Abwehr ergeben. Diese Überlegung mag im Zusammenhang vor allem mit der in dieser Arbeit beschriebenen „Übermacht" individueller und kollektiver Abwehrformationen einen Hinweis auf die Reibungspunkte geben, mit denen der emanzipatorisch arbeitende Psychotherapeut nicht nur in seinen therapeutischen Beziehungen konfrontiert ist. Ich möchte aber auch darauf hinweisen, daß die Vorstellungen des Therapeuten von dem, auf was er durch seine Tätigkeit Einfluß nehmen kann, auch von seiner eigenen Angst und seiner Abwehr wesentlich mitbestimmt werden. Vielleicht meint mancher deshalb auch er könne, emanzipatorisch arbeitend, gar nicht viel bewirken.

Indem der Therapeut die Verantwortung dafür übernimmt, wie er zu dem Patienten in Kontakt tritt, übernimmt er politische Verantwortung. Es sieht nun vielleicht so aus, als wäre die Übernahme dieser Verantwortung immer eine bewußte Entscheidung. Ich glaube jedoch, daß diese Entscheidung, zu sich zu stehen oder auch nicht, in jedem Moment gefällt wird, ob das nun bewußt und beabsichtigt geschieht oder nicht. Psychotherapie ist in ihrer Art, wie sie wirksam ist, wie sie Veränderungen bewirkt und vor allem: welche Veränderungen sie bewirkt, politisch äußerst relevant, auch wenn sie das nicht sein will oder meint es nicht zu sein. Jedoch nicht die Theorien oder die therapeutischen Techniken bewirken die Veränderungen, sondern die Personen, die Theorien oder therapeutische Techniken entwickeln, auswählen und anwenden. Der Ort, an dem sich alles entscheidet, ist die Person, ist der Einzelne, der sich für oder gegen seine Emanzipation entscheidet.

Zusammenfassung

- Die emanzipatorische Haltung läßt dem Therapeuten „nur" die Verantwortung allein für sich selbst, was auch heißt: für die Art seiner Beziehungsaufnahme zum Patienten.
- Der Therapeut hat die Verantwortung dafür, ob sein Beziehungsangebot an den Patienten repressiv oder emanzipatorisch ist.
- Die Rolle des Therapeuten in einer um Emanzipation bemühten Psychotherapie ist dadurch definiert, daß er die Aufgabe hat, die Anstöße für die emanzipatorischen Veränderungen zu geben, d. h. im Abwehrbündnis als Person Anstoß zu erregen.
- Üblicherweise wird der Begriff des Politischen auf der Ebene des Verhaltens definiert, also auf das Machbare beschränkt. Dabei wird verschleiert, daß politische Entscheidungen auch *psychische* Konfliktlösungen der Politiker sind.
- Die Arbeit des am Symptom orientierten Psychotherapeuten ist politisch äußerst relevant, da er sich zum Agenten der kollektiven Abwehr, der „Gesundheits"-Norm macht.
- Psychotherapie, die einen emanzipatorischen Anspruch hat, ist ebenso politisch relevant, da sie Veränderungsmöglichkeiten zu erschließen sucht, in denen die individuellen und kollektiven Abwehrformationen überschritten werden können.
- Wenn wir meinen, wir könnten mit unserer psychotherapeutischen Arbeit nichts Grundsätzliches bewirken, dann liegt das auch daran, daß wir davor Angst haben, etwas Grundsätzliches zu bewirken.

Literatur

Alexander, F.: Psychosomatische Medizin. Berlin: De Gruyter, 1951.

Amendt, G.: Sexualität als Erfahrung eines ganzen Lebens. Stuttgarter Zeitung, Nr. 233 vom 9. 10. 1982, S. 51.

Angermann, I.: Sexualtherapeutische Placebos – eine analytische Erklärung für Erfolge und Versager. Sexualmedizin 10 (1981), 6–8.

Annon, J. S.: The behavioral treatment of sexual disorders, Volume I: Brief therapy. Honolulu: Enabling Systems Inc., 1974.

Annon, J. S.: The behavioral treatment of sexual disorders, Volume II: Intensive therapy. Honolulu: Enabling Systems Inc., 1975.

Arentewicz, G. & Schmidt, G. (Hrsg.): Sexuell gestörte Beziehungen – Konzept und Technik der Paartherapie. Berlin-Heidelberg-New York: Springer, 1980.

Balint, M., Ornstein, P. H. & Balint, E.: Fokaltherapie. Frankfurt: Suhrkamp, 1973.

Barbach, L. G.: For Yourself. Frankfurt: Ullstein, 1977.

Bateson, G., Jackson, D. D., Haley, J. & Weakland, J. W.: Auf dem Weg zu einer Schizophrenietheorie. In: Bateson, G. et al.: Schizophrenie und Familie. Frankfurt: Suhrkamp, 1969, 11–43.

Bauriedl, T.: Beziehungsanalyse – Das dialektisch-emanzipatorische Prinzip der Psychoanalyse und seine Konsequenzen für die psychoanalytische Familientherapie. Frankfurt: Suhrkamp, 1980.

Bauriedl, T.: Zwischen Anpassung und Konflikt – Theoretische Probleme der ichpsychologischen Diagnostik. Göttingen: Vandenhoeck und Ruprecht, 1982.

Bauriedl, T.: Geht das revolutionäre Potential der Psychoanalyse verloren? Gedanken zur politischen Bedeutung der Psychoanalyse und zum politischen Engagement der Psychoanalytiker. In Vorbereitung, 1983a.

Bauriedl, T.: Die ökologische Chance der Psychoanalyse – Eine Auseinandersetzung mit der systemischen Psychotherapie. In Vorbereitung, 1983b.

Bauriedl, T.: Das Leben riskieren – Ein psychoanalytischer Beitrag zum Verständnis der Entstehung und der Auflösung von Machtbeziehungen. In Vorbereitung, 1983c.

Bellak, L. & Small, L.: Kurzpsychotherapie und Notfall-Psychotherapie. Frankfurt: Suhrkamp, 1972.

Berger, P. L. & Luckmann, T.: Die gesellschaftliche Konstruktion der Wirklichkeit. Frankfurt: Fischer 1970.

Bräutigam, W. & Christian, P.: Psychosomatische Medizin. Stuttgart: Thieme, 1973.

Brede, K.: Ein sozialpsychologischer Zugang zur Spezifität psychosomatischer Störungen. Psyche 31 (1977), 355–360.

Brown, N. O.: Love's Body. München: Hanser, 1977.

Castaneda, C.: Die Lehren des Don Juan. Frankfurt: Fischer, 1973.

Crombach-Seeber, B. & Crombach, G.: Wie spreche ich mit meinem Patienten? – Formale und inhaltliche Richtlinien für die ärztliche Gesprächsführung. Sexualmedizin 9 (1980), 488–492.

Dannecker, M.: Anthropologie und Sexualwissenschaft. Sexualmedizin 7 (1978), 201–212.

Devereux, G.: Angst und Methode in den Verhaltenswissenschaften. München: Hanser, 1973. (Original: From anxiety to method in the bevavioral sciences. Den Haag-Paris: Mouton, 1967.)

Dicks, H. V.: Marital tensions – Clinical studies towards a psychological theory of interaction. New York: Basic Books, 1967.

Drust, P.: Verhaltenstherapie und pragmatische Philosophie. In: Cramer, M. & Gottwald, P. (Hrsg.): Verhaltenstherapie in der Diskussion – Vorträge auf dem 5. Kongreß der Gesellschaft zur Förderung der Verhaltenstherapie e. V. Sonderheft der Mitteilungen der GVT e. V. München, 1973, 120–132.

Dubuffet, J.: Kultur und Subversion. L'Arc 35 (1968), 41 ff. (Zitiert nach: Konkursbuch 1, Vernunft und Emanzipation. Tübingen: Gehrke und Poertner, 1978, 187–198, übersetzt von Barbara Kühne und Emil Kaufmann).

Duhm, D.: Der Mensch ist anders. Lampertsheim: Kübler, 1975.

Eicher, W.: Die sexuelle Erlebnisfähigkeit und die Sexualstörungen der Frau. Stuttgart: Fischer, 1975.

Erikson, E. H.: Wachstum und Krisen der gesunden Persönlichkeit. Stuttgart: Klett, 1953.

Ford, D. H. & Urban, H. B.: Systems of psychotherapy – A comparative study. New York: Wiley, 1963.

Framo, J. L.: Das Wesen der Symptome aus familientransaktioneller Perspektive. In: Sager, C. J. & Singer Kaplan, H. (Hrsg.): Handbuch der Ehe-, Familien- und Gruppentherapie, Band II. München: Kindler, 1973, 329–373.

Freud, S. (1905d):* Drei Abhandlungen zur Sexualtheorie (Zitiert nach: Studienausgabe, Band V, 37–145. Frankfurt: Fischer, 1972).

Freud, S. (1911b): Formulierungen über die zwei Prinzipien des psychischen Geschehens (Zitiert nach: Studienausgabe, Band III, 13–24. Frankfurt: Fischer, 1975).

Freud, S. (1914g): Erinnern, Wiederholen und Durcharbeiten (Zitiert nach: Studienausgabe, Ergänzungsband, 205–215. Frankfurt: Fischer, 1975).

Freud, S. (1915d): Die Verdrängung (Zitiert nach: Studienausgabe, Band III, 103–118. Frankfurt: Fischer, 1975).

Freud, S. (1916–1917): Die Wege der Symptombildung, aus den Vorlesungen zur Einführung in die Psychoanalyse, III. Teil, Nr. 23 (Zitiert nach: Studienausgabe, Band I, 350–366. Frankfurt: Fischer, 1969).

Freud, S. (1926d): Hemmung, Symptom und Angst (Zitiert nach: Studienausgabe, Band VI, 227–308. Frankfurt: Fischer, 1971).

Freud, S. (1937c): Die endliche und die unendliche Analyse (Zitiert nach: Studienausgabe, Ergänzungsband, 351–392. Frankfurt: Fischer, 1975).

Freud, S. (1940a): Abriß der Psychoanalyse (Zitiert nach: Frankfurt: Fischer, 1972).

Freud, S. & Breuer, J. (1895d): Studien über Hysterie. (Zitiert nach: Frankfurt: Fischer, 1970).

Friedman, L. J.: Virginität in der Ehe. München: Kindler, o. J.

Fromm, E.: Haben oder Sein. Stuttgart: Deutsche Verlags Anstalt, 1976.

Füchtner, H.: Der Psychoanalytiker und der Guerillero. Psychologie und Gesellschaft 1 (1978), 22–44.

Füchtner, H.: Zur politischen Relevanz psychoanalytischer Institutionenberatung. Psychoanalyse 1 (1980), 90–111.

Fürstenau, P.: Über die politische Relevanz psychoanalytischer Praxis, In: Kutter, P. (Hrsg.): Psychoanalyse im Wandel. Frankfurt: Suhrkamp, 1977, 148–172.

Gottwald, P. & Redlin, W.: Verhaltenstherapie bei geistig behinderten Kindern. Zeitschrift für klinische Psychologie 1 (1972), 93–149.

Greenson, R. R.: Technik und Praxis der Psychoanalyse, Band 1. Stuttgart: Klett, 1973.

Greer, G.: Der weibliche Eunuch. Frankfurt: Fischer, 1971.

Habermas, J.: Erkenntnis und Interesse. Frankfurt: Suhrkamp, 1968 (1973).

Hackl, H., Appel, C.-P. & Tyreman, N.-O.: Die Liebesfähigkeit der Frau – Ein Testverfahren zur objektiven Beurteilung. Sexualmedizin 8 (1979), 473–475.

Harbinson, J. J., McAllister, H., Quinn, J. T. & Graham, P. J.: Verhaltensmodifikation sexueller Störungen. In: Kraiker, C. (Hrsg.): Handbuch der Verhaltenstherapie. München: Kindler, 1974, 423–444.

Hartfiel, G.: Einführung. In: Hartfiel, G. (Hrsg.): Emanzipation – Ideologischer Fetisch oder reale Chance?. Opladen: Westdeutscher Verlag, 1975, 9–64.

Hartig, M.: Die Anwendung von Techniken der Selbstkontrolle in der Verhaltenstherapie. In: Kraiker, C. (Hrsg.): Handbuch der Verhaltenstherapie. München: Kindler, 1974, 325–350.

Herms, V.: Der Verlust der Orgasmusfähigkeit. Sexualmedizin 7 (1978), 31–34.

Illich, I.: Die Nemesis der Medizin – Von den Grenzen des Gesundheitswesens. Reinbek: Rowohlt, 1977.

Janssen-Jurreit, M.: Sexismus. München: Hanser, 1976.

Jervis, G.: Mündliche Mitteilung bei einer Diskussionsveranstaltung in München, Sommer 1978.

Jores, A.: Psychosomatische Krankheiten in anthropologischer Sicht. In: Jores, A. (Hrsg.): Praktische Psychosomatik. Bern: Huber, 1976, 14–38.

Kaplan, H. S.: The new sex therapy. New York: Brunner and Mazel, 1974.

Keupp, H.: Modellvorstellungen von Verhaltensstörungen: ,,Medizinisches Modell“ und mögliche Alternativen. In: Kraiker, C. (Hrsg.): Handbuch der Verhaltenstherapie. München: Kindler, 1974, 117–148.

Keupp, H. & Bergold, J. B.: Probleme der Macht in der Psychotherapie unter spezieller Berücksichtigung der Verhaltenstherapie. In: Bachmann, C. H. (Hrsg.): Psychoanalyse und Verhaltenstherapie. Frankfurt: Fischer, 1972, 105–136.

Kilian, H.: Das enteignete Bewußtsein. Neuwied: Luchterhand, 1971a.

Kilian, H.: Die Ideologien der Liebe. In: Haun, R. (Hrsg.): Geschlechtserziehung heute. München: Kösel, 1971b.

Kluge, A.: Das Politische als Intensität alltäglicher Gefühle. Freibeuter 1 (1979), 56–62.

Kockott, G.: Verhaltenstherapie sexueller Störungen. In: Sigusch, V. (Hrsg.): Therapie sexueller Störungen. Stuttgart: Thieme, 1975, 13–33.

Kockott, G.: Ein Überblick. In: Kockott, G. (Hrsg.): Sexuelle Störungen – Verhaltensanalyse und -modifikation. München: Urban und Schwarzenberg, 1977, 1–88.

Kraiker, C.: Bemerkungen über die empirischen und theoretischen Grundlagen der Verhaltenstherapie. In: Kraiker, C. (Hrsg.): Handbuch der Verhaltenstherapie. München: Kindler, 1974, 11–32.
Laplanche, J. & Pontalis, J.-B.: Das Vokabular der Psychoanalyse. Frankfurt: Suhrkamp, 1972.
Lermer, S.: Amor, Sex und Psyche – Die Welt der Liebe fähiger machen. Sexualmedizin 11 (1982), 307–310.
Lobitz, W. & Lo Piccolo, J.: New methods in the behavioral treatment of sexual dysfunctions. In: Behavior therapy and experimental psychiatry 3 (1972), 265–271.
Loch, W.: Zur Theorie, Technik und Therapie der Psychoanalyse. Frankfurt: Fischer, 1972.
Mahoney, M.: Kognitive Verhaltenstherapie – Neue Entwicklungen und Integrationsschritte. München: Pfeiffer, 1977.
Mahoney, M.: Tendenzwende in der Verhaltenstherapie. Psychologie heute 6 (1978), 67–74.
Malan, D. H.: Psychoanalytische Kurztherapie. Reinbek: Rowohlt, 1972.
Mandel, A., Mandel, K.-H., Stadter, E. & Zimmer, D.: Einübung in Partnerschaft durch Kommunikationstherapie und Verhaltenstherapie. München: Pfeiffer, 1971.
Mandel, K.-H., Mandel, A. & Rosentahl, H.: Einübung in Liebesfähigkeit – Praxis der Kommunikationstherapie für Paare. München: Pfeiffer, 1975.
Mandel, K.-H.: Therapeutischer Dialog – Bausteine zur Ehe-, Sexual- und Familientherapie. München: Pfeiffer, 1979.
Maslow, A. H.: Die Psychologie der Wissenschaft. München: Goldmann, 1977.
Masters, W. H. & Johnson, V. E.: Die sexuelle Reaktion. Reinbek: Rowohlt, 1970.
Masters, W. H. & Johnson, V. E.: Impotenz und Anorgasmie – Zur Therapie funktioneller Sexualstörungen. Frankfurt: Goverts-Krüger-Stahlberg, 1973.
Masters, W. H., Johnson, V. E. & Kolodny, R.: Ethical issues in sextherapy and research. Boston: Little, Brown and Co, 1977.
Matussek, P.: Funktionelle Sexualstörungen. In: Giese, H. (Hrsg.): Sexualität des Menschen. Stuttgart: Enke, 1971.
Metzger, W.: Psychologie. Darmstadt: Steinkopff, 1968.
Millett, K.: Sexus und Herrschaft. München: Desch, 1971.
Mitscherlich, A.: Krankheit als Konflikt – Studien zur psychosomatischen Medizin. Frankfurt: Suhrkamp, 1967.
Mitscherlich-Nielsen, M.: Zur Psychoanalyse der Weiblichkeit. Psyche 32 (1978), 669–694.
Mowrer, O. H.: Learning theory and the symbolic processes. New York: Wiley, 1960.
Pacharzina, K.: Der Arzt und die Sexualität seines Patienten. In: Sigusch, V. (Hrsg.): Sexualität und Medizin. Köln: Kiepenheuer und Witsch, 1979, 17–40.
Perls, F.: Gestalt-Therapie in Aktion. Stuttgart: Klett, 1974.
Perls, F.: Grundlagen der Gestalt-Therapie. München: Pfeiffer, 1976.
Pöldinger, W.: Sexualmedizin in der Praxis. Sexualmedizin 7 (1978), 399–402.
Rechenberger, H.-G.: Konfliktlösung auf zwei Ebenen – Die Therapie psychogener Erektionsstörungen in der Praxis. Sexualmedizin 7 (1978), 315–318.
Reich, W.: Die Funktion des Orgasmus. Köln: Kiepenheuer und Witsch, 1969.
Reik, T.: Hören mit dem dritten Ohr – die innere Erfahrung eines Psychoanalytikers. Hamburg: Hoffmann und Campe, 1976.
Richter, H.-E.: Zur Psychodynamik der Herzneurose. Zeitschrift für psychosomatische Medizin 10 (1964), 253–267.
Richter, H.-E.: Lernziel Solidarität. Reinbek: Rowohlt, 1974.
Richter, H.-E.: Flüchten oder Standhalten. Reinbek: Rowohlt, 1976.
Riemann, F.: Grundformen der Angst. München: Reinhardt, 1961.
Riemann, F.: Die schizoide Gesellschaft. München: Kaiser, 1975.
Schiller, F.: Das Lied von der Glocke (Zitiert nach: Schillers Werke, Band 1. Stuttgart: Cotta, 1867, S. 292).
Schmid, A.: Verborgene Konflikte – Behandlung funktioneller Sexualstörungen. Sexualmedizin 8 (1979), 355–362.
Schmidbauer, W.: Die hilflosen Helfer – Über die seelische Problematik der helfenden Berufe. Reinbek: Rowohlt, 1977.
Schmidbauer, W.: Das Ende des Phallozentrismus. Sexualmedizin 7 (1978), 323–331.
Schmidt, G.: Vorbemerkungen über Sexualität und Beziehung. In: Arentewicz, G. und Schmidt, G. (Hrsg.): Sexuell gestörte Beziehungen – Konzept und Technik der Paartherapie. Berlin: Springer, 1980, 1–4.

Schnabl, S.: Korrelationen und Therapie funktioneller Sexualstörungen. In: Sigusch, V. (Hrsg.): Therapie sexueller Störungen. Stuttgart: Thieme, 1975, 54–85.
Schorsch, E.: Höchstrichterliche Männerphantasien. Der Spiegel, Nr. 28, 1982, 60–61.
Schur, M.: Sigmund Freud – Leben und Sterben. Frankfurt: Suhrkamp, 1973.
Schwarzer, A.: Der ,,kleine" Unterschied und seine Großen Folgen. Frankfurt: Fischer, 1975.
Sexualmedizin: Liebe auf Rezept. Sexualmedizin 8 (1979), 200–204 und 242–245.
Sigusch, V.: Exzitation und Orgasmus bei der Frau. Stuttgart: Enke, 1970a.
Sigusch, V.: Sexualphysiologie: Einmaleins der Lust. In: Masters, W. H. und Johnson, V. E.: Die sexuelle Reaktion. Reinbek: Rowohlt, 1970b, 7–15.
Sigusch, V.: Physiologie des Orgasmus – Versuch einer Definition. In: Sigusch, V. (Hrsg.): Sexualität und Medizin. Köln: Kiepenheuer und Witsch, 1979, 143–156.
Spoerri, T.: Kompendium der Psychiatrie. Basel-München-New York: Karger, 1970.
Sporken, P.: Sexualethik und geistig Behinderte. In: Sporken, P. (Hrsg.): Geistig Behinderte, Erotik und Sexualität. Düsseldorf: Patmos, 1974.
Stefan, V.: Häutungen. München: Verlag Frauenoffensive, 1975.
Struben, F.: Die ungewohnte Situation – Sexualstörungen: Herausforderung oder Überforderung des Arztes? Sexualmedizin 10 (1981), 66–69.
Taeni, R.: Latente Angst: das Tabu der Abwehrgesellschaft – Versuch einer ganzheitlichen Theorie des Menschen. Hamburg: Association, 1976.
Tauschmann, U. & Tauschmann, U.: Partnerkrisen synchron angehen. Sexualmedizin 6 (1977), 666–667.
Ullmann, L. P. & Krasner, L.: A psychological approach to abnormal behavior. New York: Prentice Hall, Englewood Cliffs, 1969.
Ullrich de Muynck, R. & Ullrich, R.: Einübung von Selbstvertrauen und sozialer Kompetenz, (3 Teile). München: Pfeiffer, 1977 und 1978.
Ullrich, R. & Ullrich de Muynck, R.: Implosion, Reizüberflutung, Habituationstraining. In: Kraiker, C. (Hrsg.): Handbuch der Verhaltenstherapie. München: Kindler, 1974.
Vilar, E.: Der dressierte Mann. Gütersloh: Bertelsmann, 1971.
Vogt, B.: ,,Larvierte" Beziehungsstörungen. Sexualmedizin 11 (1982), 61–64.
Vogt, R.: Psychoanalyse von Sexualstörungen – Zur Geschlechtsspezifität der Übertragungs- und Gegenübertragungsdimension. Sexualmedizin 6 (1977), 827–834.
Watts, A. W.: Natur – Mann und Frau. Köln: Du Mont, 1962.
Wells, H. K.: Der Pragmatismus: eine Philosophie des Imperialismus. Berlin: Dietz, 1957.
Wendt, H.: Integrative Sexualtherapie: Am Beispiel von Frauen mit Orgasmusstörungen. München: Pfeiffer, 1979.
Willi, J.: Die Zweierbeziehung. Reinbek: Rowohlt, 1975.
Willi, J.: Therapie von Sexualstörungen – Paartherapie oder Sexualtherapie? Familiendynamik 3 (1981), 248–259.
Wölpert, F.: Graphologie. In: Strube, G. (Hrsg.): Die Psychologie des 20. Jahrhunderts, Band V: Binet und die Folgen. Zürich: Kindler, 1977, 466–496.
Wölpert, F.: Sexualität und Beziehung – Notwendigkeit und Möglichkeit emanzipatorischer Sexualtherapie in unserer Gesellschaft. Dissertation, Technische Universität Braunschweig, 1980.

---

* Die in Klammern gesetzten Jahreszahlen bei den Werken von S. Freud beziehen sich auf die Sigmund Freud – Gesamtbibliographie – Frankfurt: Fischer, 1975.

Namensverzeichnis

Sachverzeichnis